27型 自戀人格

THE NARCISSIST IN YOU AND EVERYONE ELSE

從性格、驅力、動機、行為
辨識我們的自戀傾向。

Recognizing the 27 Types of Narcissism

自戀是人性，
還是自大貪婪的本性？

許多問題行為背後，
原來都是自戀惹的禍。

STERLIN L. MOSLEY, PHD

著——史特林·莫斯利

譯——羅雅涵、陳依萍

前言

你是一個自戀的人。沒錯，你沒看錯。你自戀，我也自戀，你的父母、兄弟姊妹、親朋好友、左右鄰居都是自戀的人。在你覺得不可置信、嫌棄又生氣地放下這本書之前，請容我好好解釋一番。

當你聽到「自戀」這個詞，我猜你會想到陰險狡詐、不擇手段的商業大亨，或者自大又自以為是的電影明星。或許你的年代還看過費・唐娜薇（Faye Dunaway）在《親愛的媽咪》（*Mommy Dearest*）劇中演出的傳奇影后瓊・克勞馥（Joan Crawford），抑或克里斯汀・貝爾（Christian Bale）在《美國殺人魔》（*American Psycho*）裡詮釋令人不寒而慄的派翠克・貝特曼（Patrick Bateman）（本書第十一章有更多說明）。

說不定你聽到自戀這個詞，就會聯想到某個總是覺得自己很厲害、不在乎別人怎麼想的人。雖然這些形象都是自戀的展現，不過自戀的經驗在人類身上有許多有趣的細微差異。總的來說，由於大眾心理學的普及，自戀變成一個帶有貶意的籠統用詞，用以形容那些表現出高於一般的自信心且不顧他人感受的個人。遺憾的是，這樣的刻板印象無法告訴我們自戀的真正意涵，以及在日常生活中它對我們與其他人會產生什麼影響。

當我說你是一個自戀的人，我的意思是：每個人的性格中或多或少都有本書列出的二十七種自戀亞型的部分特徵。問題在於，你內在的瓊．克勞馥和派翠克．貝特曼有多常探出頭來？

自戀簡史

提到自戀，有些讀者會想起希臘神話中納西瑟斯（Narcissus）的故事。★納西瑟斯是一個俊俏迷人又充滿男子氣概的獵人，他拒絕所有追求和愛意，因為他深深迷戀自己的長相，覺得其他的愛慕者都配不上自己。我們可以把納西瑟斯想成是世界上第一個超級男模。不幸的是，這個可憐的傢伙沉溺於自身姣好的容貌，一直看著自己的湖中倒影，後來墜入湖裡溺水而亡。白話來說，納西瑟斯就是看自己再多也不厭倦。後來諸神為了警惕世人，在他死去的地方種下一朵以納西瑟斯為名的花。古希臘人以詩情畫意卻有點悲慘的方式將人類的經驗加以擬人化。雖然你不會因為盯著自己在洗澡水中的倒影而溺死在浴缸裡，但是我們誰沒有過太專注於自己或自己的感受，而忽略了周遭世界的經驗？

你可能以為自戀是適用於精神或心理疾患的一種診斷用詞，然而儘管自戀已經是這些領域常見的討論主題，但它的定義從極廣泛到極限縮，不一而足。自戀這個名詞原本不具臨床診斷或病理分析的意義，直到一八九八年英國醫生哈維洛克．艾利斯（Havelock Ellis）才將自戀定義為一種精神障礙，而後由現代精神分析的「壞男孩」佛洛伊德（Sigmund Freud），在一九一四年的論文〈論自戀〉（On Narcissism）中加以闡述。（原註1）自戀被視為一種精神障礙是一個相對新穎的概念，也可以說是因為現代生活方式而加劇的問題。很多古老的社會都採取非常明確的集體主義，在多數集體主義的文化裡，生活的重心比較不會放在個人經驗或個人的心理過程，而是強調整個社群。現代個人主義的概念則誕生於古希臘。由於病態自戀這個概念在人類經驗中只有兩百二十年的歷史，所以有關自戀行為的定義也差異頗大。

佛洛伊德醉心於研究人的心理發展，特別是人的原慾。他花了很多時間探究孩童與父母的依附關係，以及這樣的依附關係如何形塑與影響我們的性格與心理發展。儘管他傾向將心理問題給**性化**（sexualizing），但他確實是人類行為的敏銳

★譯按：「自戀」的英文 narcissism 即源自 Narcissus。

觀察者。〈論自戀〉是他唯一探討自戀這個主題的文章，他將**原初自戀**（primary narcissism）★加以理論化，主張那是人為了自我保存與生存的一種本能，也是人類發展的正常過程。這樣的假設呼應了我原本的假設：我們每個人都是自戀的人。佛洛伊德還提到**續發性自戀**（secondary narcissism）†，也就是個人發展出了問題，導致高估自己的重要性；這種現象是很多電影的創意燃料，像是丈夫瞞著家人偷偷摸摸在外面另組家庭。（原註2）

本書要討論的重點就是佛洛伊德所探討的續發性自戀。多數人在三、四歲之後就會發展出適當的原初自戀，他們知道自己是一個獨立的個體，擁有自我的概念。當然也有不少人發展出某種程度的續發性自戀或病態性自戀。假如續發性自戀過於顯著，一個人會越來越迷戀自己，有可能就步上納西瑟斯的後塵。我們之中有些人會異常依戀、關注或執著於自己的某種形象，而這個形象可能會被過度誇大（或過度貶低），從而就形成現代心理學所謂的自戀型人格障礙（Narcissistic Personality Disorder）。

國際上用來診斷精神疾病的指引《精神疾病診斷與統計手冊》（*The Diagnostic and Statistical Manual of Mental Disorders*）對自戀型人格障礙的定義是：一個人過度依賴他人對自己的看法來調節自尊，以及出現過度膨脹（或低落）的自我認知。手冊裡也提到，自戀型人格障礙者為了得到他人的認可會抱持不合理的高標準與期待。他們有同理心的問題（可以理解別人的感受和需求，或過度順應別人的反應，但唯有當問題和他們切身相關時），以及流於表面的互動和親密關係的問題。除了這些特性，他們必須在生活中表現出某些病理學特徵，只不過諸如醫學診斷或其他的精神情緒障礙並沒有統一的解釋標準。（原註3）

《精神疾病診斷與統計手冊》對於所有人格障礙的診斷標準在心理學界和學院社群引起許多討論，原因正是這些標準模稜兩可又不夠明確。仔細想想，誰沒有經歷過不知道別人想什麼、難以展現同理心、親密關係出問題，或者想要尋求別人對自己表現的認同或讚賞？因此，事實上我們可以說，在人生中的某個時候，我們可能都是臨床診斷上的自戀者。

現在你明白為什麼我說每個人都是自戀的。當我們面臨壓力或覺得難以承受時，都會出現這些問題。除非你是禪修僧人善於透過冥想來釋放自我，否則我們在某種程度上（不論多輕微）都會表現出病理上或臨床上的自戀症狀。自戀本身並不是一個問題，它是在個人化社會中，現代生活的一種偶發狀況。美國文化強調一個健全的人應該追求自己的夢想，達成自己的目標，賺取財富，過得很成功，不論身

★譯按：指孩童必須學會自愛、自我接受，才能做為獨立的個體生存下去。

✝譯按：指個人逐漸成長，性衝動的對象會從自身移轉到其他物件。如果對象關係（object-relationship）受限，原慾就不會轉向外，轉而為自我愛。

心方面都能好好照顧自己。然而這些標準只是西方社會對於健全平衡的生活所開出的獨特處方。當我們專注於追求夢想，汲汲營營想要達成各種目標，一心想要賺大錢，不計代價要讓自己看起來是成功的，我們就可能落入惡性自戀的風險。而所謂的成功，根據不同的性格類型會有不同的定義和解釋。

我不認為有一體適用的標準可用於判斷和診斷自戀。我記得在研究所的臨床課程上，我思忖著現存對於自戀型人格障礙的定義只有三或四種，無法準確呈現各種不同的人格類型。由於當時我已經精熟**九型人格模型**（Enneagram personality model），因此我相信至少應該可以區分出九種自戀型人格。任何人都有可能短暫出現自戀性病態，從而展現出不同人格類型的自戀特徵。

人格類型學

我喜歡「人格類型」這個概念，這表示你可以根據一套發展完善又完整的系統來認識自己，而且有時候這些系統很有趣。除非你生活在不受現代科技影響的世界，否則你可能也做過像是「哈利波特人格類型」或「邁爾斯布里格斯性格測試」（Myers-Briggs test）之類的線上問卷。然而各種人格類型學的創設概念都不盡相同。現代心理學偏好根據光譜概念和以特徵為基礎的模型來解釋人的行為，像是

「五大人格模型」（The Big Five），因為這樣的分類更容易量化。「五大人格量表」用以檢測神經質、外向性、親和性、開放性和自律性這些特徵；這個模型的基本假設是，每個人或多或少都會具有這五種特徵。五大人格特徵也能連結人類DNA的遺傳資訊，因為有些特質具有遺傳傾向。不過只有特徵無法呈現完整的人格，在最好的情況下，它們可以指引方向，告訴我們一個人在某種特殊的情境下會傾向怎麼做。舉例而言，如果你在「神經質」這一項特徵的得分較高，面對不熟悉的環境你會更加焦慮。或者假如你在「親和性」的得分比較高，你可能會傾向避免衝突。但是在最糟的情況下，這些特徵會組合出人類心理經驗的一種混亂版本，它們假設個人只是這些特徵的集合體，缺乏具有一致性和動機性的心理目標，故而受到精神分析和人本主義心理學家的駁斥。

我向來更感興趣的是行為背後的原因。九型人格學給了我們一個認識驅動人類行為的核心動機的框架。九型人格的發展歷史頗為有趣，但某種程度上也不免令人質疑，因為它基本上是透過口語相傳，充滿各種矛盾論點和權力爭鬥（就像多數的學術領域）。現在我們對於九型人格起源的瞭解，主要是透過眾說紛紜的口傳歷史（更多討論見第五章）。（原註4）

今日我們使用的九型人格模式主要來自智利精神病學醫師克勞帝歐・那朗荷（Claudio Naranjo）。儘管它在人格心理學領域是相對新穎的理論，但經實證是鑑定與治療內在心理問題與精神官能症的有效工具。九型人格是九個不同的性格原型，每個類型對應一個數字。它是一種幾何符號（見下圖）。九型人格的原文 Enneagram 是希臘文，翻譯過來就是九個方位組成的圖像。每個類型都對應這個符號上的一個點，也有其主要的動機、恐懼、觸發點、強項和盲點。九型人格可以告訴我們行為聚類（behavioral clusters）★背後的原因，從而是快速理解自己和他人的一個有效速記法。

九個基本的人格類型裡會有變數和變化，主要根據人類的三種本能驅力，其存在早於現代人類的自我：社交驅力、自我保存驅力，以及性（或親密感）驅力。我們在第四章會更完整討論這三種驅力，不過概念就是我們的人格類型是由這三個主

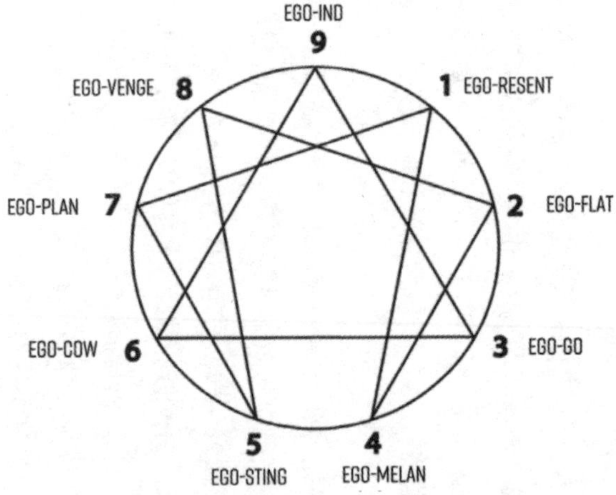

九型人格的基本架構

要驅力所觸發。我們可以把這三個本能驅力想成是演化所必需：所有人類的內心都有自我保存的驅力，我們會吃喝、會睡覺、會尋找遮風避雨的地方，也會找資源確保自己過得舒適自在。我們也都有社交驅力，所以我們會形成部落，我們也需要其他人、規則、規範和社群以追求興旺繁榮。我們都有性或親密感的驅力，也就是想要與另一個人產生連結，孕育或創造新的事物，與他人分享最深層的自我。有個有趣的研究從神經科學和演化心理學的領域強調這三種驅力的普遍性，本書第四章會有詳細介紹。

根據克勞帝歐・那朗荷的九型人格理論，我們都有特定的情緒傾向，而且會從自身性格類型的有限觀點去看這個世界。此外，那朗荷醫師也把這些類型視為九個個別的診斷。

他的研究當然不是給那些想要取暖或對自己性格認知不清的人看的。身為一個佛洛伊德派的精神分析師，他的興趣在於人的神經模式和信念。這些模式會隨著個人過度聚焦於三個本能驅力而變得越來越固著。

這些驅力、模式和機制是為了讓我們可以生存下去，也是維持健康的自我所必需（記得佛洛伊德的原初自戀）。然而我們的自我無法分辨真實的威脅與想像的威

★譯按：行為聚類是零售業使用的一種統計分析法，根據消費者的購買行為和趨勢對商家進行分類。

脅——它會變成影子拳手，習慣和看得見與看不見的敵人打鬥。舉例而言，倘若父母自顧不暇而忽視了孩子，沒有關心孩子的學校表現，這樣的成長過程可能會造成孩子持續的情感痛苦。他會認為周遭的人都不重視他，所以他學會尋找補償。他會開始誇大自己的力量，隱藏自己的弱點，希望可以避免、防衛或轉移遭到批評的可能，抑或免於感到痛苦或被拋棄。當一個人為了在身體或情感上生存下去而將個人焦點放在贏過其他人，就會發展出續發性自戀。這樣的自戀通常會造成他缺乏同理心，無法考量他人的需求或想望。

本書融合了九型人格、三個主要的本能驅力，以及自戀。第一章將先解釋同理心：它是什麼、我們如何運用它，以及為什麼有些人比較有同理心，有些人則比較沒有同理心。第二章將分析同理心的光譜，第三章則帶讀者瞭解同理心程度較低或缺乏如何導致一個人發展出自戀、社會病態與心理病態。在闡釋個人的同理心發展為什麼會出問題之後，第四章將概要說明人格心理學與九型人格的基本結構。第五章則會介紹三個本能驅力（社交、自我保存、性）。第六章則是詳細描述九種人格類型。

進入第二部，你已經有更充足的基本知識可以探索二十七種病態自戀的亞型（九種人格類型乘以三種本能驅力等於二十七個亞型）。讀完這本書，我希望你更瞭解自己，以及在日常生活中你和你周遭的人為什麼會表現出自戀的行為。本書目的不是要告訴你自戀傾向（記得，所有人都有這樣的傾向）有多不好、多可怕，或者是什麼心理缺陷。相反的，本書是要讓你對自己或他人能夠產生更多的同理、理解和寬容。

目錄

The Narcissist in You and Everyone Else

前言——003

第一部　人格的本質與自戀——019

第一章　同理心的本質——020
第二章　同理心的光譜——035
第三章　自戀、反社會人格與心理病態——053
第四章　認識九型人格系統——065
第五章　三大驅力與自戀——082
第六章　九型人格——093
第七章　自戀傾向與九型人格的交會——109

第二部　二十七型自戀人格——117

第八章　自戀光譜上的各種型態變化——118

第九章　第一型：捍衛原則的完美主義者——131

・自我保存第一型：嚴厲的挑剔鬼

・社交第一型：道德魔人

・性本能第一型：狂熱聖戰士

第十章　第二型：迷人的支持者——156

・自我保存第二型：自以為是的照顧者

・社交第二型：阿諛奉承的交際者

・性本能第二型：有控制慾的誘惑者

第十一章　第三型：高成就的表現者——185

・自我保存第三型：無情的工作狂

・社交第三型：虛偽的投機者

・性本能第三型：高不可攀的明星

第十二章　第四型：天生的浪漫派——213
・自我保存第四型：敏感的受虐狂
・社交第四型：自以為是的獨行俠
・性本能第四型：喜怒無常的戲精
第十三章　第五型：冷漠旁觀的調查者——241
・自我保存第五型：吝嗇的厭世者
・社交第五型：知識精英份子
・性本能第五型：暗黑的窺視者
第十四章　第六型：忠實的懷疑論者——268
・自我保存第六型：自我防備的悲觀論者
・社交第六型：舉棋不定的破壞者
・性本能第六型：反應過度的叛亂份子
第十五章　第七型：活躍的狂熱份子——297
・自我保存第七型：自私的享樂主義者
・社交第七型：笑臉迎人的冒牌貨
・性本能第七型：輕浮的浪蕩者

第十六章　**第八型：強大的守護者**——324
・自我保存第八型：憤世嫉俗的暴君
・社交第八型：黑手黨頭目
・性本能第八型：魅力型的惡霸
第十七章　**第九型：和平使者**——354
・自我保存第九型：粗心的懶惰鬼
・社交第九型：矛盾的退縮者
・性本能第九型：低調的操控者
結語——381
原文注釋——387
參考資料——395

第一部

人格的本質與自戀

第一章　同理心的本質

假如你請五個人分別定義什麼是同理心，肯定會得到五個完全不同的回答；相信我，我曾經這麼做過。事實上，在一項超過三百人的研究調查中，我們請受訪者定義同理心，獲得的答案很少是一樣的，不過大多指向相同的主要理念。同理心是一種情感？行動？想法？本能的洞察力？或者是這些要點的組合？我個人傾向把同理心視為一種結合生物文化和內在心靈的複合概念，不過要在晚餐聚會時談這個主題可能會有點囉嗦。假如你問Siri什麼是同理心，它會給你維基百科上的定義，告訴你同理心是：從他人的參照系統中理解或感受他人正在經歷的事情的能力。假如你問心理學家對同理心的定義，你可能會聽到他們討論辨別、理解和回應他人感受的能力。當我問我的學生們什麼是同理心，有人會了無新意地說：「可以從別人的角度看世界。」也有人套用俗諺表示：「穿上別人的鞋走一哩路。」這些定義、比喻和表述都指向同樣的概念。然而同理心其實是一個複雜又有各種細微差異的心理過程，有很多解釋方法卻又無法準確指出那就是什麼。儘管要從心理學、神經科學、社會學和溝通的觀點完整探討同理心將會超出本書範疇，但是我們必須抽取其中的一些基本概念來理解自戀的本質。自戀和同理心是必然相關聯的。

生物學的觀點

如果你聽遺傳學家探討同理心，他們會告訴你，同理的能力和人類其他可觀測的特質，都存在我們的基因序列裡。事實上，確實有證據顯示，同理心，或者至少是展現同理心的能力，具有可量測的組成成分，而且和特定的DNA鏈結具有正相關。拜倫·柯恩（Simon Baron-Cohen）和劍橋大學其他研究者所組成的團隊，利用「同理心商數問卷」（Empathy Quotient questionnaire）所收集到的回覆，結合受訪者的基因組數據，檢測是否高同理心與特定的遺傳標記相關。（原註1）這個研究得出幾個有趣的結論。首先，研究者發現受訪者自陳的同理程度和特定的基因序列具有正相關。第二，女性比男性展現出更多同理心（這一點與基因序沒有相關性，顯示是環境或發展不同所影響）。最後，代表低同理心的基因序列也指向較高的自閉症風險，主要是因為與泛自閉症障礙相關的其他基因。

相較於主張說有一個獨特的神奇基因標示著同理心，更可能的情況是同理心和一系列的基因相關，如果表現在個體上，就會增加展現出同理心的可能性。單一基因對應人類生物體單一功能的情況並不常見。和同理心相關的基因會增加催產素、多巴胺，以及其他荷爾蒙與交感神經的反應，有助我們以所謂「具同理心的方式」回應與對待他人。由此而論，從更整體的生物學觀點來看，同理心的運作是一個讓我們可以感受或理解他人經驗和情感的過程，正所謂待人如己。

二〇〇〇年代早期，神經科學領域因為「鏡像神經元」的發現而有許多令人振奮的進展。這些神經元位在大腦的前扣帶皮層，讓我們在細胞層次能與其他人產生共鳴，尤其是當我們看見他人受苦的時候。它們讓我們看到別人痛苦時就彷彿是自己也跟著痛苦一樣。這個負責將痛苦的訊號傳送到身體其他系統的大腦過程，很不可思議地會受到他人的情感、思想或經驗的刺激，使得他人的經驗和我們自己的經驗變得難以區分。研究者發現，一旦鏡像神經元啟動，我們真的會感受到別人的痛苦。「鏡像神經元假說」有助於解釋為什麼我總是避免觀看《歡笑一籮筐》或《無厘取鬧》這類電視節目，因為內容有時殘忍得令人難以忍受，像是看到有人從屋頂摔下來，或是一頭撞上門板，我會覺得好像是自己掉下來或撞到門，看那種節目根本沒有什麼娛樂效果。但是這並不表示不會受到這類影片影響的人，若碰到其他刺激也不會啟動他們的鏡像神經元，只能說這種身體經驗對我的影響與對他們的影響不盡相同。

有趣的是，有些人看著別人痛苦，他們大腦的扣帶皮層卻沒有或鮮少被激活；更奇特的是，有些人似乎會從別人的痛苦經驗中得到快感。檢視人類的文明發展史，不乏看到他人的不幸與受苦會感到快樂的例子。德國人稱這種特別的情緒反應為schadenfreude（幸災樂禍）。可以預料的是，那些自陳同理反應比較低的人，在看到他人的身體或情緒痛苦時，鏡像神經元的激活程度也比較低。有些研究認為，對某些人而言，唯有當神經元親身經歷類似的事件或情緒時才會被激活。然而，有些人就算沒有親身經驗，同理迴路同樣能被激活。這表示同理反應具有發展的或經驗的成分，可以開啟或加速我們同理他人的能力。有些研究也顯示，自閉症類群障礙患者會有鏡像神經元缺陷，從而難以辨別他人的情緒和感受。（原註2）

環境的觀點

如果說基因科學告訴了我們什麼事，毫無疑問就是我們的遺傳編碼對於我們是誰有很大的形塑力。我們頭髮的顏色、眼珠子的顏色、喜歡甜或鹹的食物，甚至是肌肉組成，或是喜歡在半夜吃消夜零食的癖好，似乎都有基因藍圖可循。可是基因科學也告訴我們，具有特定的基因序列不保證它一定會表現在我們的生命歷程中。基因必須被活化之後才會表現出來。活化的方式可能是子宮內的蛋白質液體釋放，從而決定了我們是否有雀斑、棕色眼珠或氣喘。

有些基因活化可能有助於發展先天潛能，前提是假如照顧者有好好滋養那些天賦能力。換句話說，環境會影響基因潛能的表現。在一個完美的世界裡，每個人都在安全、良好且得到充足養育的環境下生長——從在母親的肚子裡開始就接受到最好的養分；成長過程的照顧者也充滿愛心和智慧；身體安全、食物、金錢都不虞匱乏，創造力被啟發、具有正向的增強、能夠發揮自我控制力與挑戰力，達到基因潛能的最佳版本。當然，人類社會的多數情況並非如此。我們生長的條件各不相同，世事複雜，照護者也並非完人，環境更是變動無常。

個人發展環境的變化和變數，可以解釋為什麼在同一個家庭裡成長的雙胞胎也會有所差異。即便是同卵雙生，具有完全相同的遺傳結構，但是對於童年的環境狀況也會有不同的理解與反應。儘管就某些生物特徵來說雙胞胎具有相同的遺傳素質，但他們經常會展現出不一樣的性格，從而指出一個永恆的問題：究竟是先有雞（孩子），還是先有蛋（性格）？也就是說，性格是天生的，還是後天造成的？我認為如同我們其他所有特徵，人格結構也有所謂的遺傳傾向。只不過環境和發展經驗會形塑、強化或弱化人格類型的不同層面。

根據針對忽視教養的家庭或受虐孩童所做的研究，我們發現這些孩子會經歷許多和健康生活有關的併發症，像是氣喘、糖尿病、憂鬱、焦慮，以及其他行為或認知障礙，而這些問題可能不會出現在成長於更安全或更健康的環境裡的同儕。過去十年，越來越多即將為人父母者會播放古典音樂給肚子裡的寶寶聽，目的是為了增進寶寶的智力發展。這股潮流源於有些研究發現，沉浸在古典音樂和其他創造性刺激之下，有助提升孩子的智能。然而，顯然不一定是音樂的刺激，更可能的原因是母親與孩子之間的親密感，才是智能發展的正向因子。培養並且回應孩子的需求，與孩子後來健全的成年發展具有重要連結。

就像其他哺乳類動物，人類需要積極且負責任的照顧者，需要接觸、關注和情感交流，才有機會得到好的發展。缺乏這些條件，我們會比較難表現出潛藏在遺傳基因中的某些天賦。更不用說我們的環境對於大腦發展影響深遠；一個環境條件存在得越久，就越有可能影響我們的大腦。舉例而言，被關在牢房六個小時就可能會短暫提高壓力賀爾蒙皮質醇的分泌；在監獄裡待了三十六年則會造成廣泛的神經系統影響，更有可能導致持續性的腦損傷。

有些研究認為，充滿愛心又體貼細心的照顧者會回應我們的情緒波動和需求，教導我們理解和同理他人的價值，我們會更有可能展現出與生俱來的情感型智慧（empathetic intelligence）。當然有些人成長在被疏忽或時而極度受虐的環境下卻同樣能發展出同理心；有些人成長在近乎完美的環境下卻展現出比環境理論派所主張的更少的同理心。我認識有些人的父母是極度的自戀者，儘管雙親無法做出同理回應，可是他們依然可以發展出極高的同理能力。這或許是因為缺少了同理心反而活化並強化了他們的鏡像神經元，以便應付父母的同理心赤字。也或許單純是因為他們的遺傳素質傾向更高的同理心，基因跳過上一代。或者原因更可能是介於這兩種假設之間。

毫無疑問，有些人更具有同理心是因為遺傳條件。然而，沒有外在世界的影響，這項特徵可能會成為隱性的，或者因為一個人的狀況而被過度表現。做為一位人類關係學教授，我經常告訴別人，我在做的事情是教導我的學生如何發展出更多的同理心。我的工作是創造一個學習的環境，引導學生透過他人的角度去看這個世界。這些學生會因為經驗累積或同理練習，更容易站在別人的立場去設想。有些學生可能同理的能力比較弱，但是透過課堂學習可以增強潛藏在大腦裡的同理心的神經通道。可是有些人基於各種原因無法發展出更多的同理技巧，再多的刺激、訓練、閱讀或與他人互動，也無法改變他們缺乏同理心的狀況。因此儘管環境很重要，但它顯然不代表全部。

發展的觀點

我們已經知道遺傳印記和環境可以塑造同理心的發展和表現。然而人類不只是靜止於環境中的有形存在；相反的，我們會隨著環境而演化。從母親的子宮開始，到兒童時期的發展，再進入青春期、成年期，最後邁入老年——在這些成長階段，我們經歷了意識、能力和感知的各種轉變，而這些轉變在人類的生命週期中是可以預測的。很多社會學家、心理學家和其他行為科學家都曾以圖示說明這些發展階段，不過或許任何觀點都不及瑞士心理學家皮亞傑（Jean Piaget）的主張，他的理論廣被視為人類發展的藍圖。皮亞傑假定人類有四個可預測的認知發展階段：十八至二十四個月是**感覺運動期**（sensorimotor stage），開始發展出物體恆存的感知，例如媽媽沒有不見，只是躲在毯子後面；二到七歲是**前運思期**（preoperational stage），發展出抽象性符號思考的能力，例如我的後院是一艘海盜船，而我是船長；七到十一歲是**具體運思期**（concrete operational stage），孩子發展出操作複雜流程的能力；十二歲至成人是**形式運思期**（formal operational stage），發展出抽象的問題解決技巧，例如怎麼當個大人、經營關係、承擔不同的責任，以及大致上能處理成人生活的各式問題。（原註3）儘管皮亞傑提出認知發展的基本藍圖，但他並未針對我們對他人與外界的同理反應，提出情緒或心理的發展狀態。他可能認為一般人在成年時期都會發展出複雜的情緒推理能力，從而能夠將同理心納入我們的行為決策。

由於皮亞傑的論述主要著重在我們可以做什麼和感知到什麼，而非我們的感覺，所以留下更多空間給有關人類情緒發展的解釋模式。舉例而言，勞倫斯・科爾伯格（Lawrence Kohlberg）研究道德和倫理發展的軌跡。除了認知發展，科爾伯格相信人類理想上應該逐漸發展出複雜的方法來處理倫理或道德兩難。（原註4）他將道德觀念的發展分為三個階段。這些階段有助於解釋為什麼當嬰兒和孩童的欲望／希望沒有被滿足與關注時，他們會顯得更自私，看起來對他人也比較缺乏同情心和同理心。科爾伯格藉由凸顯面對倫理困境的方式來闡釋每個發展階段。這些階段包括：**道德成規前期**（preconventional stage），這個時候的我們還不在乎規則和規範，我們會拿走我們想要的東西。**道德成規期**（conventional stage）的我們則學會要得到允許才能拿走我們想要的，因為我們害怕會被懲罰。**道德成規後期**（postconventional stage）則可以透過倫理推論知道自己或他人違反規則或規範的結果。

科爾伯格認為我們的倫理／道德推論能力的發展應該符合這些階段的進程。從一開始不在乎對錯，只想要滿足自己的基本欲望，到越來越關注和遵守規則以避免被權威者懲罰，最終達到一個更高的倫理推論層次，我們可以理解自己的決定對周遭世界的影響。

論及同理心，我們可以說「同理」這項能力是直到科爾伯格所說的道德成規後期才完全發展。有趣的是，科爾伯格認為多數人都未曾達到道德成規後期，只是根據對錯行事以免受罰，而非去推論為什麼一個人的行動和選擇可能會或可能不會影響周遭的人，以及是如何產生影響。因此，對科爾伯格來說，道德成規後期的倫理推論能力和能否表現或感受到更多同理有關。從而也代表了，有些人只會在他們相信有人會評斷、評價或看見他們展現同情時，才能表現出同理心。這符合科爾伯格的主張：道德成規期的倫理推論水平是很多成年人的上限。

卡羅爾・吉利根（Carol Gilligan）是科爾伯格的學生，她從社會互動論的角度發展出一套道德發展理論。吉利根想要理解為什麼女性對他人的福祉似乎會發展和表現出更多關心和關懷。她觀察到年輕女孩因為被教導要將他人的感受置於自己的感受之上，從而在社會化的過程中更關注他人的情緒。如同她那個年代的其他女性主義學者，吉利根認為這樣的發展是為了女性未來承擔母職或其他照顧者角色做準備。（原註5）然而，吉利根的理論也是我們瞭解人類道德或倫理發展的另一種途徑，同時有助我們理解為什麼男性傾向展現出較少的情緒關懷。吉利根相信人們通過道德成規期，對他人的福祉會發展出更深的認知。她認為道德成規後期與我們需要保護人類福祉有關，因為我們認知到自己是相互連結的整體的一部分。直到近期，吉利根所論述的道德成規後期都被發展心理學家用來解釋為什麼人們會對自己同胞展現出不同的關照。

二〇〇〇年，心理學家馬丁・霍夫曼（Martin Hoffman）將其對同理心的發展理論加以概念化。霍夫曼的主要論據是，他相信在「正常」狀況下（我們可將之視為如之前討論過的相對正常、安全的生物學和環境條件），人類應該會依循同理心發展的四個階段（原註6）：

一、籠統的同理心（global empathy）：零至十二個月，嬰幼兒對於他人的痛苦或經歷會展現同理心，儘管是無意識的。

二、自我中心的同理心（egocentric empathy）：十二至十八個月，這時期的幼童開始理解自己和周遭其他人是不同的個體，稍能理解他人的痛苦，並且透過自己的經驗視角提供支持。

三、對別人情感的同理心（empathy for another's feelings）：十八個月至八歲，開始能瞭解他人的情緒，也能區別自己與他人的情緒。

四、對別人生活情況的同理心（empathy for another's life experience）：青春期到成年，這個階段的我們開始理解每個人不同的條件和經歷會影響各自的情緒，也可以根據自身的心理或情感生活去「感受」別人的經驗。

不論是吉利根或霍夫曼的理論，當我們隨著生命成長，到了青春期階段理應發展出更好的認知和理解，以及同理共感的能力。根據發展架構，成年期理想上應該具有越來越多的複雜經驗並且能夠表達同理心。然而，諸如創傷或生活打擊等很多因素會阻礙「正常」的發展，影響同理心或道德發展的軌跡。

靈性的觀點

我們討論了幾個有助解釋同理心發展的理論模式，從生物／遺傳發展到環境影響，而有個同樣重要但無可避免較不具體的領域，就是靈性。人類行為不只是環境中神經元的機械性碰撞（如果你不是堅定的唯物論者）。我們很多的主觀經驗若非推翻也顯然考驗著科學的解釋。人類的靈性成長（spiritual development）長久以來都是宗教學者或神祕主義者很重要的哲學思考主題，部分原因在於內在世界的發展存在於體驗者的意識經驗，無法明確透過科學方式加以檢驗。同理的概念難以量測，因為它同時指向人的情感狀態，以及我們與周遭世界往來互動的方式。

多數受人尊崇的宗教文本，根本上都教導我們對於同胞要抱持慈悲和善心。聖經、可蘭經、塔木德、薄伽梵歌、大乘經、希伯來聖經的許多名言警句也都指示信徒要對彼此表達愛與關懷。這些經典的目的是讓皈依者與神聖力量產生更深遠和更有意義的連結，也就是實現愛、同情、仁慈和善意的原則。理想而言，越虔誠的人會越致力於靈性傳統的教誨，也會發展出越強烈的同理心，越能夠瞭解他人的痛苦和困境。

這些傳統強調擴展對他人和周遭世界的意識或覺知。當人們發展出更多且更廣的意識觀點，他們一定可以表達出更多的愛、同情與同理之心。理解自己對自己本身和世界，甚至整個宇宙的影響，用心成為一個更盡責的管家★，是最高境界的人類意識。意識有很多不同的模式，就像有各種不同的哲學。更不用說多數這些意識哲學都代表了從關注自身和自己的情緒、需求與觀點，轉向考量身旁的人。這些認知模式不同於同理心的生物學與發展觀點，因為這些認知狀態往往並非有時間序或線性的軌跡。

在印度教（和其他根基於輪迴的世界觀）的傳統中，隨著一個人進入每一次的來世，他會以不同的生命形式獲得不同的經驗。這種世世相連的生命進程，會深化他對宇宙的理解，讓他更接近神或宇宙本身的智慧與知識。就此觀點而言，隨著一個人的進化（認知發展就相當於進化），他會根據儲存在其意識中過往生命的各種經驗，發展出更多的同理心，儘管這是一個無意識的過程。許多宗教典籍都提到這樣的歷史意識†，靈魂蘊藏了理解和同理他人的能力。一個人在不同身體、情境和體驗之間得到越多經驗，現在的這個生命就可以從直覺式的理解中提取越多內容。依循這個脈絡，「老靈魂」（old soul）這個詞是指一個人經歷了很多世的生命，有足夠的靈性智慧可以參照。然而，靈性智慧或靈性理解並不總是會創造出更高更好的同理心。

我有一名案主正在辦理離婚過程，對方是一位知名度高又備受景仰的新時代思想導師。這位案主前來尋求輔導以面對多年來不論明顯或隱微的自戀型虐待所造成的後遺症。他猶豫要不要透露前任的名字，害怕如果話傳回對方耳裡會引起強烈反彈。當他知道我相信他的伴侶確實是自戀的人，頓時放下心中大石，因為其他人都認為對方充滿靈性天賦，所以不可能是自戀的。我告訴他有天賦、智能，或者有能力啟發他人，不代表一定具備高度的同理心。我解釋說，從我的觀點來看，對於人類經驗有更深的理解和領悟，能夠對個人進行靈性評估，都必須在心智或情感上保持客觀和超然，而這會讓人產生某種程度精神上的自戀，認為自己高於他人。這名案主聽完後鬆了一口氣，開始述說顯然屬於自戀型虐待的一些行為特徵，而這些特徵肯定會讓他前任的追隨者感到訝異。

整體的觀點

現在讀者應該已經知道我不認為有任何模式可以完整解釋同理心。我們需要以一種整體分析的方式來理解人類如何發展和表現出同理心，才能描繪這個複雜的

★譯按：聖經中有人做為受造世界管家的概念。
†譯按：historical consciousness，指將現在生活中的現象與過去某些現象連接在一起的心智狀態。

過程。一個人可以具備所有遺傳和環境優勢，卻沒有發展出相應的同理心；或者因為後天教養而在同理心相關解釋模式中得高分，但其實沒有同理心的遺傳基礎。本書稍後會拆解性格的因子，我更相信人類是生理、環境、發展和生活經驗加總起來的產物，用這種方式來解讀會更能夠瞭解一個人的行為模式。同理心有不同程度和強弱，就跟我們的情緒反應一樣是高度情境相關的。拜倫・柯恩就探討過個人「關閉」同理心以求生存的現象。（原註7）

歷史上有個例子是絕大多數的德國公民在第二次世界大戰期間曾參與驅逐猶太人和其他替罪羔羊。這種現象並不是因為多數德國人缺乏同理心。相反的，在那段期間，是環境逼得他們必須關閉自己部分的同理心才能夠活下去。然而，那些經歷大屠殺的受害者同樣能喚醒原本漠不關心者的同情和同理。在高壓、氣憤或受到傷害的情況下，一個人可以快速關閉自己的同理心，但我們也可能莫名就突然對陌生人的苦痛感同身受。有關人類大腦和基因複雜性的研究快速發展，無疑也將讓我們更加理解同理心的生物組成。不過我們還是必須知道為什麼、何時，以及在什麼樣的情況下，同理心會消失或被排除。

接下來我們將把焦點轉向在同理心量表上比較低的那端，看看究竟發生了什麼事，以及什麼時候原初自戀會轉變成續發性自戀或病態自戀？在下一章，我們將探究同理心光譜的不同部分。

第二章　同理心的光譜

同理心並非全有或全無的零和遊戲。人類的多數特質都有強弱的程度之別，同理心亦然。同理心是一道連續光譜，我認為（也有資料支持這樣的主張）我們每個人都有自己的同理心設定點，會在這個基準點的上下範圍內展現同理的能力。即便是最富同理心的人也可能會有精疲力竭和同理疲勞的時候，從而會短暫無法運用這項能力。然而研究顯示人們會回到原本的同理心基準點上。但要補充說明，學習怎麼與他人相處或者增進溝通技巧，不必然就會提高一個人的同理心。

同理心主要是一種內在的經驗，一個人可以因為各種不同理由而做出仁慈的舉動，不必然是出於同理心。二〇二一年我做過一項同理心和性格的研究，整理出同理心的七個層級。市面上也有類似的同理心量表，最廣為使用的是由拜倫·柯恩所建構的「同理心商數測量」（empathy quotient scale）。（原註1）柯恩主張有些人缺乏同理心，不過他不認為有人會同理心過剩，因為根據他的看法，所謂的同理心有部分

是指懂得如何運用同理心。（原註2）

雖然我同意有效處理過度同理所造成的情緒負擔是好的，但很多落在同理心光譜最高那端的人確實難以控制自己的同理心。之所以如此，是因為我們的文化沒有教我們如何分辨不同程度的同理共鳴（empathic resonation）。有些人會展現出無差別的同理心，努力想要把自己的經驗轉化成同情和理解，甚或是努力避免在人際往來中被強烈的同理心搞得心力交瘁。

以下說明零到七不同的同理層級。

LEVEL 0

這個同理層級的人顯然缺乏同理的認知或理解。這些人看起來可能跟一般人無異，他們多數都有工作或上學，有小孩、有正常的關係，就跟其他人一樣投入生活。有些人會發展出合理的道德感，懂得分辨對錯，也會遵守法律和規則，所以他們不會被懲罰或排拒。然而，零同理心的人往往對他人不會有太多感覺，在處理他人的情緒時，他們經常缺乏一定程度的敏銳和技巧，也不懂得圓融。他們對別人的評價和看法可能誠實到過於殘酷，沒有考慮到自己的想法會影響到他人；面對他們覺得反感的行為時，會無情地加以嘲笑或責備。他們可能完全搞不清楚為什麼別人會因為他們說的話而覺得沮喪，也不在意別人怎麼想他們的評論。倘若他們發現自己傷了別人的感受，他們會用冷漠的方式道歉，讓人覺得缺乏誠意或感情。

這樣的狀況會出現在有自閉傾向的人身上；不過很多位在這個同理光譜的人表示，他們想要理解別人如何或為何會覺得受傷，從而可以避免傷害他人（這也是一種同理心的展現）。此外，研究顯示，自閉症類群障礙患者往往會以他人無法完全理解的方式表現同理心，因為他們用來與他人或自己溝通的方式和一般人不同。因此，「神經多樣性」（neurodivergent）這個用詞就是一種去汙名化，用來形容這些以不同於傳統的方式與這個世界交流的人。然而，有些零同理心的人並沒有自閉症類群障礙的特徵，在各方面都表現得很正常。有些人則會因為在乎他人的感受或想法，而出現覺得丟臉、鄙視或生氣的情緒。不過在人際互動中，他們大都是自顧自的，表現得毫無興致或者想要迴避。

這個同理層級的人在應對人際關係上會面臨很大的困難，因為他們經常採取過於嚴厲和直接的溝通方式，反而會引起衝突。他們很容易生氣，也會覺得因為自己不開心而罵人、報復，甚至付諸實際的暴力行為，都是情有可原的。他們無法理解別人可能會有或沒有什麼感覺，也不會想要對他人展現更多的關心，即便是他們所愛的人。

這樣的人若是傷害到別人，往往也不會感到後悔、罪惡或愧疚。他們覺得自己有理由也有權利以他們認為需要的方式對待別人。一般來說他們的情緒表達不多（除非是有人傷害了他們的感受）。當他們表現出情緒時，往往是傾向情緒光譜「比較強烈」的那一端（生氣、惱怒、失望、暴怒等等）。他們很少會在乎別人的經驗，除非直接受到影響。在監獄裡經常可以看到這類人，尤其假如他們同時具有反社會和自戀型人格障礙——原因並非這個同理層級的人具有天生的犯罪傾向，而是他們時常無法意識到或不關心旁人的需求和期待。當自我滿足的需求和他人的利益或整體法律有所衝突時，缺少這樣的意識就會導致他們惹上麻煩。

LEVEL 1

這個同理層級的人具有某種程度的同理心，瞭解自己對他人造成的影響，所以時而會感到「內疚」。但是他們比較難理解為什麼別人會這樣或那樣想，尤其如果對方預期他們要做出特定的情緒回應。在認知上，他們可能明白自己的行為或話語會傷害到別人，而且他們偶爾會壓抑自己的自然反應。不過他們難以妥協或順應別人，當關係陷入僵局時，也傾向維持自己的方式。在生活上，他們不太會依附或依賴別人，即便是伴侶或小孩，但他們很享受因為自己有趣、有活力、有魅力或引人注目而被他人包圍的感覺。可是當他們被期待要照顧別人的需求時，關係往往就會陷入問題，然後他們就會想要保持距離，不被情感的期待給束縛。由於他們有一定的同理心，所以懂得應付人情世故，因為他們知道自己有時候也會需要別人來滿足自己的需求；很多人甚至懂得察言觀色和覺察周遭人的情緒，只不過一般來說他們不會關心別人是否感到難過或有所需求。假如他們夠聰明的話會利用類型學或其他理解世界的方式，如此一來他們就可以「正常地」經營各種關係，盡可能滿足自己的需求或短期目標。

他們的情緒經驗相對比較基礎。他們多數人知道自己覺得難過、生氣、快樂或害怕，但是他們對於情緒狀態往往不太關心，因為無法感受到他們看到其他人所經歷的那種程度的感受。不同於情緒調節比較困難的零同理心者，這個同理層級的人能夠暫時改變自己的行為以便影響實際結果，或者是為了讓其他人可以滿足他們的需求。學習調節自己的情緒有助他們和這個世界以及其他人相處，以免經常因為自私、苛薄或不關心別人而遭到責難。這個同理層級的人有時會給人一種印象：他們認為問題都在別人而不是他們自己。不過他們知道規則和規範的重要性，所以會約束自己的破壞性衝動。假如他們同時具有某種程度的自戀或反社會傾向，他們會更懂得如何不讓別人發現，把剝削、暴力或不擇手段的行為掩飾或隱藏起來。

他們會試著符合他人的行為預期，但時間不會太長，多數人很快就會受不了或惱怒，最終就會露出狐狸尾巴。這個世界非主觀的層面對他們來說更有一致性可循，客觀事實、資料、數字或物質世界讓他們覺得更自在。

同樣的，我們必須區別這個同理層級的人和自閉症類群障礙者，後者同樣喜歡可以預期的資料、數字和計算。儘管有些自閉症患者是屬於這個同理類型，但他們很多人只是不曉得怎麼理解經常是模糊難辨的情緒或人際線索。很多自閉症患者難以和他人互動，但對於動物、樹木、昆蟲、植物或其他非人實體則非常敏銳有感。發明家暨暢銷作家天寶·葛蘭汀（Temple Grandin）是「世界自閉症關愛日」的倡議者，她本身就是一位自閉症患者，在人際關係中尤其覺得不安和不知如何是好，然而她對於家禽家畜卻感到心靈相通。所以她致力於設計人道屠宰場，如此一來牛隻就不用經歷她感受到來自動物的那種恐懼。這是一種很多人所缺乏的對於動物的同理心。

LEVEL 2

這個同理層級的人對於自己和他人的情緒會有更多認知與理解。儘管相對來說還是不太關心別人的情緒，但是當他們被發現缺乏同理心或不顧他人時，會稍微感到罪惡或懊悔。一般而言，這個同理層級的人更能夠調節情緒反應，尤其是憤怒，同時對於自己的行為可能會遭致的後果有更多理解。他們的主要目標還是在自我滿足。他們會隱藏自私的行動，背後更強烈的動機是想要維持與他人和諧的關係，因為這樣會讓他們更容易得到他們想要的東西。

他們會有更多的情緒經驗，尤其是感受到快樂或幸福。他們比前兩個層級的人情緒更加敏感。如果別人不在乎他們的情緒，他們會感到沮喪，從而覺得自己有理由對別人無情或採取報復。對於自己的行為造成別人拒絕或退縮，他們會感到罪惡。他們的情緒比同理層級一的人更穩定，不過還是會爆發怒氣或顯得鐵石心腸，在被批評的當下也不願意停止或改變自己的行為。要符合別人的情緒預測對這個同理層級的人來說還是很辛苦。但是由於他們有更多的情緒感受，所以更懂得以個人魅力來掩飾自己缺乏對他人的關心，或者隨著時間經過，學會如何給予別人適當的同理反應（儘管這樣的同理心可能不是真的情緒反應）。他們經常會覺得自己被誤解，因為別人常常會說他們缺乏同理心。

在日常生活中，我有好幾次都被說沒有同理心，我覺得他們那麼說只是為了讓我有罪惡感，因為我不想要迎合別人的情緒或想法。我知道怎麼有禮貌地請別人提供協助，但假如我沒有得到我想要的，我就會想辦法得到它，而這麼做偶爾就會傷害到別人的感受。我受夠了，我為別人做了那麼多，有時候我就是應該要自私一點。我受夠了一直覺得自己像個壞人，所以我學會和別人保持距離。有些人懂我，但我不需要身旁的人一直說我自私，或讓我因為做了我想要做的事而覺得罪惡感。如果我不為自己著想，沒有人會替我想。

——瑪莉，三十五歲，律師，九型人格第二型

LEVEL 3

這個同理層級的人更懂得掩飾或展現同理心，所以他們在人際相處上顯得更得心應手。他們偶爾才會產生同理他人的感受，而且可能必須親身經歷過才能理解某種特定狀況會如何影響別人。他們或許會有健全和運作正常的關係，但是他們更加意識到自己的同理心和其他人的同理心有所差距。他們能夠學會正確回應他人的情緒，但是當被預期要自發地同理他人的痛苦或經驗時，特別是如果那些狀況超出他們的經驗範圍，他們會感到焦慮、生氣或想要逃避。如果他們表現不佳，或者當別人指出他們缺乏同理心時，他們會有更深的羞愧感或覺得尷尬。在不需要太多情緒交流的情況中，他們往往表現得很好。雖然他們可能會體驗到很多情緒，卻無法掌握他人的情緒。他們有時候很直接又不客氣，缺乏待人接物的技巧，尤其事關完成任務或滿足立即的需求。

這個同理層級的人大都知道他們必須學會如何有效溝通，因此他們可能有些

專業或練習過的人際技巧。根據不同的性格類型，他們有些人會認為自己是有同理心的（或者已經發展出同理心）。通常他們確實已經發展出一種實際且帶有同理心的溝通模式。他們會避免過於深入或親密的對話，不只因為他們對這些溝通不感興趣，也因為這類溝通會顯露他們在關係中的不足，可能會讓他們被拒絕或放棄。

根據不同性格類型，他們的情緒反應可以是自發的和立即的。通常藉由練習他們能夠控制自己的情緒表現。他們想要表現善意，但可能會覺得被那些要求情感連結的人弄得精疲力盡。他們會模仿那些展現出他們希望擁有的人際技巧且善於此道的人，學習對方的情緒表現、回應和遣詞用語。一方面要對別人做出適當的回應，一方面是自己內心的挫折、怒氣與無力，他們可以感受到兩者之間的落差。有些人會把同理層級三的人歸類成是「敏感的」。他們可能會做出情緒反應、表現得不屑一顧或發脾氣，尤其如果他們厭倦了配合或迎合周遭的人。很多這個同理層級的人承認他們缺少某些情緒反應，而且不知道如何找出這些感受，所以他們會試著複製和仿效同理心的表現。

對這個同理層級的人來說，如果人家說他們沒有同理心或冷漠無情，他們會覺得苦惱，因為在特定情況下他們確實能夠感同身受。當同理心升起時可能會強烈到難以抵抗，所以他們寧願回到更客觀的角度，不要被別人的情緒左右。這個層級的很多人具有強烈的經驗式同理心，一旦他們自己有過類似的經驗，就更能夠為別人著想或更願意提供幫助。

LEVEL 4

層級四開始進入同理心的正常表現，只不過是低於平均。這個同理層級的人依舊強烈傾向維持自我利益，但是會希望看起來或表現得讓別人認為他們是有同理心的。他們無法總是保持同理心（即便最富同理心的人也很難做到），但是他們會願意協助解決他人立即或持續的問題。相較於同理層級三，這個同理層級的人有更多經驗式同理心。他們會出於罪惡感而對親近者展現同理心。然而，不同於同理層級三，除了因為傷害別人的感受或自私和漠不關心的表現而感到愧疚與懊悔，他們學會了更多適當的同理反應。

他們想要理解怎麼做可以改善問題或讓別人感覺好過一點。他們把同理心視為一種工具，用以回復關係的平衡。如果同情或同理的舉動沒有被注意到或沒有效果，他們會覺得很挫折。他們把同理心當作一種達成目的的方法。他們需要他人具體說明為什麼他們的行為讓人不喜歡或很傷人，這樣他們才有動力改變自己。他們會關心周遭的人，但對於生活圈外的人則吝於付出或根本不在乎。

值得注意的是，這個同理層級的人對於他人的情緒痛苦會感受到更多焦慮和苦惱，尤其是跟他們比較親近的人，因為他們想要解決問題。對於無法感同身受（感受到他們認為別人會有的情緒），他們會覺得不安，所以願意付出更多關心和關注做為補償。

他們真心關懷自己所愛的人，但相較之下更在乎自身的利益、想望和需求。如果他們曾經親身經歷過類似的狀況，就會更容易也更快發展出同理心，否則往往還是會表現出冷酷或冷漠的行為。對於同理和同情，他們多數人採取的方法是「弄假直到成真」，因為他們不想要其他人對自己感到失望。

在這個同理層級，有些人會覺得宗教、靈性或哲學意識形態有助強化他們的同理想法、指引他們的行動。他們的問題解決導向有礙理解與消化更深的情緒內容。然而假如分享情緒可以達成什麼目的的話，例如改善婚姻或情感關係、和別人相處得更好、增加工作生產力、增進生活滿意度等等，他們會很願意這麼做。

對這個同理層級的人來說，有時候同理心看起來是一件麻煩事，就是因為有了同理心，他們才會對無法同理他人充滿罪惡感。他們對於讓別人覺得不好過會感到更加羞愧，所以會盡可能想要隱藏這種缺乏同理心的狀況。研究顯示，大多數男性是落在這個同理層級，很可能是因為社會化的過程，以及人們期待他們要展現出男子氣概。

> 我覺得要是我太太不在我身邊，我會變成一個比較沒有同理心的人。在我認識她之前，我實在很難理解為什麼人們很容易感到受傷。我不想讓別人覺得我是個混蛋，但是我經常認為人們的情感包袱實在很可笑。而我太太幫助我用別人的觀點來看事情，尤其是當我忽略她的感受時。我恍然大悟。原來我只是需要別人告訴我要換位思考。那不是我自然而然會做的事，可是當我理解之後，我會努力不要重蹈覆轍。在婚姻諮商中，我學到了有時候說出自己的感受就會讓事情變得更好。我想要讓事情變好，假如同理心可以幫我達成這個目標，那就太棒了。
>
> ——丹尼爾，三十六歲，媒體經理人，九型人格第七型

LEVEL 5

現在我們進入所謂「正常的同理心」。這個同理層級的人在人際相處上更自在，對自己的情緒也更理解，可以辨識出很多不同的情緒。他們不會逃避更深的關係或與他人分享更多情緒，他們可以體驗到許多有意義的連結。然而，他們必須努力在應該做的事、個人需求、他人情緒之間求取平衡。他們的行為表現符合一般的情緒期待，假如溝通技巧也發展良好，他們會善於以同理的方式回應別人的情緒。

這個同理層級的人依然重視自己和自己的行動、興趣和想望，不過他們對於自私自利的表現會更有罪惡感和羞恥心。儘管他們對於情緒表達更自在，但是多數人傾向活動式互動，不希望被固定關係綁住，避免親密溝通可能帶來的負面情緒或傷害。他們想要某種程度的親密感，但是如果這樣的關係不能維持在情緒的舒適圈，最終他們會感到挫折和氣憤。

有些人對於他人的負面情緒能夠感同身受，因為他們自己經歷過更多痛苦或心痛，不過他們可能會鄙視或無法忍受他人的正面情緒。相反的，倘若一個人具有更正面導向的人格類型，對於他人的負面情緒就比較無法包容。無論哪一種方式，他們都傾向待在自己的情緒「操控室」裡，努力以同理的角度去理解別人的經驗，甚至是那些違背他們道德或認知的事物。

這個同理層級的人會發展出更多認知或概念性的同理心，也有不少人是基於對他人或問題的知識與學習，而增進自己的同理心。舉例而言，沒有經歷過飢荒或飢餓的人，因為閱讀了許多有關飢餓的資訊，在看到新聞故事裡挨餓的孩童時就會充滿同情與同理。這個同理層級的人也更懂得中斷或關閉同理心，尤其假如那個情況或那個人不在他們立即的關注範圍，或損害他們的道德與價值。他們的同理心是給予有類似經驗的對象、朋友、家人，以及所愛的人。假如助人需要花太多心思、情緒或實際的努力，他們會避免伸出援手。

在這個層級，人們會更加意識到自己的言行對於他人的影響，從而更不願意與周遭環境有所衝突或不一致。一般來說，他們會展現出更佳的情緒控制能力，因為他們理解別人是如何接受到他們的情緒力量。然而，假如他們不同意別人的觀點、經驗或意見，他們可能會變得頑固、輕蔑、難以溝通、愛爭論或缺乏彈性。

LEVEL 6

現在同理心開始變得恰到好處。這個同理層級的人表示，在生命早期階段他們就隱約意識到自己能夠同理他人，即便不用言語，他們總是可以知道別人在想什麼或有什麼感覺。他們很多人表示自己比較敏感，尤其是針對別人的負面情緒或痛苦，他們會想要幫助需要幫助的人。他們知道自己的情緒會影響他人，所以更留意言語表達以及和他人互動的方式，而且他們懂得根據實際狀況調整溝通方式。他們更容易產生情感共鳴，尋求關係的發展以增進自己與他人的情感連結。他們往往也很享受與他人分享知心話和情緒經驗。當他們與某個人建立關係之後，他們會以最有益對方的方式提供支持和同理。

這個同理層級的人有時候會高估了自己的同理心。因此他們可能會發現自己被當成工具人，從而覺得難以承受或憤憤不平。不過他們是寬容的，因為他們可以直覺地理解別人的選擇、情緒和決定，就算不認同或無法完全理解。他們願意為別人騰出時間，尤其是那些深陷低潮或需要協助的人。他們常常覺得有強烈的責任感要站在需要同情者那邊。有時候他們對於自己的同理心會產生一股傲慢。當別人沒有他們那麼體貼和善解人意時，他們會批評、憤慨或發怒。即便雙方意見不合，他們也不會吝於付出關心，從而能夠維持長久的關係，因為他們重視彼此的感覺、情緒和關係品質，更勝於對錯或滿足自己立即的需求。

很多這個同理層級的人會被他人的情緒需求壓得喘不過氣來，原因並非難以理解對方的情緒（如同層級一至三的人），而是他們覺得不得不提供支持或協助，所以常會出現同理心耗竭的狀況。許多人也表示自己有情緒、心理或財務上的壓力，因為過度煩惱或擔心別人的情緒反應。

LEVEL 7

這是最高的同理層級，也是同理心光譜最上面的那一端。一般人很難達到這樣的程度。這個同理層級的人同樣想要發展親密感和情感連結，想要為那些受苦的人提供協助。然而，他們的同理體驗多了形而上或靈性的要素。他們對於自己的言行舉止會對周遭世界產生什麼影響，具有超越自己經歷與年齡的體悟和智慧。

他們的同理體驗往往是精神的或心靈的，或者沒有實體的；很多人表示他們對於人、動物、植物，甚至無生命的物體，會產生一種油然的同情。他們的情感共鳴中有一種普遍性，超越時空而顯得有點神祕或不尋常。

> 我記得我還是個小女孩時，會替被我母親殺死的蒼蠅舉辦喪禮，因為我覺得牠們的生命太容易就被扼殺了，只因為人類不喜歡牠們。我為牠們感到難過。我不是特別喜歡這樣多愁善感，我理解為什麼我媽要除掉牠們（她討厭髒污和昆蟲），我也能體諒她。現在我長大了，只要接受到相關訊息，我就能感受到任何人或任何事物的感覺。有時候這樣滿好的，不過偶爾也會讓人難以忍受。後來我成為一名治療師，我認為這是善用同理心幫助他人的最好方法。我的任務是協助兒童性犯罪者的治療與矯治。有時聽到他們的犯罪會讓人很痛苦，但是我可以感受到他們的不安，我認為每個人都值得被傾聽和理解。
>
> ——卡洛，五十四歲，心理治療師，九型人格第四型

值得注意的是，這個同理層級的人表示，隨著年紀增長，他們越來越不覺得同理心是一件麻煩的事，因為他們學會與他人的經驗保持一種健康的距離，如此一來可以提供更多協助。對於別人會怎麼想、有什麼感覺、可能採取什麼行動，他們大

都擁有一種像是第六感的直覺，也能夠同情別人認為應該加以譴責、危險或禁忌的人事物。他們與同理層級六的區別在於有更明確的自我認知，以及對於周遭世界自發性、無意識的同理與理解。他們對於他人細微的情緒變化和心情改變非常敏感。有時候他們會太過敏感，吸收了別人的心情、情緒和需求，所以需要獨處以便釐清自己與他人的情緒。

這個同理層級的人希望讓別人覺得有意義和被重視，他們認為必須找到方法將痛苦轉化為更超越的或不一樣的體驗。所以他們很多人會選擇治療師、心理學家、社工或其他治療專業的工作。即便不是在這些領域工作的人，對於理解他人需求與動機同樣具有天賦，並會試著以最符合他們對當事人處境直覺式理解的方式來做出回應。

———

當你思考自己可能落在哪一個同理範疇時，請記得很少有人在任何時候都只屬於一個固定的層級。多數人會在他們的同理設定點的上下範圍游移，而且許多不同的經驗可能會提高或降低人們的同理共鳴。舉例而言，當我們經歷強烈的情感創傷，大腦的壓力賀爾蒙會降低我們同理與同情他人的能力，因為此時身體處在「戰或逃」的壓力反應下。長期的創傷也會侵蝕我們的同理心，因為心智／情緒的能量主要被用於達成神經系統的平衡。

有些研究證實，特定的創傷會讓一個人的同理能力提升至一般經驗下無法做到的程度。好比說，在天災或大規模災難事件中，人們會湧起同情心，忍不住想要幫助那些他們在其他狀況下可能不會伸出援手的人。不過讀者讀這本書應該不是為了要理解那些擁有高度同理共鳴的人，而是想要知道缺乏同理心的狀況。所以在下一章，我們將探討對於低同理心者常見的一些診斷，也就是自戀、反社會人格、心理病態，以及這些常聽到但難以準確定義的用詞之間的差異。

第三章 自戀、反社會人格與心理病態

前面章節討論到造成自戀的各種可能狀況，接下來我們將探究自戀在人類心理的差異變化。就跟同理心一樣，自戀的程度也是一道光譜。我們的自我裡都有一些自戀的方式，例如特別關注自己的需求、欲望和想望而排除了其他人，不過有時候這是一種防衛機制，確保我們能滿足自己的需要。當你因為別人忘了你的生日而覺得很受傷，或者想要別人注意到你的工作貢獻，甚至是忍不住想要插隊買東西因為等等四點有個會議，這些都是「日常生活中的自戀表現」。那些自私的時刻、忽視別人的感受或需求、想要被重視，都是「正常」和健康的自我特質。我們的自我需要一定程度的自戀才能生存，這些自我形象的反射會讓自我意識到它的存在。

你或許聽過「鏡像」（mirroring）這個詞，這裡的意思是指我們生活周遭的人事物會將我們對自己的看法投射回我們身上。一個例子是當你做了性向測驗，你會等不及想要知道結果，看看那是否像你以為的自己。鏡像可以是好的回饋，好比當學校老師告訴你，你努力做的讀書報告真的做得很棒。鏡像也可能會和自我認知不一致，好比當你發現自己初次暗戀的對象竟然覺得你長得不好看或不夠酷。

每一種性格類型都會對應也需要不同的自我鏡像，其影響也會有所差異。我們每個人都以不同方式尋求來自周遭世界真實且具有建設性的鏡像投射。如果你持續收到的回饋都告訴你，你充滿吸引力與領袖魅力，你就會開始以這樣的方式看待自己。正向的鏡像訊號帶給我們信心，讓我們有勇氣追求自己的目標，相信自己值得關注。但是如果正面鏡像過多或失真，無法正確反映出我們的缺點呢？如果一個人的自我概念只是建立在他人的正向回饋，以至於無法接受任何批評或否定，甚至是在我們迫切需要面對現實的時候？有些主張認為這是個人發展出自戀性格的一個狀況。

如第一章所見，自戀發展的因素很多，而且坦白說，我們尚未完全瞭解各種自戀特質的成因。我們不知道為什麼有些人比其他人更容易變得自戀。有人認為這是遺傳的基因序列或大腦化學失衡造成的特質變異，從而塑造出人格的防衛策略。有些人則認為是心理發展過程所遭遇的問題或創傷，造成一個人的自戀傾向。還有人主張自戀只是一個人不作為或漠視周遭世界。我認為所有這些原因都會造成自戀症類群障礙，像是自戀型人格障礙、反社會人格，以及心理病態。因此，相較於重述自戀發展的主要理論，本書將帶領讀者理解人類心理的各種自戀表現。

自戀

自戀和自戀型人格障礙並非完全相同的兩件事。當我們給一個人貼上自戀的標籤，往往是指他表現出更多的自戀特質，而非代表人格有問題。近年來，自戀變成一個流行用語，從職場上總愛自我吹噓又自大狂妄的傢伙，到影視名人哈維・溫斯頓（Harvey Weinstein）★以及連環殺手泰迪・邦德（Ted Bundy）。這些概括性用法忽略了很重要的程度差別——自戀存在於一般人的性格中（第二部會有更多討論），而不只是有重大人格障礙的人身上。一般而言，自戀程度越高，同理心就越低。用善解人意來形容自戀的人似乎不太合理。然而，自戀人格中有一種亞型叫做「黑暗共情型」（Dark Empath），他們確實展現出高程度的情感與認知的同理心（第八章有更多討論）。

有些具有自戀特質的人似乎人很好。「親善的自戀者」（nice narcissist）指的是那些看起來和藹可親又好相處的人，表面上比較看不出自戀傾向。不過就定義而言，自戀是以自我為中心而將其他人排除在外。儘管一個人學會表現出在他人看來是禮貌的，甚至仁慈的行為，但假如他真的是自戀者，就難以將心比心。

★譯按：美國知名電影監製，二〇二〇年遭判性侵罪名成立。

討論自戀和辨別自戀人格已經是一種流行的心理學趨勢。大眾媒體上出現各式各樣自戀的行為樣本，成為辨識惡性自戀的黃金指標。然而，我每天都要面對案主們說他們的母親、前伴侶、父親、兄弟姊妹或前老闆是「自戀狂」，而對方確實可能真的是自戀狂；可是根據我的觀點，其中很少人真正符合臨床診斷上的自戀。事實上，多數人是低同理心，或者是低同理心又自我膨脹或過度自信的性格類型。

自大、自負和自戀的差別在哪裡？愛自誇的人都是自戀嗎？還是說自戀會讓自我更加膨脹？自私冷酷的人都是自戀的嗎？答案既是也非。事實上，自戀的人傾向把自己的考量、情緒和需求置於他人之上。然而，他們不一定會高估自己，至少不是一般人想的那種「覺得自己很了不起」的人。有些人會表現出「負向自戀」（negative narcissism），他們覺得自己根本上是有缺陷的、沒有希望的、破碎的，或者比別人更不幸，因此活該得到不同的對待（例如九型人格第四、五、六型的亞型）。就極端而言，負向自戀可見於那些邊緣型人格。這類人可能會缺乏自我概念，他們需要的關注和心理鏡映無法被滿足。邊緣型人格的討論超越本書範圍，而且治療邊緣型人格是一門複雜的專業，但值得一提的是，如果一個人出現邊緣型人格，自戀往往會是表徵之一。此外，癮症也會助長自戀的表現，因為成癮者滿心想的都是如何滿足自己立即的需求。

有些性格類型更容易讓人產生固有的信心和炫耀自己的才能，但這種特質不一定會讓一個人成為自戀的人。這些行為表現往往只是一種自我的防衛策略，目的在於讓一個人不會感到受挫、怯弱，或在別人面前看起來很差勁。不過這些防衛策略不會是心理健康的人唯一的反應，他也會展現出脆弱的情緒或動機。自戀者則會利用這套防衛機制讓自己在某些方面比別人更值得注目。

當一個人開始習慣性以他人（或自己）為代價而這麼做的時候，就進入自戀型人格障礙的範圍。程度越嚴重者，越是會認為自己想要的、需要的、所思所感都比別人更重要。即便侵犯到別人，他們也不會承認自己傷害了對方，更不用說修補關係。

自戀的另一個基本特徵是對於自己內在的動機，或自己對他人造成的影響，顯然缺乏自我反省的能力。多數自戀的人並非有意要傷害他人（心理病態者有這樣的意圖）。他們只是比較難顧慮到別人，除非問題直接關係到他們想要或需要的東西。

研究顯示，自戀特質高於一般平均的人比過去理論以為的還多。（原註1）由於大眾媒體的宣傳報導，現在我們更容易辨識出這些特質。不過臨床診斷的自戀或自戀型人格障礙比較不常見，診斷上需要的指標不只是自我膨脹或缺乏同理心。我記得在研究所的臨床診斷課程上學到，除非一個人經歷個人或專業上的功能障礙，否則不能輕易下診斷。然而，由於保險公司需要診斷，加上心理健康治療的費用高得嚇人，以及過度依賴疾病治療的醫學模式，創造出一種「診斷是治療所必需」的文化。我們在日常生活中會碰到的多數自戀者，其實對於社會並沒有特別的危害。他們還是可以保持友誼，也有工作、小孩、情感關係，對世界也能做出有意義的貢獻，過著還算快樂和健康的生活。

不過自戀特質比較高的人會遭遇更多人際衝突或生涯問題，原因在於低同理心與傾向把自己的需求至於他人之上。很多人學會有效策略以減輕自身行為對個人或專業造成的影響。多數自戀特性高的人不會出於自願而尋求治療或幫助。他們之所以接受治療往往是因為自戀造成的其他後續影響，例如婚姻或關係問題、失業、憂鬱、焦慮、癮症，或其他生活問題。有些極端的案例是因為法院命令才接受治療，尤其如果自戀伴隨著暴力行為或反社會人格特質。

視不同的自戀人格類型，人們做出的有害行為可能更針對自己或更針對他人，而且源自不同的主要創傷。因此要有效對治自戀行為的不良影響，理解二十七個自戀人格類型是不可或缺的。唯有當出現心理病態，或是程度較輕者，具有反社會人格，一個人的有害行為可預期會變成慣性投機、剝削，以及更多心機算計。

反社會人格

在《精神疾病診斷與統計手冊第五版》中並沒有反社會人格這個診斷用詞。多數理論學者認為反社會人格是自戀型人格障礙的一種亞型，包括高度的自戀特質與低同理心。具有反社會人格的人會表現出臨床診斷的自戀者的多數特質，以及對他人需求、感受、想望的低度關心與理解。反社會人格者看起來可以是冷漠無情，也可能情緒澎派，甚至喜怒無常。他們多數人都理解對錯，有些人也會有很好的道德感和良知。然而，即便是具有一定程度同理心的反社會人格者，可能同樣無法調整自己的行為表現以顧及他人的情緒或需求。進入本書第二部，認識二十七個自戀人格亞型，你可以把每個亞型中比較有害的層面視為「反社會人格區」，其中不少例子都屬於反社會人格。當自戀走向比較極端的反社會人格，一個人的心理健康會下降，無法控制或掩飾（至少無法太久）自己缺乏對他人的關心或在乎。

很多原因會造成自戀的人落入反社會人格的範疇。我認為反社會人格是自戀的問題沒有被好好處理，加上低同理心、糟糕的行為模式，以及一般而言遭遇過童年創傷或被忽略。反社會人格者具有一定程度的自戀，也幾乎都有臨床診斷的自戀型人格障礙。他們的自戀行為主要表現為利用或操控他人，他們做某些事是為了確保自己的需求得到滿足。自戀的人只顧自身利益或沒有同理心，但不會像反社會人格者那樣進行有意的操弄。

一個高功能的反社會人格者可能在專業上表現良好，事業成功，致力於生產、效能和收益，但是不太會處理人的問題（除非他本來就屬於社交型和親善型，像是九型人格第二型）。他最關心和在意的是滿足自己的需求和渴望。然而，有些專家相信反社會人格者可以發展出良知，或者在對自己有益的狀況下學會考量別人。

然而，多數研究主張，自戀的問題尤其難以治療，因為自戀型人格障礙者根本就不相信他們自己有任何問題。就算經過治療也不太可能發展出同理、同情、愛心和關心。不過我認為某些類型的反社會人格者，一旦經過妥善引導，可以在特定的領域得到很好的發揮。舉例而言，反社會人格的政治人物透過操縱、算計、強制手段，往往可以爬到政治食物鏈的頂端。在過多同理心就無法達成目標的場域，低同理心和反社會人格反而是一種優勢。

對很多反社會人格者來說，同理和同情憐憫是成功的阻礙。不過多數反社會人格者並不覺得自己暴力或殘酷無情。他們認為生命就是適者生存的過程，所以他們決定要好好活下去。他們可以暫時延遲滿足，而且在訴諸明顯的侵略行動之前，會採取不同策略（奉承、操控、說謊、誘騙、安撫，諸如此類），因為即便是反社會人格者也不想因為自己的行動、想法或行為而出醜或被懲罰。害怕被懲罰是他們經常努力掩飾自己過錯（煤氣燈效應★是最佳策略之一）的原因。

自戀與反社會人格的主要差別在於行為算計的程度。後者會預先設計以確保自己的需求或渴望獲得滿足；前者往往並非高度算計的人，只是自誇、覺得理所當然、只顧自身利益、以自我為中心。如果反社會人格者可以透過社會接受的方式（引起較少衝突）滿足自己的需求，他們就會選擇最少抵抗的方式。只不過他們經常覺得自己必須安排和操控所有或多數的情況，如此一來才能確保他們得到想要得到的東西。相較於心理病態，他們對於羞愧和懲罰會有更多情緒波動和反應。

有些研究顯示，反社會人格者經歷某種程度的創傷後，會讓他們採取剝削、虐待或操控式的因應策略。（原註2）從發展的角度來看，反社會人格者的行為很像幼童試著滿足自己的需求，想要避免被懲罰、被阻止，或覺得丟臉難過。與多數幼童不同的是，他們不在乎自己的行為對周遭會產生什麼影響。而當自戀結合低同理心，以及對於衝突採取暴力或預謀攻擊的傾向，結果就是自戀光譜上最不好的一種形式：心理病態人格。

心理病態

「心理病態」（psychopath）這個詞源自兩個希臘字：psyche，意思是靈魂或本質；pathos，意思是受苦。這是一種看待心理病態的重要方式，因為我們很容易就忘記所謂心理病態，或那些有心理病態特質的人，不只會讓別人受苦，他們自己可能也經歷某種程度無意識的痛苦。有關心理病態的特質，不同理論學派有不同的看

★譯按：gaslighting，指為了自身目的而故意誤導和操縱他人的情感或行為，主要是透過心理操控的形式。

法。基本而言，他們具有強烈的侵略性，缺乏自制力，對於被他們視為威脅、弱者或應該攻擊的人，他們具有強大的支配慾、權力感和優越感。精神科醫師亞歷山大・洛文（Alexander Lowen）以論述「身體能量分析」而聞名，他認為心理病態人格的特質是追求權力帶來的愉悅，典型富有魅力、多才多藝、聰明伶俐，善於利用他們儲備的豐沛能量激勵他人。（原註3）（原註4）洛文形容這類人是耀眼、具說服力和影響力，但是帶有一股潛藏的怒氣，想要藉由控制或征服他人得到快感。我認同洛文對於心理病態人格的分析，因為他承認在某些脈絡下，這種人格可以是一個有益的特質。

想想那些具有領袖魅力的領導者，他們看起來強勢、無懼、令人信服，是創造改變的有力推手。洛文也提到，當我們需要展示自己的權力和怒氣時，我們會變得瘋狂錯亂，讓自己看起來更強大、更令人敬畏，可以嚇跑潛在的攻擊者。然而，對某些人來說，這樣的心態成為他們待人處世的主要方式，若再加上低同理心和其他生理、環境或發展的問題，就會創造出惡名昭彰的「心理病態者」。

心理病態者的主要目標是把自己的憤怒和欲望導向控制他人以從中得到快樂和滿足。精神病態人格問卷（Psychopathic Personality Inventory）列出幾個心理病態的共通特質，例如卑劣（meanness，對他人缺乏同理心或關心）和去抑制（disinhibition，無法延遲滿足，有衝動控制的問題，無法做計畫或深思熟慮）。

心理病態者也會表現出無所畏懼的樣子，充滿自信或自大狂妄。（原註5）

放眼大眾文化，心理病態在我們的集體恐懼中扮演深具影響力的角色。許多虛構和真實世界的可怕怪物都是心理病態者，常見典型包括連環殺手、連續強暴犯、嗜血犯罪首領，以及施加痛苦給無辜百姓的邪惡統治者。事實上，很多心理病態者是精於算計、冷酷又狡猾的掠奪者，他們把人際往來視為一場掠食者和獵物之間的權力爭奪戰。

歷來最惡名昭彰的連環殺手如傑佛瑞·丹墨（Jeffrey Dahmer）、約翰·韋恩·蓋西（John Wayne Gacy）、黃道十二宮殺手（Zodiac Killer）★，以及連續強暴犯如哈維·溫斯坦、傑佛瑞·艾普斯坦（Jeffrey Epstein）†，他們駭人聽聞的故事在在提醒我們，心理病態者帶給受害者的痛苦難以想像。精神障礙再加上其他心理問題，像是反社會人格障礙、情緒障礙如憂鬱或躁鬱，甚至神經系統的問題，都會加劇或在某些案例中引發病態的行為。不過多數心理病態者沒有殺人，或者從來沒有因為涉入犯罪而被逮捕。他們在商業、政治、娛樂或運動產業裡表現出色。他們不擇手段又冷酷無情的侵略性，以及追逐權力和影響力，在高效能運作的領域可以

★譯按：傑佛瑞·丹墨在一九七八至九一年間共殺害並肢解了十七名男子；約翰·韋恩·蓋西在一九七二至七八年間，至少性侵和謀殺了三十三名年輕男性；黃道十二宮殺手則在一九六〇年代晚期在美國加州北部犯下多起凶殺案。

†譯按：美國投資家、慈善事業贊助者，因教唆未成年少女賣淫而被判入獄。

得到很好的報酬。心理病態性的行為在金融產業尤其常見，因為掠奪性是功成名就的必要手腕。

政治舞台也是追求權力和影響力的完美機會。操縱人心、心狠手辣、威嚇脅迫都是飛黃騰達的必要戰術。企業和政治上的心理病態者享受他們對別人造成的恐懼，因為那會讓他們覺得權力在握。一個人運用支配與臣服的方式會因性格類型而異。有些人會採取比較隱蔽的方式，暗地裡掠奪他們認為脆弱或容易受傷的人，例如灌迷湯或誘惑脅迫。相反的，有些人傾向採取較公開的攻擊性威嚇和暴力。多數情況則介於兩者之間。唯一不變的是，具有病態人格特質的人，他們的行為都帶有明顯的惡意，不同於反社會人格者往往是因為無法考量他人需求而做出的或許是無意的行為。

本書第二部將會列舉更多自戀人格亞型的典型表現，其間穿插來自不同媒介（電影、文學小說，以及真實生活的心理病態或反社會人格者）的極端案例。描繪不同程度的自戀行為，從良性到惡性的形式，有助我們理解人的自戀心理就像是一道連續光譜，受到生理、文化、環境、心理疾患，甚至智力等各種因素影響。

接下來幾章，我們將深入介紹九型人格系統，以這個系統為架構，認識二十七型自戀人格。

第四章 認識九型人格系統

前面我們先做了反向檢視，現在讀者對於健康的「自我」應該有更多認識，知道自我包含了自戀的成分。接下來我們要探討自我的概念，特別是人格的部分。本書後續會交替使用「人格」和「自我」一詞。多數研究人格的心理學家認為所有人都有自我，而且從很多方面來看，大多數的人少了自我便不知道如何在這世上運作。自我的功能在於感知到威脅時能夠確保自己的安全。然而，自我對於怎樣算是「安全」、怎樣算是「威脅」的認知，可能與客觀上的無害或可怕的情況天差地遠。在自我發展出來以前，所謂的安全是很直觀的。舉例而言，如果劍齒虎朝我們衝過來，我們主要的防衛機制「戰或逃」就會啟動，避免自己被咬死。放到現代的情境來看，自我可能會把朋友隨口說的話或是嚇到我們的人視為像劍齒虎一樣的威脅。恐懼和危險可能相當主觀，視個人的性格、文化、經歷和基因而有所不同。

由動機推動的九型人格系統

人類最悠久的心理系統探究的不只是行為，還著眼於人的動機，藉以理解我們所作所為背後的原因。這些系統也可以讓我們改變自我限制或自我挫敗的行為。應用心理學就是在探討行為本身以及推動這些行為的力量或刺激因素。而九型人格模型是一套在巧妙又複雜的系統，能夠充分描繪人類自我的組成。

九型人格系統是由九個基本的自我或人格模式組成，一九六〇年代初期得力於玻利維亞裔神祕主義者奧斯卡・伊察佐（Oscar Ichazo）的推動而廣為人知。伊察佐提出他所謂「九角星」的九個點（Enneagons）：這九個心理固著模式用以解釋人類的自我在心理和靈性層面的限制，亦即心理和靈性自由的阻礙。伊察佐將這套方法稱為「原型分析」（protoanalysis）。他表示，九型圖中的九個點分別對應靈性的「困頓點」，束縛一個人的心理成長和自我覺察，以及掙脫自我侷限的能力。

九型人格分析人的生理狀態、能量和心理固著模式。伊察佐認為九型系統作用於身體和心靈，這個觀點類似相關研究先驅葛吉夫（G. I. Gurdjieff, 1866-1949）的主張。葛吉夫把九型符號當作是一種靈修心印，刻意讓人難以理解，用來做為學生的冥思形象。葛吉夫透過身體和呼吸的儀式冥想來「舞出」符號，解開被身體困住的能量，幫助他的學生達致更高的心理、情緒和靈性自由。

我們無法確定葛吉夫最早從哪裡識得九型符號，但是他確實將這個模式推廣於世，成為個人成長的一種工具。葛吉夫傳授的九型圖與後來發展的九型人格，兩者的相似度可說微乎其微。而伊察佐和葛吉夫一樣是靈性導師，以九型圖來認識自我只是他的改革工具之一。不過他認同以九型圖呈現自我的九個面向的重要性，用視覺引導的方法提升人類體驗的各種層面。伊察佐傳授了數百種「九型圖」，以九個點當作是冥想點。他認為九型圖系統是要拿來用的。理想上，人們能夠在這些符號上移動，接近「聖念」與美德，不昧於扭曲的自我，擁有完整且流暢的生命體驗。然而，伊察佐認為能夠維持這種自由的人少之又少，因此我們會在生命歷程中的某些時刻落入自我的「陷阱」，形成某種固

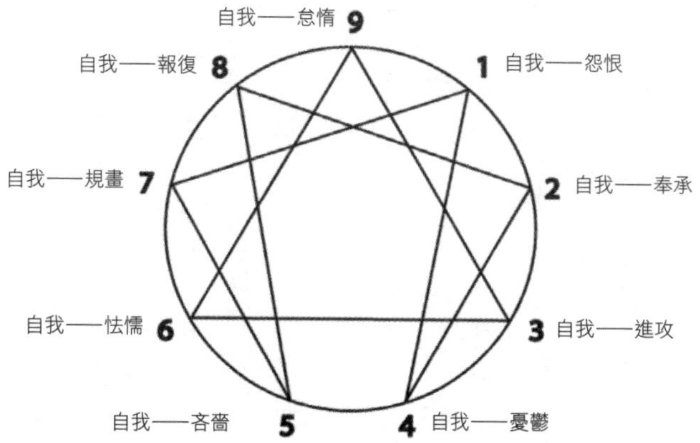

伊察佐的九型圖

著模式，於是他提出九型人格的概念。

激情、美德、陷阱、固著模式和神聖理念都是原始九型人格的一部分，交織出這個分類系統。美國艾瑞卡學院（Arica School）仍然傳承伊察佐的學說內容，他希望避免沒有親身領悟其教誨的人產生誤解。然而，九型圖模式無法藏於一地，伊察佐的學生克勞帝歐・那朗荷（Claudio Naranjo）將他的概念傳播出去。

那朗荷是智利的精神科醫師，也是完形療法（Gestalt）創始人弗里茲・波爾斯（Fritz Perls）的門生。那朗荷上過伊察佐在艾瑞卡學院提供的訓練課程後（原註1），開始發展九型理論。儘管他原本對九型概念用於理解人類自我感到懷疑，仍然將九型圖轉化為心理分析的詞彙，在臨床上適用於病患以及想探索精神問題的人。

身為佛洛伊德之後的精神分析師，那朗荷將九型人格視為神經固著模式和精神疾病的成因，必須加以辨識與治療。他的九型人格理論是根據與病患交手的經驗。他最為人所知的，是把伊察佐的基本九型與同代人（包含卡倫・荷妮、亞歷山大・洛文和卡爾・榮格）的精神分析理論進行對比推演，創造出九型人格理論。不同於伊察佐的原型，那朗荷的九型人格屬於心理範疇，儘管他本身也重視靈性，但他的九型系統是立基於醫病模式。他將伊察佐深奧／靈性的類型解釋加以發展，打造出可信又敏銳的九大型人格。那朗荷彙整他的臨床經驗、實際互動和在艾瑞卡學院的觀察理解，組成研究小組深化理論和探索九型人格。

一九七一年，那朗荷在智利成立名為「真理追求者」（Seekers After Truth）的團體，並開始在南美洲開設小型工作坊教導九型人格，最後到了美國（特別是在加州柏克萊一帶）。美國學習小組初期的成員如羅伯特・奧克斯神父（Father Robert Ochs）、理查德・羅爾（Richard Rohr），以及那朗荷當時的女友凱西・斯皮思（Kathy Speeth），主要負責推廣九型人格系統。一九七〇年代中晚期至一九八〇年代初，這些早期學員把九型理論傳給耶穌會學者，於是這套方法跟著傳入天主教和基督教的自助團體。九型人格在美國傳開來以後引起全球各地的廣大興趣。各種九型人格理論的派別在美國如雨後春筍般出現，而那朗荷在一九七三年停止授課，因為他認為自己的論述被錯誤解讀和不當傳播。

那朗荷傳揚艾瑞卡學院的教學內容之後，九種人格類型及其三種本能亞型已經成為全球趨勢。一九九〇和二〇〇〇年代，眾多知名九型人格學導師，如大衛・丹尼爾斯（David Daniels）、海倫・帕爾默（Helen Palmer）、黛博拉・奧騰（Deborah Ooten）、唐・里索（Don Riso）、羅斯・哈德森（Russ Hudson）、伊萊・傑克森貝爾（Eli Jaxon-Bear）湯姆・康登（Tom Condon）以及凱瑟琳・切爾尼克・福弗爾（Katherine Chernick Fauvre），擴充伊察佐和那朗荷傳授的內容，發展出各自不同的理論、基本條件和應用方法。

概述九型人格

九型人格的英文 Enneagram 源於希臘文，意思是「九邊型」（Enna = 九，gram = 圖畫）。九型圖是一種靈性系統，衍伸出九個基本人格類型。這個符號背後是一段引人入勝的數學史，超乎本書的範圍（也超乎我的專業）。然而，這套系統作用的方式以葛吉夫所說的「三的法則」和「七的法則」為基礎，建構出對稱、演化和退化的普遍法則，並對應到宇宙的成長與變化。

九型圖是一種三元辯證（trialectic）系統，裡頭的一切都能被三整除。在這個系統裡，每一種人格類型解讀自己與世界的方式分屬三個「智能中心」（centers of intelligence）：本能類型（第八型、第九

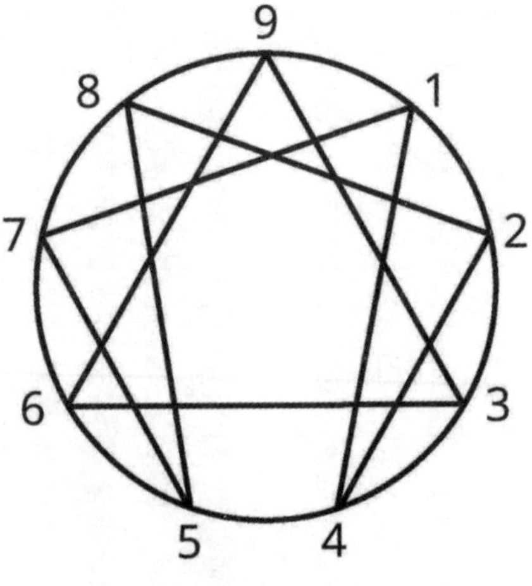

九型圖符號

型、第一型）、情感類型（第二型、第三型、第四型）以及思想類型（第五型、第六型、第七型）。

還有與原始生存機制相關的三種「本能／驅力類型」，當本能被啟動時就會觸發九型人格的防衛機制，包含社交本能（Social instinct）、自我保存本能（Self-Preservation instinct）和性／親密本能（Sexual/Intimate instinct）。九型人格不是靜態的系統，它描繪的是宇宙和人類心靈的運行。它是一個動態系統，各個點交互作用，使得每個人格類型都更複雜又豐富多彩。

每個智能中心都有特定的型態、焦點或慣性，以及能量和精神模式，呼應主要的人格類型。伊察佐非常強調以各個中心來理解人的發展。

智能中心

九型人格描繪人的心靈，顯示我們接受外界訊息的各種方式。有些常見的說法指的就是這些智能中心，好比英文說：Don't lose your head（不要失去理智）、Follow your heart（跟隨你的心）、What does your gut tell you?（你的直覺是什麼？）。每個中心就像是一個過濾機制，用來吸收資訊並解讀世界。每個人都會運用這三個智能中心。我們會根據直覺採取行動，或依據情感和身心狀況做出回應。

我們遇到不喜歡的事情會退縮，我們會把太靠近自己的東西推開，我們會突然相信什麼就展開行動。我們都會運用理智來篩選資訊、瞭解該信任哪些人、要怎樣思考，以及收集資訊幫自己做出更明智且安全的決定。

最後，我們會運用我們的心；我們會產生情感，做出回應；我們跟隨自己的熱情做出或許不完全合乎理性但讓人覺得喜悅的事。遇見理解自己的人，或是被理解自己的人看見，我們會感到快樂和被重視。相反的，當別人錯看我們的時候，我們會覺得失望和被拒絕。

這些智能中心並非個別運作，而是串聯起來組成複雜的心智。每個人對智能中心的偏好不同。有些人特別容易運用知性和理智，也有些人更信任本能反應。

伊察佐認為當我們解脫心理過程的束縛，就可以用同等的力量運用這三個智能中心。理想而言，我們可以輕鬆在理性（腦）、情感（心）、直覺（腹）之間視情況轉換。然而，由於世界並不完美，所以我們會產生防備，採取固著的心理防衛策略。

腹中心類型：第八型、第九型、第一型（又稱本能型）

這三個人格類型主要是根據身體本能的反射性反應來看待與面對這個世界。他們的決定是立基於滿足自我需求的本能記憶，他們的行為則是由信念所引導。這個智能中心掌管最原始型態的同理心。有些研究顯示，腹中腸是我們的第二腦，以本能方式回應外界的刺激和做決定。這個智能中心有助我們知道去哪裡找水喝、找東西吃，以及要走多遠可以找到棲身之所。

腹中心的人格類型很能夠自我掌控與自我保護。他們專注於滿足生存需求，當自主性或獨立性受到威脅時會採取本能反應（根據人格類型而稍有不同）。第八型、第九型和第一型人格的問題可能是過於開放、容易產生同感和共鳴（因為身體智能發達所致），或者另一端是太過封閉、冷酷和不在乎。

腹中心也是權力所在，所以這三個類型的人格都「掌握」自己的權力，不太需要他人的指引或指示，傾向遵循自己的本能。他們可能都有怒氣的問題，因為自主或生存遭受威脅時，感覺像是一種根本的侵犯。

第八型、第九型和第一型的人難以根據他人的要求和需求來做出調整。他們寧可壓抑或否認自己的需求或渴望，也不願意承擔改變自我和喪失命運掌控權的風險。他們常常會否認自己施展權力的需求和直覺，從而引起「權力與順從」的對立。

心中心類型：第二型、第三型、第四型（又稱形象型）

這三個類型主要是透過情感來看待與面對這個世界，他們安於跟隨「自己的心」和情感對周遭世界的反應。這些類型的人會不斷衡量自己與他人的親密程度，並以他們是否對別人具有吸引力來評斷自己的安全感。不同於腹中心類型，第二型、第三型和第四型的人善於調整自己的形象以符合自己或他人的期望。他們天生就具有同理心，而且適應能力很強。這樣的調整適應力是一種資產，也是一種詛咒。他們很容易營造良好的形象，但如果別人不喜歡或不認同這個形象，他們就會迷失和灰心喪志。經營關係和角色扮演會成為一種習慣，可能會造成真實性、自發性和自我價值低落的問題。

這個智能中心的發展源自人類需要與他人具有情感連結。它讓我們可以過著有親密關係和群居共存的生活，因為我們想要對這個世界有所影響。我們運用這個中心扮演或退出各種角色以滿足自己的需求。

第二型、第三型和第四型人格很可能會混淆了扮演的角色與真實的自我，從而變得虛偽不實或是過度配合他人的期望。這些類型的人擅於操控形象和運用情感直覺。第二型、第三型和第四型的人天生懂得在關係中調適情感。在他們對自己的感受與別人看待他們的方式之間，會產生「真實與形象」的對立。

腦中心類型：第五型、第六型、第七型（又稱心智型）

這三個人格類型強調獲取知識和「技能」才能生存在這個世界上。在這個中心，我們透過假設、預測、構想、公式和理論來理解環境與人際關係。我們運用大腦判斷哪些人事物是安全的，以及要如何融入（或突出）群體讓自己覺得更安心。這些類型的人理解必須透過心智建構、理論、資訊和估算來釐清和理解世界。第五型、第六型和第七型的人會尋找可信的人和資訊，以平撫人生難測帶來的焦慮感。

繼本能和情感中心之後，人類發展出腦中心，其主要坐落在大腦的新皮質，神經學家認為這是人腦演化「最新」的部分。這個中心的運作比心中心和本能中心更獨立。以這個智能中心為主導的人會透過智能來利用情感或本能，所以會無意識繞過本能反應或是原始的情感訊息。

心智型的人仰賴他們自己的觀念和理論來判斷各種意見。這三種人格類型都很相信他們對於客觀資料的解讀。透過這個中心，我們會運用推論過程辨識敵友，這樣的過程也讓我們可以辨別哪些意識型態、哲學思想和理論有助找到與自己想法相符的人和團體。對於這些類型的人來說，以自己對世界的認知和解讀來檢視他人的想法可以減輕自己的恐懼。

如果他們的想法和感受與他人的言論、思想和感覺有所落差，他們會陷入焦慮。第五型、第六型和第七型的人會放棄自己的權力和直覺而去支持外在的權威或資訊。由於他們常常感到不安，所以會更想要尋找確定性和指引以辨別哪些人或資訊值得他們投注心力。這種擺盪忐忑的焦慮會產生「信任與不信任」的對立。

主要的九種人格類型

我們每個人都會運用三個智能中心（心、腦、腹）的某一種防衛類型和力量，也各有盲點。而主要的九型人格正是我們最常使用、最安心自在的防衛策略。我把這個模式稱為「主要作業系統」。就好比手機會根據廠牌和機型而採取不同的作業系統，由這個系統負責執行其他各種程式——主要的九型人格就是人類的九個作業系統。辨識和認識自己的九型人格對某些人來說是一個複雜的過程。我們的主要防衛機制會躲避意識的察覺，因為要是我們學會解除這些模式，我們的自我會認為自己變得毫無防備。記住，自我就像任何生物一樣會不計一切代價求生存。

我們的防衛策略是用來保護自我遠離感知到的威脅，而且我們有很多複雜（和基本）的方式達成這個目的。我看過很多人花了很多年的時間卻始終無法確定自己屬於九型人格的哪一型，原因正是他們潛意識想要避免被定位和自我的防衛機制被拆解。

九型人格圖：側翼

前面提到九型人格是一種三元系統，以三的模式創造對稱，增強系統的動態特性。每一個人格類型的左右兩側分別是其他類型，稱之為「側翼」（wings）或「側型」。主要人格類型與側型的關係會影響其行為表現，視哪一個側型更顯著而定。舉例而言，第一型的兩側是第九型和第二型，而第二型兩側是第一型和第三型，第三型兩側是第二型和第四型，以此類推。我們可以把每一個類型想成是兩個側型之間的對立關係。例如第二型人格的生成是要解決第一型（想要做得好、做得正確、不被批評）與第三型（希望別人認為自己成功、令人欽佩、有魅力）的衝突。

無論怎麼翻轉，九型人格系統都是三元模式。有些第二型人格會偏向第一型，有些則偏向第三型。若以第二型為主型，可以標記為2w1（第一型為側型的第二型），或是2w3（第三型為側型的第二型）。不管是哪一種，主類型都不變。有些人比較偏向其中一個側型，不過兩個側翼都會影響到主類型，形成三元辯證型態。

九型人格圖：連接線

葛吉夫和伊察佐（以及無以計數的哲學家、科學家、神祕主義者、數學家和物理學家）都認為宇宙間沒有任何東西是靜止的。為了闡釋人類心靈的彈性，九型人格以一個類型連結另外兩個類型（不是側型）的方式來呈現其運行。在一九七〇年代「真理追求者」的一個工作坊中，那朗荷主張「連接線」之一指向某個人格類型的整合（成長）路徑，更能夠擺脫自我限制和心理模式；另一條則指向崩解（退化），朝向更不健康的領域。

舉例而言，那朗荷屬於第五型人格。他認為自己如果朝向更健康的發展、更能夠擺脫第五型人格的防衛機制，他表現得會更像是第八型人格，會變得更加自我覺察、更有自信和欲求。如果傾向第七型人格，他會變得更神經質、依戀、散漫、誇張、不切實際。

不過那朗荷很快修正這些主張，指出

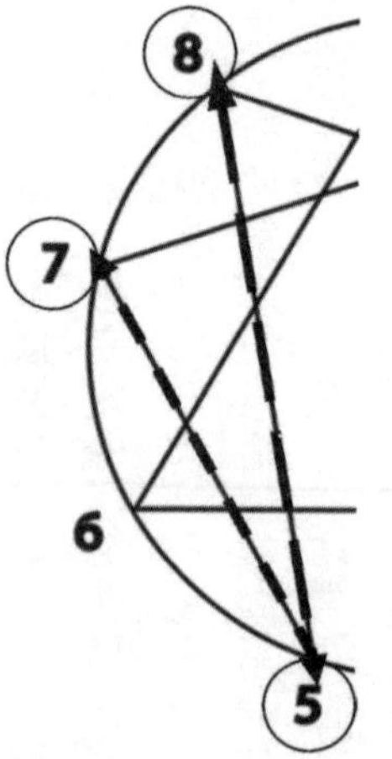

連接線

第八型人格有不同的心理防衛模式，而第七型人格也有更健康的特性。（原註2）在同一個工作坊中，那朗荷修正了健康的「整合」和不健康的「崩解」這樣的論述。

九型人格圖：三固、三類、三態

每個人都有一個人格主類型，傾向運用某個智能中心，但是我們也必須運用其他兩個智能中心。九型人格系統發展以來，伊察佐觀察到每個人在各個智能中心都有一個自我固著的傾向，他稱之為「三固」（Trifix）。一九九四年，九型人格研究者凱瑟琳．切爾尼克．福弗爾觀察到一種模式：研究對象的說話風格、防衛策略、主要恐懼、熱情、固著模式、信念、強項、弱點會呈現三種不同類型（三個智能中心各一）。（原註3）有時候這種現象能用側型或連接線來解釋，不過很多時候一個人出現某種類型的恐懼和心理模式，但是在九型系統中無法自然「連通」。福弗爾原本把這種現象稱為3Type，後來正名為「三類」（Tritype），以便與伊察佐的理論做出區隔。後來福弗爾在一九九六年學到伊察佐的三固理論，進一步證實每個人都依照偏好運用三個智能中心。（原註4）

三類型的構想讓九型人格系統變得更具體也更複雜，同時呼應三的規律。三固理論解釋了為什麼有些人格類型無法通往三個智能中心這種有違數學常識的現象。

舉例而言，第二型人格可以透過第一型側型以及朝第八型人格的連接線通往腹中心。然而，第二型的人無論是經由側翼或是連接線都無法自然通往腦中心。這表示他們無法運用腦中心嗎？並非如此，他們也能從三固中的心智型通往腦中心。從另一方面來看，第七型的人無法經由連通到第一型和第五型的連接線，或是第八型和第六型的側型通往心中心。這表示他們無法通往情感的智能中心嗎？答案一樣是否定的，因為第七型的人能夠透過三固通往腦中心。

若沒有三固或三類的理論，這個系統中一旦缺乏三元對稱就會出現數學難題。伊察佐用三固的概念

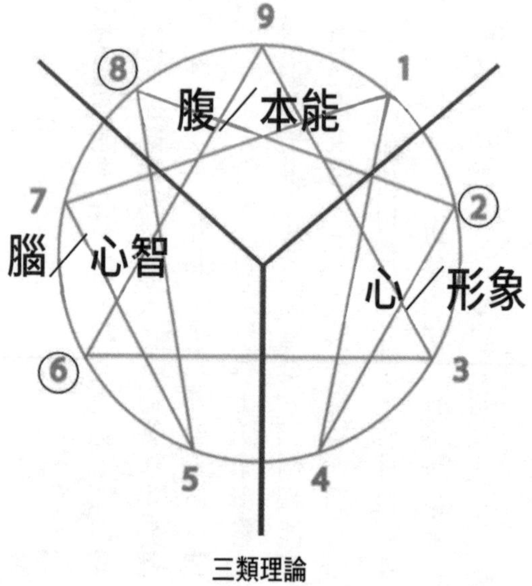

三類理論

來解釋三元模式被打破的問題。我也證實了福弗爾和伊察佐的三固概念，在二〇二一年對九型人格的研究中，我發現人們會以「層疊」的方式在每個智能中心採取某種類型的防衛策略。

三類型匯聚起來形成一個主類型，讓行為策略和防衛機制更完整和具體，超越主要類型的理論。然而，為求簡便，本書主要談主類型和三種本能的交會，以及這些組合如何創造出二十七種自戀亞型。

九型人格是一個複雜精密的系統，說詳細可以很詳細，說簡單也能簡單。想要認識自戀亞型，必須記住人有三種驅力和九種基本的人格類型。討論和解釋九型人格系統的資源多如牛毛（參見書末的建議閱讀清單）。下一章我們將深入探討推動九型人格的驅力，理解本能的作用是瞭解自戀行為觸發因子的關鍵。

第五章　三大驅力與自戀

前一章簡短介紹了三大本能類型（驅力）。然而在進入二十七種自戀亞型的分析之前，我們必須再完整說明這個重要概念。理解各項本能有助我們深入探究九型人格。

那朗荷醫師首先提出我們今日熟悉的二十七種本能亞型。他在一九九〇年代之前並未以英文發表任何有關本能的論述（原註1），在寫作相關內容之前，他於一九七〇年代開設的工作坊和精神治療訓練營中談及這個概念。凱瑟琳・切爾尼克・福弗爾擴充那朗荷的學說，最早於一九九五年發表她的研究成果。（原註2）現在我們讀到的本能類型和亞型的主張，很多是源自於那朗荷和福弗爾的貢獻。其他著名的九型人格理論先驅，如哈德森、里索、康登以及帕爾默，則為我們帶來了其他有關本能類型的教學和觀點。以下敘述綜合我個人的研究還有其他前輩的見解。

本能類型是什麼？

本能是人類心智整體最初的演化軌跡。我們甚至可以把本能想成是最原始、基本的人格類型，在祖先們發展出複雜的思想模式和情感反應之前，是依靠本能求生。佛洛伊德提出「本我」的概念，將其視為人類精神中魯莽、自我滿足導向、不成熟的衝動，追求立即的滿足，不在乎社會關係或自我形象。(原註3) 狩獵、殺戮、私通和尋歡這些本我的原始衝動潛藏在人的潛意識裡，受到「自我」更社會傾向的行為所牽制。根據佛洛伊德的說法，自我更知道如何透過社會認同或所謂適當的行為來滿足衝動。然而，無論自我的防衛力有多麼複雜，本我仍會在暗地裡作用。我們的本能驅力就像本我一樣在檯面下運作，是九型人格的基礎作業系統。

原始的驅力有三種：社交、性、自我保存。每個人都有這些驅力，我們在演化過程中需要這三種本能才能生存。此外，由於九型人格是三元辯證系統，三種本能都要存在才能夠維持對稱。不過多數九型人格的學者都同意只有一個本能位居主導地位，另外兩個本能在意識中扮演次要或第三的角色（就像前一章所說的三固概念）。對於某些人來說，相較於主導的人格類型，他們更容易感受到主要的本能力量，因為這股驅力明顯影響他們的意識思維。有些人的本能驅力會更加平衡，尤其是從事心理或靈性工作的人。

要平衡三種驅力並不容易，必須能夠掌握內在衝動。多數人都是由一個主要的本能主導決策過程。當本能被「觸發」時，主導的人格和三固就會跳出來解決本能感受到的威脅。本能驅力的作用是源於對匱乏的恐懼。

當我們討論三種驅力時，讀者可以注意哪一個本能的描述直覺上最能引起你的共鳴，由此可判斷它在你意識中的重要性。確認自己屬於什麼本能類型，不要參雜個人好惡，因為我們經常會理想化了次要的驅力。

自我保存的本能

自我保存可能是人類最先發展出來的本能，因為它直接關連到實際生存的基本維繫。這個本能主掌安全、舒適、飢餓、健康，以及對環境和身體給予充足的關照。這個本能是祖先們用來確保有足夠的糧食可吃、不被外物傷害、有妥善的居所、不受外來者侵犯而威脅到安全。自我保存的本能促使人類發現了治療大小病症的天然療法，也促成各式各樣的安適設施發展，好讓生存變得更輕鬆自在。生死的關鍵就在於自我保存的本能。因此自我保存型的人往往很清楚自己要為自己的生存負責（無論現實中他們有多麼依靠自己）。

很多自我保存型的人堅信：「我一個人來，也一個人走。」這種孤獨的世界觀不表示他們沒有親密的感情、家庭、朋友和社群，而是這些人在處世上有一種孤獨和獨立的傾向。自我保存不等同於內向、害羞或喜歡自己一個人。然而，自我保存型的各種性格會比其他兩種本能類型的人更喜歡獨處。

這個類型的人重視金錢、健康、安適、食物、營養、運動、睡眠質量、身體／感官歡愉、保障、氣氛、活力、舒適、習慣、保守、踏實穩定、身心安全，以及獲取資源（囤物）。

當我們覺得不舒服時就需要好好照顧身體，否則輕則生病，重則喪命。當我們煩惱金錢、家庭、健康或是親朋好友的狀況時，我們會運用自我保存的本能來解決這些基本的生存問題。對於自我保存型的人來說（以及所有本能類型），這樣的傾向是發生在潛意識中，所以他們不見得會立刻察覺到自己受到本能驅力左右。我們經常不知道自己受到這些潛意識本能需求的影響有多大，除非面臨到明顯且直接的威脅。

自我保存的本能是根據腹中心的反應，保障自己與所愛的人安全又安適。自我保存型的人會持續且有意識地關注自己的力量，確保他自認是生存所必要的資源能夠充足無虞。如果資源不夠，他們會擔憂、煩惱，或是想方設法滿足這些需求。在人際關係中，自我保存的本能會尋求踏實、安全及舒適感。

要特別注意的是，有些自我保存型的人會透過伴侶、家人、親友或組織的財務、情感和實際支持，以確保自己的基本需求獲得滿足。這些維繫生存資源的支持系統是持續的。

社交的本能

做為一個物種，一旦學會如何滿足基本的生存需求，原始人類就開始尋求建立關係和結盟以保障生存。如同其他多數哺乳動物，人類有群居的天性。我們需要他人的協助來度過各種生存的威脅、試煉和苦難。不管洞穴再怎麼安全隱密，萬一劍齒虎跑進來，跟野獸單挑其實沒什麼勝算，如果還有其他幾個人一起攻防，就有可能活下來。社交本能來自於人類本能上就知道「團結就是力量」。然而，這個本能不只是要團結求生，儘管這是後續發展的先決條件。

人類形成部落之後，很快便開始進行溝通，而溝通內容勢必包含一連串找出最佳生存方法的協商。人際交涉包含分配社群中的各種角色，例如決定誰要守夜以防禦獵食者、誰去狩獵、育兒、採集有療效的植物，或是注意周圍部落的盟友或敵人，這些行動都攸關部落存亡。人類很快就明白與具有同樣生存目標的人合作可以提升生活品質。隨著部落型態演進，各種團體角色和互動規則也跟著演進，逐漸發展出我們現在所說的文化。

社交本能在於維持、保存和延續文化與人際連結，以此做為安全保障的一種方法。由於社交涉及人與人之間的分工、管理、權力分配、影響力，以及複雜的溝通，因此需要建立黨派、內／外團體、規範、風俗、習慣以及準則。在部落系統中，判斷其他部落是敵是友關乎存活。當然，隨著全球化和現代化，快速判斷「異」、「己」的能力已經變得不那麼重要。只不過往來的外交方式還是有其必要，以免引起緊張局勢。

社交本能不等於外向或是喜歡跟人群相處，這種傾向取決於個人特質。實際上，社交驅力在於監控整個團體。團體指的是三人以上的集合，包含而不限於政黨、職場或學校團體、教會或宗教團體、運動團隊、文化族群、國家、民族、種族團體。有些人的社交本能是退縮或不信任，因此會懷疑或排斥團體或群聚活動，不過他們還是會關注社交圈以保自身安全。這種不信任感來自於社交型的人擔心被團體排擠或拒絕會導致危險。這種假設有其演化上的根據；一旦部落聯盟形成，被部落排擠很可能會招致孤立、懲罰或是死亡。

從社交本能出發，我們發展出希望自己對群體的貢獻能獲得認同、注意和表揚的渴望。反過來說，如果跨越團體能夠接受的界線，就有被忽視、排擠或懲罰的風險。這些有時成文、有時非正式的互動規則，是人類文明與其他複雜動物文明的特色。

社交本能所顧慮的其他問題包括閒話、名聲、制定法律、禮節、階層、慈善、潮流、文化敘事、歷史、政府、宗教與文化慣例和儀式、建立團隊、欺壓和反抗、榮譽、羞愧，以及意識型態的建立和維持。

身為團體的一員，能夠促成和得益於同袍情誼、文化、歸屬感和社群感。對很多社交型的人來說，雖然關注、加入或抵抗團體是生存的必要（有時也令人振奮），卻也會帶來焦慮、不確定和壓力。社交本能型的人明白萬一遭到團體孤立，恐怕得獨自承受人生的苦難。

性的本能

生存的問題不僅關乎自我保存和社交往來。人類渴求親密感、連結感，以及與自己、神性或有情萬物發展出情感體驗。性本能促使人類探索更深的關係，最終與自己和他人產生更深的連結。基本上，性本能的焦點在於創造和繁衍物種。所有動物都會為了確保物種生存而展現出這種本能。

當文明的發展進入更高更複雜的認知模式，性本能（連同其他本能）也跟著演化。擇偶不再只是考量是否容易交配，而是重視個人的喜惡、想法及慾望。我們開始會根據自己認為有魅力、有吸引力和是否討人喜歡的標準來擇偶，在潛在對象面前展現自己的力量、生育力、雄風，或是優於情敵的表現（大多數哺乳動物都是如此）。性行為帶來的肉體快感存在自我保存的本能中，而渴望在與他人的情慾互動中傳達更深、更親密的情感則屬於性本能。

多數動物演化出生理儀式來吸引潛在的伴侶。人類學家認為，凸顯自己的優勢有助於動物把最好的特質傳給下一代。有些稀有的天堂鳥品種，主要出沒於印尼、澳洲和巴布亞紐幾內亞，牠們幾乎都會進行求偶儀式。雄鳥會秀出築巢本領來展現雄風和優勢。牠會先把雨林地上的雜物和礙眼的樹枝或樹葉清除乾淨，再開始跳求偶舞——舞姿華麗、尾翼搖擺，開展美麗的冠羽獲取雌鳥青睞，藉此讓自己的基因繁衍下去。雌鳥可能觀賞過不下數十隻潛在伴侶的舞姿，從中選擇最合自己口味的對象。研究者還不確定雌鳥在追求者之間做選擇的考量依據是什麼。不過無論是性或戀愛，通常不外乎激情、個人偏好，以及適當的時機。

競爭是性本能的一大重點，多數物種都會透過打扮和獻殷勤來吸引注意。除了吸引力、親密感和好感度，性本能也主掌了神祕感、個人裝扮、關係的權力動態、連結的深度、魅力、投入程度、眼神交流、執念和憎惡。（原註4）

對於性本能型的人而言，缺少吸引力、不討人喜歡，無法競爭渴望對象、伴侶或朋友的關注，會讓他們感到焦慮（就像是社交型害怕被團體孤立，或自我保存型覺得沒有足夠的金錢、食物或安全保障）。常見剛接觸到驅力概念的人會認為自己屬於性本能型，因為幾乎所有人都希望別人或多或少對自己有好感。我們主動尋找對象或是尋求親密關係時，會運用性本能的力量。然而，對於性本能型的人來說，爭取到目標對象以後，維持對方對自己的好感、情感強度和吸引力的需求不會消減。性本能的作業系統認為，如果不能維持給人的好感或雙方之間的情感深度，那簡直生不如死。

要完整討論性本能，就不能不談到它在人類靈性層面的角色。眾多神祕主義者、聖賢、宗教學者，甚至量子物理學家都認為，存在於宇宙間的創造力量就像是人類性本能中的創造衝動。性本能主掌讓新事物降生於世的渴望，推動人類的創造力。基本上它體現了人類這種生物「生殖繁衍」的渴望。我們認為繁衍是實際上使物種存續下去的方式，其實它還包含渴望透過創造新事物（藝術、音樂、詩歌、神話、想法等等）來表達自我。根據我的研究，性本能驅力分數較高的人，更需要透過創意媒介來表達自我。許多宗教傳統論及靈性追尋者嚮往與聖性合一；渴望與他人產生連結也反映了渴望歸屬靈性上永恆不朽的存在。

然而，這不表示其他兩種本能無法展現靈性。自我保存的本能藉由瑜珈、齋戒等肢體展現或貼近自然的方式超脫人類的自我限制或侷限，連結到靈性自我。社交本能則以創造共同儀式、人道關懷和慈善行動來表達這種渴望，以及透過共通的心靈、哲學或宗教理念來創造烏托邦社群。

本能式微

在適當的運作下，本能是無價的演化能力，讓人類得以生存數千年。不過這種驅力並非隨時都能發揮最佳效用，就像人類其他的生理、心理和情感過程。如同前述，我們演化並發展出複雜的方式來抵禦危險。從穴居、茅屋到磚房，還有食物儲藏系統、醫藥、科學進展、政府和網路等等，我們透過這些提升生活品質的進展，解決了很多立即的生存威脅。在現代世界中，危及生存的威脅越來越隱微。因此，自我不再只是透過實體死亡的角度來感知危險（當然這還是烙印在我們的腦中），更常是以一種象徵、譬喻或精神層面的方式來感知危險。

舉例而言，西元前三千年，自我保存型的人有充分理由認為不去打獵或採集足夠食物來度過寒冬就會死翹翹。然而，到了二十一世紀（對於工業化和開發中國家的人而言），缺糧問題仍然存在，但造成死亡的機率已經大幅降低，因為我們發明了超商、市場、食物銀行、農業，還有其他維生的方式，整體來說要取得食物已經變得更加便利。可以一個自我保存型的人就算有充裕的財務資源和可靠的食物來源，還是會擔心沒儲存足夠食物過冬。

這種原始驅力所遺留下來的生物制約就像是陰魂不散的原古人類。現代人類的自我保存本能對於會不會沒消夜可吃的判斷力，並沒有強過新石器時代人類對於寒冬將至肉夠不夠吃的判斷。這兩種匱乏感覺起來都像是必須立即關注的迫切需求。

如同前述，本能驅力會觸發九型人格採取各種防衛策略。熟悉這個概念將有助於理解本書第二部探討的二十七種自戀亞型。以人格特質而言，自戀傾向像一張毯子，披覆於整個九型人格系統上。

熟悉九型人格理論者可能認識由九種人格類型與三種驅力互動所產生的二十七種亞型。那朗荷醫師在一九八〇年代提出這個概念，並於一九九五年寫就相關論述。（原註5）尚未有完整探索的是，在現代的人格結構中特別凸顯的自戀傾向，與那朗荷醫師提出的二十七種本能亞型交疊後，會激盪出什麼結果。研究顯示，我們能夠找出九種人格類型裡的三種變化型態，穩定預測一個人在日常生活中自戀傾向出現時的具體表現。

人的驅力還有很多細節可談，它們是一套非常複雜的系統。我需要更多篇幅才能完整闡釋本能系統，所幸其他九型人格學者已經在這個研究領域有了不少建樹。（原註6）你現在可能會問，九型人格到底是什麼？下一章，我們就要談論九種基本的人格類型，進入第二部時就會有足夠的知識基礎認識潛藏於二十七種自戀亞型背後的心理結構。

第六章

九型人格

前一章介紹的本能類型或驅力是一套作業系統，而九型人格則是這個作業系統的應用程式。本能的驅力會啟動不同的人格類型，然後根據人格類型引導防衛機制的力量。九型人格是以數字來命名，但數字本身只是標記，沒有層級關係，例如第一型並沒有優於第三型。

九型人格是什麼？

九型人格是用以滿足本能需求的各種防衛機制的集合。不同於本能類型，九型人格的基礎是自我，而不是本我，因此往往會以更複雜的方式取得它想要和需要的東西。回想第五章提到的電腦譬喻，九型人格就像是應用程式，目的是滿足本能驅力的需求。它包含我們最深層的恐懼，以及固有的心理力量。這些人格類型是我們表現出來的性格，用以保護我們免於承受感知到的內在與外在的威脅。它們的作用主要在於維持自我形象和採取防衛策略以保持一致的自我認同。

研究證實我們每個人至少都會採取其中一種防衛方式。主要的九型人格又結合了另外兩種類型（每個智能中心各一），形成了三固。（原註1）根據口述歷史，伊察佐及其前輩葛吉夫主張，九種人格類型構成一個完整的系統。事實上，視連接線和鄰近主要類型的兩個側型，有些類型會比其他類型更容易連結。然而，從數學的角度來看，計算所有類型、側型、三固和連接線，那麼無論一個人的主要人格類型是什麼，都能通往其他類型。這就是九型符號的對稱之美。

雖然我們還無法確知一個人如何在一生中選擇運用哪一種防衛策略，但原因可能綜合了基因、成長背景、環境、文化和各種經歷。無論哪些因素加總起來創造出人格，但我們的九型人格、三固、側型、本能類型，終其一生保持穩定。

我指導過的一些個案和學生表示，他們年輕的時候偏向某一種人格類型，年歲增長之後，因為經驗智慧和懂得自我克制，轉變成另一種類型。我理解這種個人成長的解讀觀點，不過這並不符合研究資料的結果，以及自我認同一致性的基本假設。隨著個人的發展，我們會變得降低防衛，更能夠展現所屬人格類型的優勢。所以乍看之下像是變成另外一種類型（通常是連接線上的一個類型），不過這只是展現某種類型的良性策略。基本的核心恐懼、防衛和自我認同是不變的。

九型人格理論語彙分析研究

福弗爾的「九型樣態」（Enneastyle）研究蒐集受試者資料，以瞭解人們如何在九型框架中建構和描述自我形象。（原註2）身為一名形象顧問，福弗爾研發出九型樣態問卷，蒐集人們建構自我形象的資料。她請填答者寫出五個形容詞來描述自己的強項、弱點、希望別人怎麼看待自己，以及其他質性的自由應答題，她再從中找出同一類型者的模式。

為了確認填答者的自我分類、測試結果和自我描述相符，福弗爾開發出「深度探查」的訪談法來快速判斷填答者自我描述背後的核心恐懼。她的假設是基於人格的精神分析理論，並主張人會根據深層的不安和恐懼，發展出各種特質、性格、優勢和形象。

我以福弗爾的研究為基礎進行二〇二〇年語彙分析研究調查，目標是複製、驗證和擴展福弗爾的原始研究。結果證實透過填答者的自我描述、九型測驗結果，以及針對個人自我描述背後有意識和無意識的恐懼進行深度訪談，確實可以預測他們的人格類型、三固和本能類型。（原註3）

這個分析研究證實了福弗爾的主張：九型人格和三個本能類型都會使用符合其類型描述的核心恐懼、強項和弱點的自我反思語言（self-reflexive language）。相較於個別的形容詞或用語，所選擇的用字遣詞和自我描述的內容更能夠預測人格類型。透過九型人格語彙分析測驗（我設計來蒐集填答者自我形象的資料），我們找出明顯的規律模式，強化了由那朗荷和伊察佐最先提出的九型人格理論及二十七種本能亞型。然而，由於伊察佐沒有進行正式的研究，他主張的九種自我固著模式主要是根據他的直覺、觀察和假設。

資料分析

我以身為質性研究員所受的訓練進行資料分析，我認為要判斷人們的自我描述是否符合他們的人格類型，最好的方法就是比對自我描述、九型人格測試、自我形象表達三者是否相符。針對人們如何描述自己整體的狀態，深度訪談顯示出可預測的模式。自我反思語言背後所代表的意義也比單看用字遣詞更可信。

典型的案例分析如下。假設有一名受試者叫做「艾咪」，她的第二型人格分數最高，我想要確認她是否真的屬於第二型。首先我會分析她的語彙分析問卷。假定艾咪在自我反思問卷上用來描述自己的形容詞有「關心他人」、「有愛心」、「堅強」、「慷慨大方」、「迎合他人」。這些形容詞通常指向潛在的第二型人格（或至少在三固中有第二型）。然而我還必須找出她透過問卷所傳達的訊息。具體而言，我要判斷她的深層恐懼、焦慮和強項屬於九型人格的哪一型，才能確認她自我描述背後的核心動機。接著我會和她進行訪談。透過訪談，她表示這些形容詞（特質）有助緩和她覺得自己不重要、被遺忘、沒人愛的恐懼。從而我能夠更加肯定艾咪是第二型人格。

我訪談了超過三百名受試者，而這樣的三重驗證法有效對應了單字、詞組，以及人格類型的特質。用詞和人格測試結果是指向特定人格類型的重大線索，不過除非瞭解自我描述背後的涵義，否則很容易淪為理論。因此訪談比問卷或測試結果更重要。

以下的九型人格描述，以簡化和濃縮的方式呈現語彙分析問卷中各類型受試者最常使用的字詞。想要瞭解更完整的九型人格特質，可參考 www.empathyarchitects.com/enneagram。

第一型　捍衛原則的完美主義者

第一型的人黑白分明、精確、理性、注重細節、經常會批判他人。他們想要根據自己的道德感、倫理標準、自認為正確的方式行事。他們很有責任感，覺得自己必須維持行為端正合宜。這一型的人堅守道德規範，忠於自己的對錯價值以免產生罪惡感。

動機：遵循自己的道德感、倫理標準和是非判斷。

常見形容詞：公正、考慮周全、認真、聰明、理想化、負責、有決心、有道德、堅持己見、吹毛求疵。

他人的描述：愛批評人、公正、不偏頗、有禮貌、拘謹、負責。

強項：可靠、值得信賴、公正客觀、有條理、理性、講道理。

弱點：怒氣、挑剔、拘謹／矜持／緊張、焦躁易怒、愛批評人。

個人形象：乾淨、簡單、實際、得體、整潔、有格調、簡樸、優雅。

不喜歡怎樣的人：混亂、自私、莽撞、不負責、粗魯、不理性。

主要的恐懼：犯錯、被訓斥、做錯事、粗心大意、遺漏重要細節、做壞事。

別人怎樣會惹怒他：思慮不周、沒禮貌、自私、不友善、沒原則、粗心大意。

想避免落入什麼狀況：自滿、做錯事、被糾正、做壞事、混亂、被激怒。

個人需求：秩序、時間、休息、體貼、自主、放鬆。

第二型　迷人的支持者

第二型的人情感豐沛、以人為本、想要被需要、有控制慾。他們想要別人覺得他們幫得上忙，希望成為他人生命中「特別的人」。他們會配合別人的需求，知道如何表現出討人喜歡的形象，讓自己看起來有魅力、人見人愛、受歡迎，以彌補內心覺得不被重視的感受。

動機：讓別人覺得自己是有幫助的、能提供支持的、很特別的。

常見形容詞：善良、樂於助人、風趣、有抱負、有愛心、好人、有魅力、慷慨、濫好人、友善、堅強。

他人的描述：照顧人、幫助人、關心人、有同情心、善良、好人、愛使喚人、輕佻。

強項：關心人、「能看見他人好的一面」、幫助人、鼓勵人、正向、滿足他人的想要或需要。

弱點：雞婆、自私、濫好人、咄咄逼人、生氣、心懷不滿、迎合討好。

個人形象：從容、迷人、有吸引力、友善、親和力高、可愛、性感、熱情。

不喜歡怎樣的人：自私、太焦慮（「因為會害我也跟著焦慮」）、悲傷、忿忿不平、負面、不友善。

主要的恐懼：孤單、沒人愛、被遺忘、不快樂、不重要、被拒絕、沒價值。

別人怎樣會惹怒他：悲觀又消沉、欠缺自信、粗魯、自私、視別人的幫助為理所當然。

想避免落入什麼狀況：悲傷、不開心、負面、憤怒、沮喪。

個人需求：人群、愛、關注、正能量、被關心、被珍視。

第三型　高成就的表現者

第三型的人想要別人認為他很成功、有魅力、有成就又能幹。他們的自我感來自於他人的正面評價。他們在榮譽、成就和效率中尋求價值。他們想要凡事拿第一，努力建立完美形象，以彌補那種覺得自己不中用的感受。

動機：想要別人覺得自己很成功、很迷人、有成就、有能力。

常見形容詞：野心勃勃、充滿活力、完美主義、高成就、注重形象、目標導向、受歡迎、吸引人、有幹勁、處世圓融。

他人的描述：成功、有吸引力、強勢、聰明、有領袖魅力、很能幹。

強項：領導、好勝、懂得視情況調整、做好榜樣、激勵他人、效率高。

弱點：沒耐心、工作狂、完美主義、注重形象、尋求認同。

個人形象：專業、沉著、格調、從容不迫、時髦、圓融、自信。

不喜歡怎樣的人：沒幹勁、負面、懶惰、害自己沒面子、慢吞吞。

主要的恐懼：失敗、顏面掃地、沒能力、被拒絕、沒有遮蔽或掩飾。

別人怎樣會惹怒他：懶惰、沒幹勁、負面、散慢、鬱鬱寡歡。
想避免落入什麼狀況：像個輸家、消極、懶惰、太情緒化、沒幹勁、悲傷。
個人需求：贏、成功、有面子、認同感、獎賞／榮耀、正面關注、讚美。

第四型 天生的浪漫派

第四型的人多愁善感、有洞見、有創意且善於分析。他們想要別人認為自己可靠、有深度、直覺強、具有原創性。他們渴望表達情感體驗和分享內心深處的感受，希望能被看見和被仿效。第四型的人尋求濃烈的情感，以彌補有所不足、匱乏和缺少意義的感覺。

動機：想要別人覺得自己可靠、有深度、有創意、創造缺陷美。
常見形容詞：直覺強、有同理心、創意、知性、有品味、優雅、美麗、憂愁、嫉妒。
他人的描述：冷漠、敏感、直覺強、聰明、情緒化、勢利、疏遠。
強項：創造美、分析自己和他人、創造意義、富洞察力、說出真話、敏感。
弱點：過度思考、抑鬱、欠缺自信、嫉妒／愛吃醋、迷失、容易氣餒。
個人形象：優雅、有品味、有創意、有趣、與眾不同、獨特、美麗、特別、罕見、有原創力、難以抗拒、自然、波西米亞風。

不喜歡怎樣的人：淺薄、腦袋不靈光、無趣、膚淺、太樂天、俗氣。

主要的恐懼：缺少意義、被遺忘、平庸、有所不足、被悲傷淹沒、無法施展潛能、感到迷失或被拋棄。

別人怎樣會惹怒他：刻薄或不友善、虧待人、控制慾強、太正向、不懂欣賞、粗俗、遲鈍。

想避免落入什麼狀況：平庸、平淡、太憂鬱、沒靈感、太快樂、安逸、迷失、有所不足。

個人需求：發揮潛能、強烈感、創意、自由、希望、更多自信。

第五型　冷漠旁觀的調查者

第五型的人帶有距離感、重視邏輯、敏感且聰穎。他們想要尋求知識、不想被壓垮或掏空，會節省時間和心力去追求知性興趣。他們敏銳、追求獨特、感知力強、善於觀察世界。他們探索和累積資訊以防患未知，消除焦慮和恐懼。

動機：追求知識、不想被壓垮或掏空、尋求知性興趣。

常見形容詞：聰穎、冷漠、害羞、退縮、勤學、感知力強、我行我素、重隱私、敏感。

他人的描述：高高在上、抽離、聰明、異類、複雜、吝嗇、有距離感。

強項：整合複雜資料、研究、觀念理解、與眾不同、想像豐富。

弱點：不善於處理情緒、焦慮、不擅社交、害羞、害怕人群。

個人形象：聰明、低調、誠實、技術宅／書呆子、不擅表達、孤僻、古怪。

不喜歡怎樣的人：吵鬧、無知、愛操控、沒觀點、依賴、膚淺。

主要的恐懼：被侵犯、能力不足／愚蠢、他人、情緒表達、被掏空／耗竭、空虛、無知。

別人怎樣會惹怒他：愛操控、情緒化、不理性、愛管閒事、欠缺邏輯、愚蠢。

想避免落入什麼狀況：被冒犯、情緒化、壓力、被強迫。

個人需求：安全、時間、書／網路／資訊、空間、隱私、獨處。

第六型　忠實的懷疑論者

第六型的人忠誠、務實、懷疑、焦慮、警覺。他們想要避免不確定感、被責怪，或是措手不及的情況。他們是九型人格中的警報器，常常會被他人誤解，甚至連自己都會搞不清楚，因為他們的心理狀態、情緒和行為自相矛盾。他們在自己和他人身上尋求確定性以獲取安全感。

動機：不想覺得害怕、焦慮、不確定、不安全或猝不及防。

常見形容詞：忠誠、敏感、機智、焦慮、警戒、有決心、情緒化、負責、複雜、想太多、友善、憤怒、聰明、快速反應。

他人描述：忠實、捉摸不定、聰明、焦慮、好笑、有趣、友善、反應快。

強項：發揮創意解決問題、看出潛在問題、忠誠、鼓舞人心、分析、謹慎。

弱點：焦慮、反應過度、懦弱、惶惶不安、沒自信、界線模糊、衝動、太過忠誠、討好。

個人形象：不拘小節、行動敏捷、古怪、沉著／低調、神經質、「普通」。

不喜歡怎樣的人：愛評判、壞心眼、霸道、盛氣凌人、牆頭草、神經大條、虛偽、虛榮。

主要的恐懼：焦慮、不確定感、落單、死亡、失去支持、被拋棄。

別人怎樣會惹怒他：苛刻、愛控制、前後不一、怪罪、撒謊、虛偽、不真誠。

想避免落入什麼狀況：焦慮、不確定、措手不及、孤單、被針對、被怪罪。

個人需求：支持力量、自信、耐心、勇氣，知道他人對自己的期望、一致性。

第七型　活躍的狂熱份子

第七型的人活潑、喜歡找樂子、充滿好奇心，而且容易分心。他們想要避免痛苦、尋求新鮮事以免覺得無聊和情緒消沉。第七型的人需要振奮人心的計畫和想法，不斷設法滿足自己對於新鮮感或驚喜刺激的需求。他們需要變化以防止空虛感，害怕被困住或受限。

動機：避免痛苦、尋求新鮮以免覺得無聊和被困住。

常見形容詞：自由奔放、活潑、有愛心、有創意、有趣、機智、詼諧、迷人、開朗、搞笑、創新。

他人的描述：有趣、好玩、創新、有自信、活力滿滿、健談。

強項：享受樂趣、有遠見、創意、影響力、多才多藝、關心他人。

弱點：缺少紀律、焦慮、冒牌者症候群、散漫、沒耐性、不敢給承諾。

個人形象：多采多姿、標新立異、陽光、全場焦點、耀眼、前衛、有趣、時尚、很酷。

不喜歡怎樣的人：無聊、枯燥乏味、消極、平淡、愛抱怨、沒幹勁。

主要的恐懼：無聊、悲傷、痛苦、困頓、陷入泥淖、低人一等、身不由己。

別人怎樣會惹怒他：限制、負面、尖酸、一板一眼、沒熱情、愛控制。

想避免落入什麼狀況：抑鬱、情緒化、痛苦、無聊、不如人、被困住或是受人控制。

個人需求：自由、樂趣、刺激感、變化、正能量、歡笑。

第八型　強大的守護者

第八型的人想要避免覺得自己很脆弱和力量被剝奪。他們尋求力量、影響力和能力以免被其他人控制或占便宜。他們會否認自己的弱點和短處，以便努力跨越障礙，擊敗瞧不起自己的人。

動機：避免脆弱、力量被剝奪，或是受到不公對待。

常見形容詞：直接、大膽、有創意、積極、有自信、敏感、誠實、有力量、強勢、權威、反應快。

他人的描述：務實、心胸寬廣、保護弱小、忿忿不平、霸道、太強勢、無情、粗神經、讓人害怕。

強項：謀略、說真話、領導、直來直往、創意、實事求是、有威嚴、效率。

弱點：太強勢、情緒化／反應激烈、直接、怒氣、憤世嫉俗。

個人形象：大膽、有自信、有趣、堅毅、自在、引人注目。

面。

不喜歡怎樣的人：虛偽、太過敏感、愛操控人、情緒化、喜歡抱怨、惡霸、負面。

主要的恐懼：背叛、軟弱、力量被剝奪、被傷害、居於下風。

別人怎樣會惹怒他：想要控制自己、撒謊、背叛、欺壓、不公正、太敏感、不顧他人感受。

想避免落入什麼狀況：脆弱、天真、被利用、多愁善感、無能為力、被剝奪力量、悲傷或受人控制。

個人需求：自主性、控制權、力量、忠誠、接納。

第九型　和平使者

第九型的人隨和、好相處、避免衝突、和善、以退為進。他們想要維持內在和平，也希望周遭世界平和安寧。他們想要感到平穩，尋求中庸之道，以及內外在的平衡。為了避免爭執、衝突和斷裂，他們會壓抑自己的喜惡、感受和欲望。

動機：維持內在和平，避免爭執與衝突。

常見形容詞：隨和、冷靜、好相處、平衡、固執、安靜、觀察力強、避免衝突、堅強、開放、包容、善於傾聽、善良、溫和。

他人的描述：隨和、冷靜、隨性、放鬆、愛好和平、可靠、穩定、耳根子軟、態度輕忽、頑固。

強項：保持冷靜、維持和平、包容、毅力、不評判、同理心、心胸開闊。

弱點：耳根子軟、怒氣、怕衝突、懶惰、優柔寡斷、固執、排斥、焦慮、天真、懷疑。

個人形象：自在、隨和、個性溫和、對大多數事物沒有太大的興趣、有格調、好親近。

不喜歡怎樣的人：壞心眼、愛生氣、戲劇化、拘謹、愛評判、焦慮。

主要的恐懼：衝突、憤怒、不和氣、疏離、誤解、缺少愛。

別人怎樣會惹怒他：發怒、戲劇化、鬥爭、苛薄、咄咄逼人、霸道、做作。

想避免落入什麼狀況：太多感受、強烈、匆忙、憤怒、難以承受、失去平衡。

個人需求：自主性、接納、耐心、舒適、平和、時間。

第七章 自戀傾向與九型人格的交會

九型人格是我們理解二十七種自戀亞型的起點。主要人格類型與三種本能類型（社交、自我保存和性）之一交會，就會產生一種本能亞型。這些亞型結合了本能和人格（例如自我保存第四型、性本能第二型、社交第七型等等）。正如二十七種本能亞型會創造出獨特的類型，二十七種自戀亞型也會創造出典型的性格結構。接下來要討論的二十七種自戀亞型，結合了本能類型、九型人格與自戀特質。然而我們首先要理解自戀特質與自戀型人格障礙的差異。

自戀特質與自戀型人格障礙

我們所有人都有某種程度的自戀。本書第三章已經探討過這種現象，但在正式進入二十七種自戀亞型之前，還是值得再次強調。只要人有自我就會有一定程度（就算非常微小）的自戀。自我主要關心的是滿足立即的需求（由本能驅力決定）。一旦我們發現某個生存需求，無論是食物、陪伴、性、庇護、金錢或其他任何需求，我們的自我就會啟動，幫助我們確保需求得以滿足。根據個人的心理和情感發展，我們會依據人格類型、本能類型，以及其他發展和環境因素，採取不同的策略。這些策略有可能是健康、適應良好且很有效的。我們的九型人格會讓我們在某個領域特別在行。

舉例而言，第二型的人擅長人際關係。他們的說服、操縱（好壞都有）、情感支持、同理他人的技巧，確保他們可以得到別人的重視、具有影響力，而且被認為對他人的生活是不可或缺的。有時候他們很清楚自己的期待，以及希望得到的回報或獲得肯定。當他們察覺到自己過度干涉他人便會調整自己的行為，確保對方不會心生嫌惡或憎恨。在這種情況下，第二型人的自我的自戀會受到健康的自我意識和有效的行為與情感策略牽制，從而對自己和他人的期望更加實際。然而，如果遭遇壓力、創傷或是自戀特質越演越烈時，有些第二型人會大量使用操控、不良或惡意的策略來達成自己的需求。

在可以的情況下，任何人都有可能會自私、傲慢或沒有同理心和同情心。大部分的人在這些時候不會認為自己是自戀的，因為我們知道這樣的行為是短暫的，不是平常的狀態。

對多數人而言，青春期是最自戀的一個階段。從十一歲開始，一直到二十五歲左右，我們經歷一段把自己的需求和想望放在第一位的發展期。青少年只關心自己的形象、社交關係，整個腦袋都想著如何獲取立即的滿足。值得注意的是，在這段發展期間我們的同理心（無論強弱）會放大強烈的情緒。（原註1）這也是為什麼兒童和青少年的人格障礙不易診斷，因為這些在發展過程中出現的自戀特質會隨時間消失。然而，對有些人來說，適應不良、自我中心，甚至以掠奪的方式待人處世，會成為一種長期的主要行為模式。我們有不少描述這類人的形容詞，像是渣男渣女、自私鬼、自大狂。沒錯，有些人就是自私、自以為是，卻不見得是自戀。

許多研究者和臨床工作者表示，歐美世界的自戀者遠多於資料顯示。（原註2）這裡所謂的自戀者是指一個人表現出足夠多可觀測的特質和行為模式，符合本書第三章討論過的自戀程度光譜。而自戀型人格障礙是一種罕見的臨床診斷，因為相關案例很少會在臨床情境中表現出來。

顯而易見的自戀傾向

我嬸嬸推坑我看一部當紅（而且令人傻眼）的實境秀《婚後試愛》（*Married at First Sight*），節目幫願意配合專家團（和製作單位）安排的單身人士配對，讓他們在素未謀面的情況下跟陌生人結婚。這一季的節目中有個來賓顯然是自戀的人（諂媚交際型）。觀眾可以綜觀社交型的自戀者及其相應的施虐模式如何在一段關係中運作，這很適合當作節目題材，也衝高了收視率。遺憾又令人難過的是，那位新婚妻子根本無法理解丈夫的行為、心理操縱，以及戲劇化又自私的表現。節目尾聲，這對夫妻在男方荒謬的互動和各種鬧劇下分開了。最後幾集中，這對怨偶跟專家坐下來一起討論「婚後試愛」的經歷。四名專家（心理學家、社會學家、牧師和親密關係指導員）花了不少工夫解釋與合理化男方的行為，甚至給予勸戒警告。但他們似乎都避免提到「自戀」一詞。

或許也不需要明說，因為看來每個人或多或少都知道他「有問題」。

節目裡所有人都同意他的行為是無法接受的、有問題的，而且根本不顧後果。然而，當我看著那位束手無策的新婚妻子苦於搞清楚究竟是怎麼回事時，我忍不住心想，如果可以把這段關係定義為自戀型虐待，對她（和觀眾）會更有幫助。我很訝異有些人會避免使用「自戀」這個詞，儘管對某些問題行為來說，這是最直接也最簡潔的用詞。不過我能理解他們的不安。這個詞聽起來太明確，而且是一個負面的標籤，令人聯想到龐式騙局的伯納·馬多夫或是影視大亨暨性侵犯哈維·溫斯坦。沒錯，他們看起來明顯就是自戀的人，不過他們是屬於自戀光譜中的病態極端。此外，我也明白用一個詞來概括人們複雜的經驗有其風險，因為自戀的特質牽涉到各種可能的潛在問題。

像《婚後試愛》中那樣的自戀狂在媒體上屢見不鮮。我們很愛看他們，因為他們往往令人嘖嘖稱奇、充滿娛樂性，有時候很有才能，而且十分張狂。坦白說，他們很適合做為節目題材。自戀性格可以創造出精彩、煽動、令人欲罷不能的媒體焦點，怪不得實境秀、電影和音樂產業裡有成千上百的自戀典範在眾目睽睽之下持續招搖撞騙。隨著我們的文化越來越重視形象、權勢、金錢和財富，自戀的人更容易引來關注、成名和獲取利益。想要得到名利和權勢並非錯事，但自戀者常常是靠著傷害別人的手段來達到目的。

自戀亞型：區別特質和病態

身為研究者，我的工作不是判斷受試者是否符合自戀型人格障礙的診斷標準。不過我的朋友、家人、同事或個案中，有些人確實會表現出自戀的特質，所以我會在本書適當段落中舉例說明。更多時候，我會以公眾人物和虛構角色來說明特定自戀亞型的主要行為。在這類情況裡，我並未見過對方，甚至也沒有任何往來。很可惜我沒辦法直接接觸歷史上最知名的自戀人士，不過透過記載、訪談、紀錄片和傳記，有足夠的資料能夠評估他們的自戀特質，並將他們分別納入二十七種自戀亞型。就算沒有親身接觸，任何觀察過他們行為（對自戀人格特質有一定認知）的人，還是能夠指出他們的自戀傾向。另外，要小心將虛構角色當作是辨識自戀亞型的參考，因為多數角色的性格描繪不夠完整，不完全符合自戀剖繪，儘管有時候看起來確實相符。

我們可以把自戀型人格障礙的診斷任務留給訓練有素的臨床工作者。舉例而言，拉瑪尼・杜瓦蘇拉醫師（Dr. Ramani Durvasula）（原註3）出版豐富的著作談論這個主題，他接觸不少自戀型人格障礙患者，以及他們的受虐倖存者。身為研究人格的學者，我主要探討自戀的特質（包括社會病態和心理病態）如何表現在二十七種九型人格本能亞型中，而非診斷自戀型人格障礙。

就我看來，我們早就應該把自戀當作是一種可觀測的人格特質，以此進行更多探討。我們可以用辨識內向性格、社交能力、情緒穩定度、性情或善良程度的方法來辨識自戀特質。把自戀特質放入日常語彙中更自然地使用，說不定能夠幫助遭遇相關困境的人。更重要的是，這麼做也能夠支持受過自戀型虐待的人療癒自己。

閱讀二十七種自戀亞型的過程中，務必記得每個人都有自我，所以或多或少都有自戀特質。思考一下有些自戀模式是長期存在，或者如多數情況那樣，只是暫時出現的。如果你自己或是其他人符合完整的自戀剖繪，也要注意是否人際衝突增加、明顯缺乏同理心和同情心，還有留意情感、身體、心理或金錢層面的虐待模式。倘若確實出現這些跡象，務必請專業醫師判斷嚴重程度並介入治療。

最後是一段警語：跟家人、朋友、同事或鄰居說他們屬於哪一種自戀亞型，恐怕只會引來反感。首先也最重要的是，知道自己符合哪一種類型，而做過相關測驗（empathyenneagramtest.com/narcissism）會更容易辨識。如此一來，你可以理解自己的行為模式，與他人進行更有效的溝通。

第二部

二十七型自戀人格

第八章

自戀光譜上的各種型態變化

接下來各章所描述的自戀亞型都符合人格心理學中更廣泛的自戀人格光譜。很重要的一點是將我提出的類型放在已經建立的自戀類型中討論。我無意重新創造整個系統，而是在原已建構良好的系統中添加細節。自戀人格理論學者找出自戀的不同型態，而且對於不同型態的性格特質大致看法一致。我想在開始探討二十七種自戀亞型之前先論及這些類型，因為每一種亞型都符合以下九大類型之一或多個。多數主類型讀者應該已經讀過，我增加了幾類（主要是智能型和親善型）。自戀光譜的變化包括：浮誇型、脆弱型、群體型、親善／友好型、自以為是型、忽視型、黑暗共情型、智能／動腦型、惡性型。這些還不是第九章會提到的完整心理剖繪，只是自戀主題下的幾個次類別。

要特別說明，以下的變化型態之間有不少重疊之處。如同九型人格和本能類型，單一類型不足以完整呈現全貌，例如惡性型自戀可能同時屬於浮誇型，或者脆弱型同時是智能型。

浮誇型自戀

很多人聽到自戀這個詞就會聯想到這一型的人格剖繪。他們自信、自命不凡、自我中心、傲慢、自吹自擂。他們認為自己很了不起，表現得趾高氣昂、狂妄，做事令人反感而無法苟同（他們對此卻覺得意外）。他們對別人的情緒忍受度低，尤其是脆弱的情緒。他們喜歡獲得關注、讚賞、權力和金錢，沒有察覺或是不關心他人的需求。他們會蔑視他人、殘酷、易怒，生起氣來尖酸刻薄。

浮誇型自戀的人翻臉時危險又讓人害怕，尤其如果他們有某種程度的心理病態或虐待傾向。他們非常好強，會使出渾身解數求勝。屬於這個類型且有心理病態和社會病態的人，會從報復或羞辱招惹自己的人當中得到快感。

他們習於追求立即的目標，而這些目標往往超出他們的能力範圍。多數浮誇型自戀者的行為外顯，可以明顯看到他們膨脹的自我中心表現。不過在浮誇的行為底下，經常藏著脆弱的隱性感受和動機（視不同自戀亞型而有所差異）。（原註1）多數這類型的人會擺盪於膨脹的自我和懷才不遇的自暴自棄之間。大企業和影視娛樂這些高成就帶來高報酬的產業裡，經常可以見到這種類型的人。

脆弱型自戀

相較於浮誇型自戀的人，脆弱型自戀的人看起來更自制、敏感、容易受委屈。他們覺得自己在人生中受到不公平的對待，對自己沒有得到應得的重視感到忿忿難平。他們可能會不停抱怨，把未能實現的夢想和目標歸咎於他人。他們對於自己的情緒表現瞭解有限。他們內心相信自己很特別，不受一般規範限制，卻因為別人沒有肯定他們自視甚高的自我評價而心懷怨恨。脆弱型自戀的人容易感到受傷，動不動就認為他人無惡意的行為或評論是一種侮辱或輕視。

他們主要關注自己和內心的歷程、想法、情緒和欲望。他們可能會在朋友提到親人過世時，卻還不斷抱怨自己的問題，或者未能察覺和不關心別人的情感需求。他們跟浮誇型自戀一樣有同理心的缺陷，只不過脆弱型自戀的人往往認為自己有同理心，因為他們可以意識到自己脆弱的情緒。如果他們覺得對方沒有傾聽、肯定或重視自己的情緒，就會表現出怨懟或不屑的態度。這個類型的人很愛生悶氣，比起其他類型更容易落入沮喪、焦慮或悲傷的情緒。

群體型自戀

這個類型的人想要讓自己看起來和藹可親、慷慨大方、討人喜愛。他們比較少表現出明顯的傲慢，而且比起浮誇型或脆弱型的人更有社交魅力和能耐。他們注重形象，認為自身的價值與在社群中的地位高低有直接關聯。他們希望自己的貢獻得到肯定，喜歡從事慈善以獲取社會榮譽。他們比較不在乎什麼崇高理想，更加關注自己的社會地位是否隨著社會參與而提升。

群體型自戀者在社交上具有企圖心，想要認識「對的」人並與這些人為伍。他們很不服輸，經常算計如何達成目標。他們需要別人看見他們做了什麼好事情。他們嘴裡說著同情、看起來充滿同理心或慷慨大方，卻同時執著於地位、權力和金錢，而這樣的不一致其實很容易被人察覺。有些群體型自戀者投入靈性、慈善或宗教社群，以看起來無私的奉獻獲取權力和地位。有些人則是喜歡捐錢給名氣大的慈善機構、擔任董事和委員，透過建築物、牌匾和其他榮譽來彰顯自己的慷慨或貢獻。如果有人跟他們爭奪關注和讚美，他們會變得憤怒、仇視或充滿競爭性，為了穩固自己的地位而做出破壞或損害他人的舉動。

自以為是型自戀

他們是最嚴厲又最具批判性的自戀類型。他們高舉道德、要求嚴格、愛評判、情緒冷漠。自以為是型的人會盡力確保自己和身邊的人都遵守自己的標準。他們可能道貌岸然、居高臨下，難以認同不符合自身理想的人事物。很多這類型的人有強烈的意識型態、宗教或政治的理念和價值觀，並且熱切與他人分享自己的想法（為什麼自己的想法是最棒的）。他們執著於秩序、效率、規則（由他們界定）和掌控感。他們無法承認自己有任何錯誤，會不擇手段（心理操縱、說謊、搞破壞、掩飾或恫嚇）維持自己在道德、倫理或意識型態上的權力。

這類型的自戀者比其他型更壓抑和拘謹，不過也有些人會大聲疾呼自己的理想和見解。他們講求懲罰、焦躁易怒，對於生活層面有過度的控制慾。軍隊、執法單位、政府或宗教機構中常見這個類型的自戀者。

親善型自戀

親善型自戀有時又稱「淡自戀」（narcissist light），這個說法是拉瑪尼・杜瓦蘇拉醫師所創。（原註2）他們通常具有低同理心（不至於沒有），人際困擾比其他自戀類型少。他們更懂得應對關係和衝突。他們通常隨和且避免衝突。但是不同於傾向避免衝突的非自戀者，這類型的人並不是因為重視關係和情感才想要避開衝突，而是為了維持情緒穩定，以免無法享受歡樂。他們比其他人更重視心境平和、正能量、快樂和生活自在。他們會尋求他人的肯定與認同，往往也受人喜愛與讚賞。

親善型自戀者看起來友好、和善、隨和，但是這樣的外表下往往隱藏著不切實際、理所當然和自我中心。他們比浮誇型、脆弱型或自以為是型的人更不愛引起爭議。他們認為自己對人很好所以值得特殊待遇和關照。他們相信自己值得他人關注、稱讚和讚賞，因為他們待人和藹可親。他們大多抱持正面、享受當下的人生哲學。其他人可能會覺得他們這種正向、有時過於情緒化，或者盲目的樂觀是「有毒的正能量」。

這類型的人情緒表面，甚至像小孩一樣。他們可能會因為事情不如己意就鬧脾氣。他們不開心的時候會板著臉或以退為進。由於他們大都討人喜歡，所以很擅長透過心理操控的方式滿足自己。他們的自私展現在逼迫或堅持（即使看起來是好意）得到自己想要的東西。他們難以維持親密關係和連結，而且會利用別人來獲取立即的滿足，嘗盡甜頭後就拍拍屁股走人。他們助人通常都是為了獲取回報。當他們感到失望時可能會突然暴怒，接著才又恢復平常的友善態度。

他們的傲慢表現在自認比別人有資格追求歡愉、享受平靜。他們希望自己在別人眼中看起來親切、有趣、有魅力、討喜且正向積極。然而，很多人覺得他們這種無憂無慮的表現令人不耐。他們無法展現深層的情緒，不易與他人產生心靈交流。一旦他們覺得一段關係變糟或是他人的讚賞消退，就會變得易怒、沉悶、態度不屑，或暗中唱反調。這種型態的自戀比較難以察覺，因為他們比其他類型的人更少展現出惡意或強硬態度。儘管如此，面對關係深化時，他們的自我中心、膚淺情感和享樂心態往往令人心寒。

忽視型自戀

他們看起來攻擊性低，但其實破壞性沒有比較少。忽視型自戀的人跟其他類型一樣心中藏有怒氣，覺得理所當然和自我中心。然而，他們用不關心或不在乎其他人的方式來轉化自己激烈的情緒。這個類型的人往往散發出一種冷靜、從容的鎮定感，不願意受到他人的問題、情緒或關心煩擾。他們相信力量來自冷靜自恃和不受情緒或責任義務束縛。

面對別人的要求，他們會表現出傲慢和不屑的態度。有些人會顯得不負責和輕佻，有些人則只顧自己的立即需求，忽略了對朋友、同事、家人或親人的責任。他們認為自己的時間、精力、心情、資源和從容自在是最重要的，無法兼顧其他人。

他們的情緒淡漠，不在乎情感、吝於分享，也不願意付出關愛。

有些這個類型的人會忽略自身安全，做出糟糕的人生決定只為了滿足立即需求。他們期望其他人「打點小事」，好讓自己繼續追逐夢想或一時興起的念頭。也有些人懶散又固執，不願意在關係、工作或衝突問題中努力。舉例而言，他們看著另一半辛苦打掃房子，自己卻動也不動只顧著追劇。

他們的忽視態度很明顯，對關係會造成很大傷害，甚至也會影響職場生活。他們逃避責任，對工作沒有實質貢獻。他們傾向以退為進的方式，而不是直接挑戰，但是當他們被要求盡責時會暴怒或極度不屑。這類型的人常常會以疾病（如過動、慢性病、創傷、憂鬱）來逃避責任。是否真的生病不知道，但是替自己的行為找藉口則是他們的慣性。

黑暗共情型自戀

這是一個相對新的自戀類型，需要多加解釋。黑暗共情型是所有自戀類型中最情緒化和最具有人際意識的，而且他們的同理認知程度高於本書提到的其他自戀性格。他們善於解讀他人的情緒線索，並且能夠解讀他人的動機和脆弱。研究顯示，他們在情感和認知方面展現出較高的同理能力，而身體攻擊性也比較低。（原註3）他們看起來直覺敏銳、聰明、情緒成熟、鼓舞人心。他們本能上理解他人的心理、情緒和靈性體驗，利用他們對於人心的理解來操控、脅迫、控制或虐待他人。

他們的直覺和同理能力準確，能夠感受或體會他人的痛苦。他們善於透過反映、引導和同理來接近別人和博取信任。這個類型的自大展現在靈性超越和強烈的心理優越感。他們通常很有魅力，善於使用心理操縱、愛意轟炸、創傷連結的手段。（原註4）他們透過分享自己的創傷經歷，以及奇蹟式、超越性或令人讚嘆的克服困境的方法，獲取他人的同情和支持。他們小心翼翼不要露出會傷害、暴露或使自己蒙羞的資訊，精心策劃勾勒出良好形象，拿捏脆弱性和情緒意識來吸引別人。他們鎖定脆弱、迷失或是有情感共鳴的人，希望能夠幫助這些可悲的人成長。他們享受引領、扶助和教導他人的力量，以及在心理上控制他人。

這是一種更危險的自戀型態，在這種心理結構中存在不少社會病態。由於他們更能夠理解旁人的心理，所以可能操控他人多年而未被察覺。他們跟其他自戀類型一樣尋求關注、讚賞、金錢和權力，不過因為他們懂得人的動機和情緒，所以能夠隱藏自己的終極目標（有時候藏到自己也不曉得）。很多這類型的人是悄悄行動，等到對方有足夠的安全感之後才顯露出更陰沉的操控手段。不幸的是，這個類型的人經常出現於助人的專業領域（精神科、心理學、心理健康或諮商、靈性導師、自助產業、瑜珈或宗教大師。）

智能型自戀

這個類型不如浮誇型外向和愛吹噓，但是同樣自我中心、自我膨脹和自以為是。他們沒有浮誇型那種外顯的表現，反而看起來疏遠、內向或遠離大眾目光。他們對於自己的智能優越感到自信，認為自己的知識、智力和專業能力優於他人。不同於知識淵博且有同理心的人，有些此類型的人確實高智商腦筋好，但是對無法理解他們「卓越」心智的人顯露出傲慢和鄙視。

智能型自戀者認為自己是世界上最才智出眾的人。他們在傳達自己想法時，往往因為人際和情緒能力不足，難免冒犯別人或高傲自大。他們可能會疏忽或是逃避其他責任（教養小孩、工作、家事、付帳單等等），因為他們認為比較不聰明的人應該要照顧他們的基本需求。他們情商不足或情感淺薄不是因為神經或心理偏差，而是因為鄙視和輕視他們認為不如自己的人。（原註5）智能型自戀者通常比較不在意外表，或其他無關智能或心智成就的地位象徵，但是實際情況視九型人格而有不同。他們通常有一定程度的思覺失調傾向。

智能型自戀是否智商高於平均不一定。智商中等或低於平均者可能會避免智力測驗，或是其他可能顯露智能表現的評量方式。如果是智能高的人，往往會高估或過度強調他們的知識貢獻。他們通常在自己擅長的領域非常專精，但對人冷酷且愛爭奪榮譽和關注。其中有些人會編造知性成就來彰顯自己。這個類型的人常出現在學術界、科技研究產業、科學、工程及數學方面的職業，以及其他學術圈。

惡性型自戀

惡性型自戀具有明顯的攻擊性、暴躁易怒，而且難以相處。這些人通常有心理病態或社會病態的成分，在人際關係上有強烈的虐待傾向。文獻經常將惡性型自戀等同於心理病態，不過兩者之間還是有細微差別，如同第三章所討論。心理病態者自制力低落，反社會或暴力行為顯著，無悔意或羞愧感。雖然惡性型自戀者的同理心微乎其微，但是他們的虐待行為通常比較難以察覺，不像心理病態者那樣毫不掩飾。有些人主張惡性型自戀是「社會病態」，他們重視滿足自己立即的需求，卻會調控自己的形象或行為策略以避免違反社會常規。然而，不同於典型的社會病態，他們的惡性行為是在遭人背叛或拋棄時才會被觸發。他們會認為自己的行為是合理的，對離開、反抗或否定他們的人、機構或組織做出程度不一的各種攻擊。

惡性型自戀者覺得被輕視或冒犯時會想要報復和懲罰。他們享受在情緒、精神或肢體上虐待他人，因為這會帶給他們權力和支配感。他們可能喜歡騙人，而且往往騙得很成功，可以躲過法律雷達。如同其他自戀類型，他們內心會有空虛和罪惡感，但是經常透過虐待或忽視他人來轉移情緒痛苦。他們覺得傷害、控制或操縱別人可以減少痛苦。比起其他自戀型態，他們更喜愛衝突、爭鬥和暴力。他們可能會利用社會能接受的方式來抒發精力（拳擊、武術、爭訟、暴力電玩等等）。看得出來他們更能夠運用轉化的方式處理暴力，而不像心理病態者容易觸法或訴諸實際的暴力行為。

如同其他自戀類型，他們通常有膨脹的自我形象、低同理心、高度自我中心和自私，而且不在乎其他人。他們可能會魯莽不顧後果（尤其在憤怒的時候），如果經歷一連串的不愉快、失望或挫敗，可能會轉變成心理病態或社會病態。

現在我們瞭解基本自戀型態的人格特質，接下來終於要進入二十七種自戀亞型。在每一種亞型中你會看到一張雷達圖，顯示本章提到的九大類型與該亞型的相關程度。我會視情況指出每個亞型中最常見哪些自戀型態。

以下各章的人格類型將簡要呈現九型人格與本能亞型在典型自戀特質（缺乏同理心、缺乏自制、難以接受批評、傲慢、自我中心的行為和想法、過度需要肯定）的影響下會有怎樣的表現。完成九型人格語彙分析測試（可從 www.empathyenneagram.com 取得）以及自戀亞型問卷（www.empathyenneagram.com/

narcissism），你會更清楚自己最接近哪種人格類型、本能類型、三固和自戀亞型。

留意測試結果顯示的三固。閱讀三固類型的自戀亞型，可以更深入理解你自己或你認識的人如何表現出自戀傾向。各章的描述一開始會說明九型人格本能亞型正常和健康的功能表現，接著再進一步指出自戀特質如何影響和改變「心理典型」的行為，並且論及不良的行為。

第九章

第一型：捍衛原則的完美主義者

自戀亞型

自我保存第一型：嚴厲的挑剔鬼
社交第一型：道德魔人
性本能第一型：狂熱聖戰士

自我保存第一型

自我保存第一型是第一型中最務實、理智和容易焦慮的類型。他們非常在意「做對事」。他們在個人生活和職場上都很認真、勤奮和謹慎。很多人極其盡責、小心翼翼、全神貫注以避免可避免掉的錯誤。他們重視和享受注意細節，知道犯錯可能會導致災難或失敗。他們很少會無法掌控情況，也會有意識地調整和觀察自己的行為、行動和想法，避免言行冒犯、不周全或失當。

我思慮周到、顧慮他人、舉止合宜，因為這才是正確的做事方法。我從來都不希望自己傷害到周遭任何人，所以我會確保自己以身作則。我最重視品格。如果你自私、不友善、不為別人著想，你就是社會寄生蟲，無法被接受。

——萊拉，二十九歲，研究助理

自我保存第一型的人努力確保基本生存和安適的需求能獲得滿足。面對自我保存的恐懼時，他們會以節約和適當分配資源、時間與金錢的方式來排解。他們節制又懂得控制，鮮少過度消費（生活其他層面也很少過度）。很多自我保存第一型的人非常注重飲食、健康、預算、運動，以及居家及工作環境的整潔和效率。對他們來說，整潔近似於聖潔，保持身心和環境的純淨至關重要。

我在生活各層面都避免過度。我偶爾會揮霍，但整體來說還是很節儉。我不吃過多糖、澱粉、肉，也不會飲酒過度。主要是因為我知道身體攝取過多這類東西會不舒服。我不在意其他人怎麼做，對我來說保持整潔的生活型態很重要。

——約翰，三十六歲，稅務會計

自我保存第一型的人相信透過適當準備、注意細節和謹慎思考，就能夠以理性且合理的決策避免犯錯。就此而言，他們有點像是第六型。然而，不同於第六型，這一型的人對於做決定沒有過多的掙扎和焦慮。他們很果斷，並且堅信他們的信念能引領自己做出正確的行動。他們通常很嚴格，會批判輕浮、過度、不適當或不為他人著想的人。他們天性拘謹，懂得自我節制，傾向以低調和隱密的方式放縱自己偶爾的衝動（如果有的話）。很多這類型的人對於自己天生的責任感會覺得有壓力，經常感到肌肉緊繃、頭痛或有慢性壓力。

自我保存第一型的人具有同理心，這一點令人意外，因為他們性格嚴厲。他們努力避免做錯事或做壞事，會出現自我評判的內心獨白，從而使他們對他人具有同情和理解。必要時他們會嚴厲糾正對方。不過他們明白同理心和不帶評判地溝通的重要性，因為他們知道負面評判和冷酷無情會讓心理受傷。

> 我會傾聽別人的問題，即便我認為他們說的內容在道德上有問題或不適當。人都會犯錯，雖然我對自己很嚴厲，但我會盡可能避免這樣對待他人。當然，有時候我的評判心態會作祟。我姊姊在負債的情況下又買了一輛很貴的車，我就認為這不是很謹慎的選擇。
>
> ——瑞塔，四十四歲，國小教師

嚴厲的挑剔鬼

當自我保存第一型的人出現自戀心理時，他們會更重視務實、現實和純淨。他們執著且不計代價維持內在與外在的標準。他們難以放下期望，越來越批判他人，人際關係因此出問題。他們很嚴厲、不帶情感，而且似乎變得麻木不仁。他們缺乏情緒波動，讓人很難觸發自我保存第一型的人通常會有的感性。壓力過大時，他們更容易緊張、嚴酷和缺乏彈性。自我保存第一型通常比較謹慎保留，不會直接表達太多憤怒或失望。然而這些嚴厲的挑剔鬼認為若非他們態度堅定、嚴苛或生氣，其他人就不會記取教訓。這個亞型很吹毛求疵又易怒。他們自認有責任讓周遭的人都正確遵守他們的秩序原則。當然這也讓他們認為別人「應該」根據他們對生活的要求來行事。

> 我的標準嚴格，如果我覺得你表現不好，我就會講出來，因為這樣你才知道要怎樣改進。我隨時精進自己，其他人應該同樣上進。
>
> ——雅妮，四十二歲，品管經理

他們的自戀傾向表現在自我保存的層面，因此在飲食、居家、金錢、舒適和安全感方面尤其可以看出他們的自戀特質。他們可能極為節儉，認為這是唯一正確或適當的生活方式。他們會譴責和避免過度消費（或是在他們認為不值得的事物上花錢）。他們對於金錢和資源的態度可能有點偽善，因為他們暗地裡也會放縱自己，卻否定其他舒適或奢侈的東西。

我賺不少，但我不寵溺孩子。我只在學期初幫他們買一次衣服，而且由我決定要買什麼。任何單品服飾不得超過五十美元，這樣才能教導他們辛勤工作的價值，讓他們知道朋友花大錢買衣服很可笑且沒必要。不過我必須穿有質感的衣服（工作需求），所以我偶爾會花些

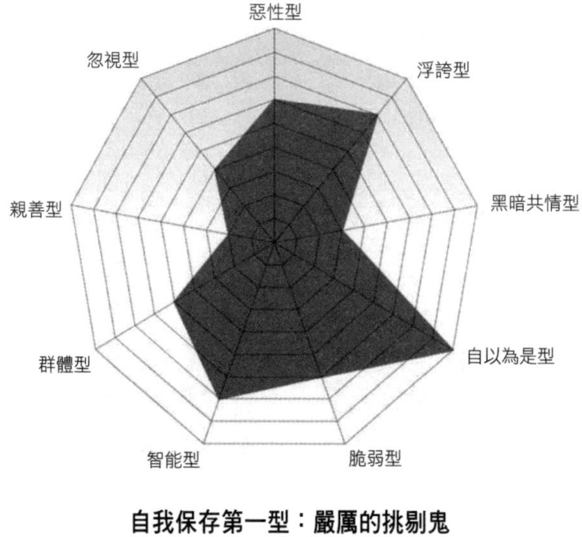

自我保存第一型：嚴厲的挑剔鬼

錢買套裝和鞋子。孩子們說我偽善，不過在這件事情上他們的話無關緊要。小孩子就是有耳無嘴。

——卡洛琳，四十五歲，稅務律師

嚴厲的挑剔鬼很嚴格、不顧他人感受、難以妥協。他們不斷控制飲食、運動、健康、日常時程、宗教或靈性修練、財務，而且往往希望其他人也能遵照他們嚴苛的規範。他們會仔細監督以避免錯誤或意外。他們可能極為傲慢，堅信自己管控飲食、運動、家務、金錢和日常事務的方式比別人更好。很多這類型的人會出現節制型進食障礙和厭食的問題，或對於管控焦慮的強迫傾向。

我們的住屋比較像是小孩的拘留營而不像個家。我們只能有少少的玩具。她每週都會戴著白色手套清理我們的房間，如果發現髒亂，就不讓我們跟朋友往來。我們生活在害怕被懲罰的恐懼下，不是體罰，而是情感虐待。我從來沒看過她哭或表達任何情緒，只有批評、惱怒和生氣。她幾乎一輩子都是那個樣子，除了在臨終前變得稍微軟化些。

——瑪莉，六十四歲，退休人士

他們一板一眼，很少笑臉或參與休閒活動，讓人覺得冷酷無趣。這個亞型的人不特別享受玩樂，通常還認為過多玩樂會毀掉他們辛苦經營的一切。如果子女、配偶或是其他人與他們同住，他們往往對居家整潔和秩序有不切實際的標準。一旦讓他們失望，他們就會給予告誡或懲罰。

有些這類型的人要求沒那麼高，但是追求個人、道德或專業的卓越表現。不過他們暗地裡還是非常重視金錢、地位和權力（有可能在人前否認）。

經典電影《黑金企業》（*There Will Be Blood*）中，保羅・迪諾（Paul Dano）飾演伊利・桑德這個角色，就是個嚴厲又拘謹的挑剔鬼。他是典型道德偽善和性格冷酷的人。他也屬於自以為是型自戀，想要敲詐吝嗇的奸商丹尼爾・普蘭尤（Daniel Plainview）。普蘭尤想要在伊利的土地上建造油井，這對妄想成為石油大亨的他來說好比一座金礦。

我在第十三章會更深入討論普蘭尤。不過現在先來看看迪諾飾演的角色。伊利篤信宗教，他家人和城鎮居民認為他是「強大的治療者」。他想要利用普蘭尤開採石油支付給家族的錢來建造教堂。但是伊利懷疑普蘭尤的動機不單純、不值得信賴，而且他猜測得沒錯。然而，伊利明顯更在意獲取財富、地位和權力，與表面虔誠的形象不一致。伊利成為一家之主後控制了全家人，他認為他父親沒有向普蘭尤多要一些錢實在很「愚蠢」。普蘭尤和伊利對峙的場面劍拔弩張。兩人都是想要爭奪權力和掌控權的自戀狂。普蘭尤是個冷酷、狡詐且貪財的擴張主義者，而伊利是道貌岸然、嚴厲又自命清高的人。電影尾聲，普蘭尤和伊利終於正面對決。伊利成為成功的電台佈道者，但財務陷入困境，因此去找普蘭尤，提議讓他買一塊地來賺錢。普蘭尤答應了，但條件是要伊利放棄原信仰，而他也接受了——顯然他的信仰很虛假，滿足自我保存的需求更重要。

如果這個亞型的人有所成就的話，會在大眾面前維持體面、整潔和清高的形象，畢竟所有自戀者多少都會在乎他人觀感。不同於其他自戀亞型（主要是心中心三元組），這個亞型的人比較不在意整體的外在形象。他們對應世界的標準決定了他們的行為，當其他人無法滿足他們的期待時，他們的怒氣就會爆發。他們經常對人感到失望，從而想去破壞或貶低他人的努力，因為他們認為別人無法做得跟自己一樣好。

> 我不太會分派其他人做事情，因為他們都很懶惰、標準低落。我常常說，想要把事情做好，就要親力親為。我一直都是自己來，因為我不信任其他人明白把一切做到最好有多重要。正是因為這樣，我才擁有持久又成功的職涯表現。
>
> ——費林多，五十六歲，廚師

追求卓越和追求不切實際的完美不一樣，而這個亞型通常傾向於後者。

這個類型的重度自戀者對於他們認為缺乏道德、能力，或是無法配合完美要求的人，會表現得很殘酷又苛刻。這種嚴謹的作風常常會顯現為苦行般的生活。他們認為行為不道德、不適當、不審慎的人，就應該承擔評斷和憤怒。他們會公開鄙視沒有達成他們強人所難的標準的人，卻在心中默默羨慕他人可以過得自由自在。

由於自戀傾向會削弱自我覺察和自我控制的能力，所以他們對思慮周全和舉止合宜的注意力也會下降。與他人溝通時，他們可能會很不客氣、唐突無禮、語焉不詳，甚至苛薄傷人。他們可能未經思量就對他人言行發表不適當的言論，而且不會察覺（或在意）他們直白的批評所造成的影響。他們始終想要維持得體的自我形象，可是又完全無法採納或聽進別人的建議批判。

如同所有第一型的人，這個亞型有「雙標」的傾向，尤其是在感官享樂方面（暴飲暴食、性氾濫、藥物濫用或酗酒，或是其他他們自己堅決反對的活動）。他們會譴責他人舉止輕率，卻偽善地從事他們口中那些不道德的行為。由於欠缺同理心，他們對於批評指責他人並不會感到不好意思或懊悔，如果自己犯錯或出紕漏（很容易發生）也往往矢口否認。

應對這一型的方式

一、避免批評或指正，因為這麼做只會惹怒他們，最好就把不滿放在你自己的心裡。

二、通常直接說對方自戀，他們肯定不會認同。他們可能對自己的自戀傾向毫無自覺。然而，用「自私」或「不合理」來描述他們的行為比較能夠產生影響，讓對方調整不好的行為。

三、清楚表達你的界線。如果你無法接受他們過度批判或挑剔，請冷靜告訴他們你無法忍受不尊重或無禮的對待。

四、如果他們出現咆哮或肢體暴力，你要先離開現場，向可以信任的治療師或親友尋求協助。

社交第一型

社交第一型的人將他們的完美主義和動機發揮在社交領域中展現合宜的應對進退。他們重視社交表現、規則，遵守符合他們內在信念的道德倫理標準。這種本能亞型注重群體，強調行為舉止的對錯。他們一絲不苟、彬彬有禮，相信自己的角色是引導人們走向他們認為理想的待人處世方式。他們過分挑剔又愛批評，有時候當他們認為自己影響力範圍內的人行為不可取時，會公開指正或訓斥對方。

社交第一型的人喜歡擔任可以運用自身能力去指導他人的社會角色。他們享受藉由陶冶正確思想和行動的方式，教導他人理性明智、思慮周全、具有社會良知。他們將對這個不完美世界的失望轉向對社會創造有意義的貢獻。

> 我是很嚴格的老師，我希望學生努力爭取成績，不過最終我認為他們之所以尊重我，是因為我對他們有什麼能耐和優缺點坦誠以對。
>
> ——瑞塔，四十三歲，政治學老師

道德對社交第一型來說是最重要的，他們不斷想要確保自己的行動與思想相符。他們是第一型中最重視秩序和社會良知的本能類型，努力讓自己的標準變得更好，而且要比別人更好。

他的同理心程度屬於一般至偏高，往往願意投注時間和心力於他們認為值得的理想、對象和計畫。他們可以是優秀的輔導員和有耐心的教師，傳授道德操守的重要性，同時關懷旁人的情緒感受。他們為對的事而戰，支持他們認為重要的對象和目標。在適當的時候，他們會願意稍微放下嚴謹的形象，寬容對待團體成員，不像平常那樣自我批判，擔心被別人覺得自己不負責任。

道德魔人

這個自戀亞型是二十七型中最「好為人師」的人，他們認為自己有責任要讓其他人知道正確的行為和思想方式。社交本能、第一型加上自戀特質，創造出一種重視道德的性格結構。他們會公開批評，在自戀與沒那麼壓抑的情況下，不畏懼表達自己的想法。然而，他們還是有著第一型的嚴謹，表現方式仍然有禮，只不過比較犀利。不同於嚴厲挑剔鬼的直言不諱和較不重視社會形象，這個亞型的人害怕遭到群體排

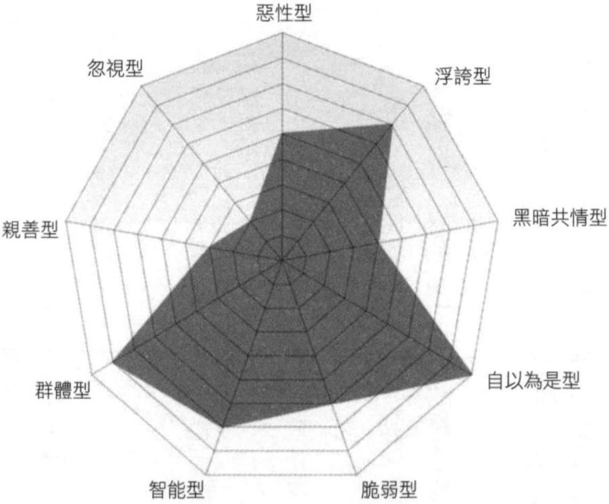

社交第一型：道德魔人

擠，維持符合道德標準的公眾形象。他們普遍有堅定的宗教、哲學或倫理信仰。

我相信神讓我來到這世上，為的是要根除人類靈魂中的惡。因此面對信眾我不吝於指正或駁斥，如果這麼做可以讓他們看出自己錯在哪裡。人應該要在錯誤與恥辱中學習，我會陪伴他們看清楚問題並給予寬恕。

——泰德，六十四歲，牧師

就算這個亞型的人沒有宗教信仰，也會堅定採取符合自己意識形態的行為標準。下面這個案例就是一位無神論者，公開嘲弄宗教狂熱者和信徒，頌揚理性科學的生活方式。

我覺得信仰宗教的人很可笑。相信宇宙存在一股神祕力量根本沒有邏輯。科學教導我們唯有理性和邏輯，能夠帶領我們走出我們置身的這個悲慘又黯淡的世界。因此我喜歡透過理性指出宗教人士想法的漏洞，讓大家見識到那些想法的愚蠢和荒謬。他們經常對我感到失望和生氣，但我不在乎。至少他們遇到我之後，會多加反思他們自己的信念。

——克雷格，二十六歲，學生

這個亞型的人相信自己的正直，加上自戀帶來的自我肯定，更堅定他們的道德信念。這樣的道德魔人認為自己是唯一過著「正確」生活的人，有些人還會拒絕與他們認為不對的人往來。更常見的情況是，他們覺得有使命要去改變、說服別人，或者證明別人有所不足。

這個自戀類型的人喜歡糾正別人。如果他們同理心不足，就會打臉、羞辱或是直接揭露他人的錯誤。他們認為其他人必須為自己的錯誤道歉，如果錯誤是發生在他們身上，他們冷酷或殘忍的報復行徑會持續數週、數月，甚至數年。他們會出征或展開類似獵巫的行動來對付任何不值得信任的人。他們不會意識到自己對他人的影響。

約翰·派屈克·史丹利（John Patrick Shanley）的劇作《誘·惑》（*Doubt*）描述一名正義又義無反顧的修女，認定和她同在一所天主教小學任職的神父對一名孩童做出不當舉動。這部片是這種自戀亞型的精彩寫照。在二〇〇八年翻拍的電影中，梅莉·史翠普（Meryl Streep）精彩演繹了艾修女的角色。艾修女堅信由菲利普·西摩·霍夫曼（Philip Seymour Hoffman）飾演的費神父犯下被指控的不當行為，展現出道德魔人如同聖戰士般的信心。雖然沒有確切證據，但艾修女決心憑自己心中認定的想法拉下費神父。她對費神父的道德厭惡強烈到不惜要毀掉他的職涯和名聲。

這部電影引人深思道德、信仰和懷疑的問題。不過整部片最突出的角色就是艾修女，她把自己對於道德理想和正義的追求，化為一般人會認為是不道德和不誠實的行為。道德魔人會合理化自己的一切行為只為了維持內心對的感受，若再加上自戀傾向，他們就必然相信自己永遠是對的。

有些這個類型的人很勢利。他們的道德取向和公然展現財富、地位或社會資本的行為呈現有趣的反差。他們認為自己享有成功和特權就是因為他們是好人。

當自戀程度加深，這個亞型的人會越來越不克制自己懲戒和訓斥別人的傾向。他們會選擇法律、宗教或倫理相關的職業，如此一來可以把不遵循法律、教義或規範的人揪出來。如果他們有虐待傾向或心理病態，會羞辱和處罰別人錯誤的行為。如同多數自戀者，他們陶醉於權力在握和標榜道德的機會。

> 我喜歡把學生退學，這麼做讓我感到興奮，因為如果他們做出像作弊這種蠢事，活該斷送學習生涯。我無法容忍學術上的不良行為，我已經開除過一百五十名學生，如果校規允許的話我會開除更多人。這對我來說是一大樂事。
>
> ——特倫特，五十七歲，大學院長

如果同理心減弱或完全沒有同理心，這個亞型的人會做出虐待行為。西班牙宗教裁判所的暴行、歐洲和殖民時期的美國在獵巫期間系統性大量殺害女性和其他邊緣人、用殘暴方式殖民非洲，以及同性戀矯正治療，都是這種自戀亞型會做的事。當然並非所有做出這些暴行的人都是正義魔人，不過這類的文化迫害者確實帶有自以為是的道德優越感。他們以道德合理化自己的做為，認為懲罰是為了改善或矯正錯誤的行為。

應對這一型的方式

一、不要跟他們爭辯哲學、倫理或道德議題。他們覺得自己都是對的，錯的是別人。就算你是對的，他們也不會退讓。如果他們承認你的觀點，之後也會想辦法證明自己才是對的。

二、他們待人苛刻，依據心理病態或虐待傾向，他們會建構複雜的情境或論述來證明自己的論點。他們樂於透過懲罰讓別人感到丟臉或悔悟。

三、不建議你直接指出這個亞型的偽善、錯誤或思慮欠周，因為這麼做會觸發他們的怒氣。他們會把羞愧感發洩在你身上（透過抨擊指責），或是找機會揭露你的弱點或過錯。

四、注意激怒、心理操縱或其他情感操控的招式，他們會用這些方法讓你捲入是非，藉此證明他們在倫理或道德上的優越。

性本能第一型

性本能第一型的人把他們對於完美和道德的追求，實現在與特定對象的關係中。他們想要確保自己在對方心中是理想的心靈、情感和身體伴侶。他們很重視戀愛或親密關係，而且與其他性本能型的人一樣，不斷尋求與理想伴侶的完美契合。他們相信如果雙方都追求內外在的卓越，就能夠達成完美關係。

這一型的人比較暴躁，比自我保存型或社交型更容易發怒。如果他們看到無法認同的事情可能會反應激烈。如同其他第一型的人，他們內心的標準很高，但尤其關注自己和另一半。他們有類似第八型人的傾向，如果有人違背他們的信念、道德或標準時，他們會大膽、強勢地主張自己的看法。

性本能第一型的人很害怕自己無法符合重要他人的理想，於是不斷提升自己的內外在。他們期望對方也付出同樣的心力。他們認為自己對於伴侶、子女和其他關係親近的人有特別的權利，如果沒能獲得對方同等的時間、心力或體貼，他們會有強烈的怒氣（和羞愧感）。他們在戀愛關係中很容易生氣，伴隨而來還有嫉妒，這樣的關係令人擔驚受怕。

我向來是個愛吃醋的人，自己都覺得不好意思。我討厭自己這麼善嫉，因為我一直想到，我努力讓伴侶變完美可不是為了讓他另結新歡。最蠢的小事也可能讓我醋勁大發。不過在諮商過程中我才明白，我認為自己花費時間心力成為好妻子，所以我自認有資格得到丈夫更多的關注。

——凱莉，二十九歲，教師

他們是理想主義者，這樣的傾向也表現在戀愛以外的其他事物。性本能第一型的人選擇一項目標之後，會非常積極專注。他們熱中的東西通常很理想化。他們會是富有魅力又認真的聖戰士，會奮不顧身達成使命。

性本能第一型的人害怕過於放縱自己會讓自己和在乎的人沒面子，因為放縱可能會帶來不當的舉止。他們總是覺得受到束縛，在自由奔放的熱情與謹言慎行的要求之間拉扯。面對錯誤他們缺乏彈性，可能會把批判性和嚴苛的標準套用在他們認為不及自己努力的人身上。

自戀、第一型和性本能結合之後，創造出狂熱聖戰士的人格類型。這種自戀亞型的人相信自己的想法是對的，有權把自己的標準套用在他人身上。他們追求具有權力和權威的地位，能夠發揮自己的影響力。

他們屬於自戀光譜比較低的一端，鄙視不符自身標準的人事物。他們比其他兩種第一型自戀者更明顯表現出不認同與怒氣。他們重視外表，會花很多心力確保自己在身體和性吸引力方面讓伴侶或潛在對象喜歡。然而，他們比其他自戀亞型更容易遮掩自己對外貌的執著，因為他們認為這樣的虛榮很膚淺庸俗。他們乍看之下很平實，但其實注重穿著、言行，以及給人道德精英的感覺。有些人會刻意選擇平凡、簡陋的風格來凸顯自己注重內在，有些人則享受昂貴、剪裁精緻（有格調）的服飾來傳達「品味」形象。性本能的炫耀特質會在智能或道德方面展現出來。當然他們希望別人覺得他們有魅力，但又不願意承認這一點，或許只願意向親密伴侶透露。

所有戀愛中的自戀者都可能會做出愛意轟炸的行為。（原注1）可是狂熱聖戰士會把潛在戀愛對象當作是展現道德操守以證明自我價值（和優越性）的機會。他們在情場的表現積極，很快就知道自己想要什麼，會宣示戀愛主權，就一般人看來會有點過頭。

我遇見她的時候就知道未來我會娶她為妻。我想要確認她是我想像中的那種堅強女性，因此我走近攀談，檢視她的宗教和道德理念。對話三十分鐘後，我告訴她我想娶她。但是經過三個月的追求，她拒絕我，不過兩天後她回電給我，接下來就不用多說了。

——阿肯德．五十三歲，政府承包商

狂熱聖戰士認為自己有資格獲得他們認為值得關注的一切事物。第一型人強烈的超我加上自戀特質和性本能的激情，結合的結果是嚴謹又極端的人格。如同其他兩種第

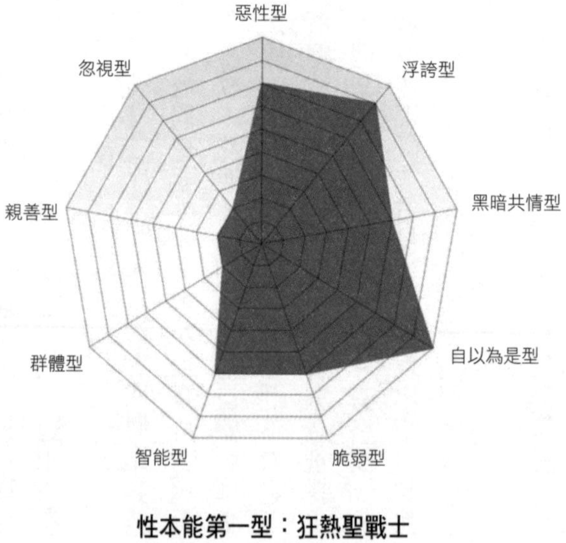

性本能第一型：狂熱聖戰士

一型自戀，他們對於立場、信念和標準非常缺乏彈性。然而這個亞型在道德權威受到質疑時，會更直接地表露怒意。由於他們的恐懼主要呈現在性的面向，所以伴侶、子女或好友經常要忍受他們的脾氣。他們可能會對一點小小的閃失、錯誤或毛病大發雷霆，同時堅持自己會生氣是因為對方沒注意細節。

這個亞型的人往往充滿魅力，不過令人不安的狂野性格也會讓人反感（俄羅斯妖僧拉斯普丁〔Rasputin〕是這個性格的典型）。性本能的防衛策略可以確保他們獲取立即的滿足，尤其在創造性工作、個人計畫或親密關係上。他們明白魅力和手段的價值，能在短時間內藉此獲取自己想要的東西。不過他們的挫敗感、長期失落感和怒氣很容易探出頭，導致他們會迅速轉變情緒，卸下體面的假象。由於情緒不穩定，他們很容易成為一股擾亂的力量。他們看似一觸即發，讓人很快就知道要對他們小心翼翼，以免惹他們不高興。

這個亞型的自戀程度較高，在完美主義的包裝下其實內心殘酷且具有報復心。他們可能因為堅信自己能夠幫助別人改變生活，所以會冒犯、訓斥或羞辱別人。這種愛說教的特性對親密對象尤其明顯。跟他們不熟的人對於他們對另一半、家人和親人的虐待與控制行徑會十分訝異。

他是我認識的人當中最正直、重倫理又負責任的人。但是結婚大約一年後，狀況急轉直下。他開始要求我不能穿太露的衣服、控制我吃什麼、指導我該如何運動，還要求我寫下自我檢討的日誌供他審閱。他會因為芝麻綠豆的小事沒安排好就發飆。我很害怕。每次他發怒之後都會對我說：「我只是想要幫助妳變更好，因為我愛妳。」

——丹妮爾，四十七歲，家庭主婦

這個亞型的情感強度經常讓人難以招架。他們會散發出一種道德優越感，對於他們認為在其掌控下的人很容易逾越界線。很多這類型的人表示，如果不是他們監督和干涉，其他人會沉淪於不道德或罪惡的漩渦。諷刺的是，這個亞型最容易落入偽善的雙標。

我們是五旬節教派的教徒，我父親是我們教會的牧師。他極力反對婚外情，尤其堅持己見主張同性戀的罪行。結果眾人震驚地發現他在教會跟一名十八歲的少年有一腿。他宣稱是神授予這段關係，以此合理化自己的行為，他說因為他與神有特殊的連結，所以這不算是同性戀婚外情。實在很糟糕，不過我父親就是「照我說的做，別照我做的做」的典型代表。

——馬瑞索爾，三十三歲，治療師

激烈言行與道德合理化程度會讓他們變得很危險，因為他們往往會對自己的行為毫無悔意。第一型的人都討厭（害怕）批評，當自戀傾向出現時，他們會拒絕一切批判（不論輕微或中肯），抨擊質疑他們道德權威的人。在心理狀態不佳的情況下，他們更可能會合理化駭人的舉動。邪教教祖大衛·柯瑞許（David Koresh）可能就屬於這個亞型。他致力維護自己的教派，一九九三年發生一起圍攻教會建築的慘案，導致七十九人死亡，不過要等到更之後大眾才知道柯瑞許做出的精神和宗教虐待之舉。（原注2）他相信自己是先知，而且他有時相當和善。不過他偏愛女信徒，遭控侵犯和猥褻數名未成年少女，還宣稱是神命令她們服從。他崇尚原始的生存方式，拒絕現代的便利和奢侈品。

柯瑞許灌輸教會子女要反抗父母，且在性和愉悅方面極為偽善。他自己能縱情於性活動，而其他成員的性慾或性行為則受到限制和羞辱。大衛教派的建築缺少自來水和其他便利設施，而他堅決表示末日即將來臨，因此囤放了先進的武器和火藥。在後續一些孩童被救出後，柯瑞許灌輸的教條仍屹立不搖，他們看待世界的方式非善即惡。（原注3）

這個亞型的人缺乏同理心、信念激烈狂熱又善嫉，抗拒自己做錯的可能性。一般而言，第一型的人害怕犯錯，從根本上恐懼做壞事。不過只要第一型人的心理有自戀傾向，就不可能承認自己的錯誤。他們抗拒或無法為錯誤負責，因此當與他人意見分歧或衝突時往往無法妥協，因為（多數自戀者皆如此）他們難以看出問題是在自己身上。

應對這一型的方式

一、與這個類型的人相處時，必須保持堅定的自我意識，因為他們會潛入他人的超我和自我，做出批判讓人感到沒有價值。與心理健康專業人士保持良好關係，當聖戰士發怒攻擊你的自我時，他們可以幫助你維持自我。

二、這個亞型往往令人摸不著頭緒，他們一下子迷人，一下子苛刻。他們可能某一刻極為熱情又關心別人，但你很快就會發現他們的愛取決於他們認為你有多符合他們的期望與他們所付出的心力。當你讓他們失望或是辜負他們時，準備好面對如雲霄飛車般起伏的情緒。

三、注意你是否產生一種要討好他們的強迫傾向。進食失調、高度運動鍛鍊、過度清潔，或是對一般慾望感到罪惡，以上各種情況很常出現，因為這個亞型的人無時無刻都會給予批評。

四、他們吃起醋來令人受不了，尤其是如果你跟這個亞型的人談戀愛的話。他們常常會讓另一半覺得跟其他人講話彷彿是背叛了感情。要務實評估適當與可接受的關係。如果他們出現虐待行為，請尋求專業協助和諮詢，讓自己擺脫虐待關係。委曲求全只會遭到更多暴力對待。

第十章

第二型：迷人的支持者

The Narcissist in You and Everyone Else: Recognizing the 27 Types of Narcissism

自戀亞型

自我保存第二型：自以爲是的照顧者
社交第二型：阿諛奉承的交際者
性本能第二型：有控制慾的誘惑者

自我保存第二型

自我保存第二型的人有點像是異類，除了關注自己立即的需求和考量，也在意自己對他人的影響，以及別人是否感謝他們給予的協助和支持。相較於性本能型或社交第二型的人，他們的自我保存本能更針對於自己的期望和要求。那朗荷把這個亞型稱為「我最重要」第二型，因為即便他們在意別人的期待和需求，但是他們願意付出是希望自己的需求也能得到滿足。他們往往期待他人先滿足自己的需求，才願意去照顧別人的需求。

自我保存第二型的人善於預測和關心他人的基本需求。他們天生會追蹤和注意他人的喜好，想要藉由關注別人來獲取關注。他們認為配合他人喜愛的食物、安排、愛好和渴望，就像是存款一樣，最終可以有所回報。他們懂得自我照顧，但是他們認為如果有人願意照顧自己的話，就更能夠感受到被愛和支持。這類型的人屬於交易型，他們不一定相信其他人會幫助自己或愛自己，除非他們為對方做些什麼。他們喜歡照顧別人，就像媽媽一樣想確保每個人都能感到快樂、健康和舒適。他們是優秀的照顧者，對於照顧別人的能力感到自豪。

> 我向來都知道其他人想要和需要什麼。就算我沒有給，但我直覺就知道他們需要什麼。我小時候就會觀察身邊每個人喜歡吃什麼東西，也喜歡煮東西給別人吃。現在我還是會為家人做菜。對於我在乎的人，能夠給予他們想要和需要的東西，總是讓我感到很溫馨。不是我自誇，這方面我真的很厲害！
>
> ——寶琳娜，三十四歲，家庭主婦

自我保存第二型的人堅定又體貼。他們的建議、協助和解決問題的方式常常讓人覺得有壓力。他們對於自己處理事情的能力感到自豪又自信，也很肯定自己的價值。他們會照顧自己、寵愛自己，只不過偶爾會因為太重視自己而感到內疚。他們有時候會覺得被他人的要求和期望束縛，進而心生怨懟，希望對方體諒和珍惜自己。視外向性而定，他們不見得會直接表達心中不滿。他們擅長給暗示、線索和非語言的訊號，讓身邊的人知道他們不高興（嘆氣、大力放碗盤、冷戰）。

他們對於家事分配一板一眼。身為父母的話，他們通常很會管理家務，灌輸子女（和伴侶）要有責任感，遵守本分和義務。他們會擔心自己的基本需求被忽視，所以努力照顧好其他人，讓別人不要忘記他們的存在。很多這類型的人害怕別人會忘記他們的影響力和必要性。

迪士尼《灰姑娘》故事裡的角色將自我保存第二型的人表現得淋漓盡致。主角仙杜瑞拉、兩名壞姊姊和後母，還有神仙教母，全都屬於自我保存第二型。仙杜瑞拉是一個長期忍受折磨、貼心又聽話的女兒，被後母和繼姊們虐待，必須滿足她們的需求。最後她獲得神仙教母賜予的魔法，給她美麗的衣裳和神奇的玻璃鞋，讓她去參加王子的舞會。

多數自我保存第二型的人心中都暗自希望可以有個像白馬王子的人，拯救他們免於勞心勞力。這種覺得必須透過自己的努力和照顧別人才能獲取所需的感受，伴隨著認為自己不會無條件被愛的憂傷和恐懼。另一方面，神仙教母代表的是慈祥和關愛，以及想要幫助別人實現夢想的母性。仙杜瑞拉則代表受盡磨難的烈士。至於壞姊姊們，我們會在下一節探索自戀和權利感如何動搖自我保存第二型的慷慨以及對他人的關注，讓他們轉變成自私又苛求的性格。

自以為是的照顧者

研究這個亞型時，我透過電影和文學尋找心智健全的代表人物。當然有這樣的人存在，不過這個類型的自戀亞型常見於媒體，或許是因為自我保存第二型的人原本慷慨大方、熱情、懂得照顧別人，可是一旦出現自戀傾向的話，情況會變得相當不同。這類自戀亞型的人要求多、自以為是、難取悅，而且常常耍性子。然而，自以為是的照顧者仍然相當清楚他人的需求和渴求。他們很想要實現他人的渴求和期望，並藉由這樣的方式吸引他人。這個亞型跟其他兩種第二型人一樣，認為要靠自己獲取所需資源，不過他們會高估自己的貢獻，覺得別人少了他們關照就難以生存。

這個亞型可能非常物質主義且物慾重，可是超我的防衛機制會告訴他們不可以自私，所以他們會以慷慨的表現來隱藏自己的欲望。如果自戀程度不高，他們可能可以擺脫自私，有時候真心想要支持、照顧和幫助他人。多數第二型的人無論自戀與否，都沒有察覺到他們其實期望別人要投桃報李。驕傲感讓他們無法看出和承認自己其實懷有怨恨（即使只有一點），因為他們理解且配合別人的需求，但是別人並沒有像他們那樣理解他們的需求。自戀本身帶有的自我中心讓他們本來就難以察覺自己的期望。

他們發自內心相信自己是利他、友善、責無旁貸的。他們可能脾氣差、愛抱怨，也不曾實質幫助或支持任何人，卻認為自己很正面、有愛心且對人友好。倘若嚴重自戀的話，他們會認為自己的存在就是他人最好的禮物，而自己值得被愛和被關注。

所有第二型的人都很自豪能夠預測他人的需求。由於自我中心，他們常常會用自己的觀點來看待他人的喜好，將自己的意志、能力和觀點

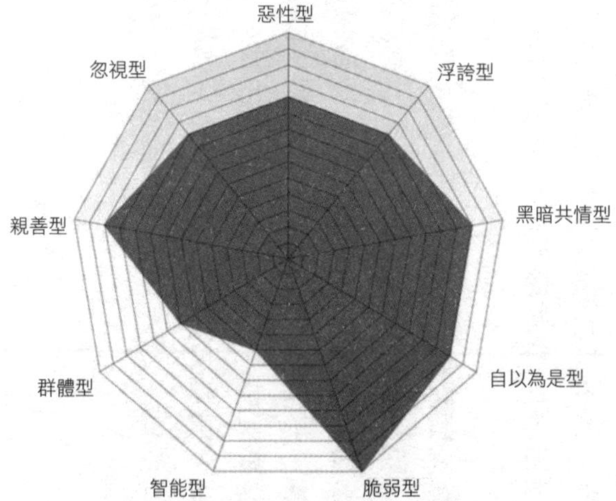

自我保存第二型：自以為是的照顧者

強加在他人身上。這是所有第二型人的問題，但對這個自戀亞型而言，對他人需求的直覺與他人實際的需求之間的落差可能更大。

他們堅持要最好的，如果別人無法滿足他們的期望，他們會耍任性，甚至大發雷霆。有些這個類型的人比較不會明顯表達憤怒，而是透過冷戰或以退為進的方式來表達不滿。灰姑娘的壞心眼後母和繼姊們就表現出這個亞型可能會有的苛薄和虐待本性。他們相信自己有權利，加上個性好戰又易怒，從而對別人很嚴厲又不公平，並且會以別人不知感恩來合理化自己對他人的懲罰。

> 我媽像個暴君。她有時候慷慨得令人難以置信。她會買很貴的禮物給我。我滿十六歲時，她買了一輛好車送我，然後有天她因為我沒有遵守她要我做的事而生氣，就把車給賣掉，換了一輛便宜的二手車。她在慷慨之後總會祭出懲罰。她會在大半夜叫我起床做家事，像是打掃廚房或整理儲物櫃，不過無論我怎麼做都不對。我這一輩子都在討好我媽，但她就是不滿足。我覺得她要我心懷感激，因為我的生命是她給予的。事實上，她曾經跟我說，我要謝謝她養了我這麼多年。
>
> ——薇爾烈特，四十歲，不動產經紀人

如果同理心有限或缺乏，這個自戀亞型的人會很不講理、情感虐待，而且長期不滿。自以為是的照顧者經常抱持「照我說的做，而不是照我做的做」的心態，批判和控制他人，同時又期望自己能為所欲為。他們尤其不在乎他人的金錢，難以抗拒滿足自己的想望。他們可能會欺瞞、說謊，甚至偷竊以確保自己的生存所需（或是奢侈品）獲得滿足。他們會給自己買最好的衣服、食物、旅遊和奢侈品，可是對其他人（甚至包含小孩和伴侶）可能極為小氣。

他們周旋於不同的朋友和親密伴侶之間，有時候會刻意對某個朋友、孩子、同事或家人比較好，冷落或怠慢其他人，然後過沒幾個月、幾週或幾天又換不同的關注對象。他們會關注那些關心他們的人，一般來說就是會縱容他們的渴望和各種需求的人。

這個類型的人相信自己有權得到最好的對待。然而，他們多數人會表現出支持人、幫助人或慷慨待人的模樣，同時又把他人的成就歸功於自己。他們認定自己的力量（像神仙教母般）是他人成功的神奇祕方。以下訪談完美展現出這個亞型誇大的自我：

我：「請妳說說妳實際上如何幫助他人？」

萊維特拉：「除非我想要，不然我就不幫。我選擇要誰成功，或讓誰失敗。」

我：「妳怎麼決定要幫助哪個人？」

萊維特拉：「我知道誰是會成功的人。我選擇我丈夫是因為我知道我可以讓他功成名就，然後我就不用再為生活擔心。我絕對不會選擇一個輸家，或是不會賺錢的人。想要擁有我就得付出，我就是獎賞。這一點我很清楚。」

我：「那妳怎樣幫助妳丈夫？」

萊維特拉：「我幫他顧小孩、持家三十年。我很幸運有後援，不過一切還是由我打理。要不是我的話，他搞不好會在某個地方當加油站員工。所以我值得最好的，那是我靠自己掙來的。」

——萊維特拉，六十三歲，社交名媛

應對這一型的方式

一、要有心理準備對方會使性子、發脾氣、以退為進。有些這類型的人會明顯表達不滿，但更常見是以孩子氣的方式表現失望，以及突然不再關注、讚美或是提供協助。最好就忽略這些脾氣，否則會讓他們覺得使壞就可以獲得想要的結果。

二、這個亞型的人某種程度上想要討好人，只不過他們很難把焦點放在他人身上太久，因為他們的同理心不足。保持耐心，由於他們對於拒絕或不認同很敏感，反而會表現得強勢和咄咄逼人。

三、如果對方是真心誠意的，不要吝於稱讚或讚美。倘若他們沒獲得關注，就會更加灰心和生氣。要是他們感到不安或被剝奪，往往會使出渾身解數來獲取關注。

四、如果他們不友善、自私或自我中心時，務必讓他們知道你覺得被冒犯、被強迫或被忽視。當你提出建設性想法而讓他們感到不好意思時，他們可能會發脾氣或暴怒，不過這樣有助你設定界線。如果他們違反你的底線或對關係的期待，你要清楚表達哪些是你可以容忍的、哪些不行。他們被質疑時可能會顯得挑釁又激烈，而你務必表明自己不會接受被欺負。

五、比起其他自戀亞型，自以為是的照顧者更能夠靠向同理心。他們希望別人認為他們富有同理心又有愛心。他們可能沒有感到絲毫的同理，但他們可以學習去表現和模仿同理心，提升他人的好感。

社交第二型

身為典型的千禧世代，我在十三歲的時候就把艾莉西亞・席薇史東（Alicia

Silverstone）主演的電影《獨領風騷》（*Clueless*）裡的每句台詞都背起來。我跟表姊琴伯莉經常不斷重溫這部電影，並且夢想著有一天我們會變成比佛利山莊的孩子，住豪宅、有無額度限制的信用卡、一大票朋友，還有敞篷車開。（我還在等願望成真。）我可以說出一大堆道理告訴你，為什麼我對這部片的荒謬對白記得一清二楚，但我就不在這裡贅述了。值得深思的是，一九八〇、九〇年代很多青少年電影都有著類似套路。善於社交、有魅力、受歡迎且生於富裕人家的孩子（通常是女生），結交了不受歡迎、欠缺魅力、低層怪咖或不起眼的孩子。他們帶領這個可憐的小東西進入朋友成群、愛美、約會和精彩的中學生活。先不去分析片中蘊含的訊息可能對年輕人的心靈造成什麼影響，我們來看看第二型人的主類型。

《窈窕淑女》（*My Fair Lady*）裡的希金斯教授、《魔法壞女巫》（*Wicked*）音樂劇中的格琳達、《金髮尤物》（*Legally Blonde*）的艾兒・伍茲，還有《救命下課鈴》（*Saved by the Bell*）的麗莎・圖特爾，所描述的都是同一種類型的角色。主人翁往往想要去幫助人緣不好、其貌不揚的可憐蟲，協助對方改善生活（依照助人者的標準）找到自信。雖然不是所有社交第二型的人都會想要提升別人的人氣，也不是所有女性都那麼在意金錢、衣服和外貌，不過想要靠幫助別人來讓自己保持社交吸引力和重要性的想法，恰恰詮釋了社交第二型的重點。

如同我們在第四章看到的，社交本能型的人認為生存仰賴注意圈內／圈外的關係、權勢、規範、權力結構，以及如何在群體中好好表現而不會被排擠。社交第二型的人把生存的力量聚焦於社交世界，成為人與人的連結者。他們想要成為人際之間的黏著劑，覺得自己值得內心嚮往的愛與關注。整體而言，他們想要對群體具有影響力，從而創造出一種熱愛社交、有魅力和各種野心的人格特質。

那朗荷醫師表示社交第二型的人是「誘惑天下」的人，如果你親眼見識過這樣的人，就會知道他們有不容小覷的魅力和交際能力。社交第二型的人想要看到自身的影響力反映在周遭人身上。因此即便《獨領風騷》的主人翁誇張呈現出嬌縱的富家女形象，但是她那種想在學校和家族中「好好表現」的渴望是所有社交第二型人所共有的。他們通常立意良善，想要「做好事」。很多這類型的人樂愛幫人牽紅線，如同我朋友珍妮幾年前告訴我她喜歡作媒時所說的：「能牽起兩人的姻緣是世界上最棒的感覺。」當時她幫忙撮合了五對佳偶，接下來多年間她又熱心牽線，改變很多人的人生。

幫忙搭起人與人之間的橋粱讓社交第二型的人覺得掌握了權力，並且讓他們在幫助對象的生活中占有一席之地。你會忘記幫你介紹另一半或恩師的人嗎？在社交上為人服務可以加強他們的影響力，澆熄他們內心深處擔憂不受他人重視的焦慮。

《獨領風騷》的女主角雪兒有很多戲分是在幫同學和老師作媒。雪兒的個人成長主要在於接受自己這種自利又惹人厭的行為，還有傲慢的任性，最終相信自己值得被愛。愛出風頭又咄咄逼人是她這個角色最「有害」的特質，讓其他人覺得被牽著鼻子走、不受尊重，以及被操控。另一方面，雪兒常常搞不懂為什麼明明自己是好意幫人卻引來反感。很多社交第二型的人會覺得自己的好意被誤會或誤解，因而受到打擊和感到很受傷。

整體而言，社交第二型的人善於支持有需要的人。因為他們天生敏感，理解別人的感受和想望，所以他們往往會利用自身的魅力來為周遭的人「做好事」。他們的社交參與有很多形式，從形塑莘莘學子人生的學校老師，到為人道抗爭的政治倡議者，還有跟顧客打關係的企業主。他們也可能像我朋友珍妮一樣，她在展開專業歌劇表演之後，擔任合唱團指導教師，輔導新生代的古典聲樂家。無論選擇哪一門學科、才能或專業領域，社交第二型的人在群體中的服務表現都很優秀。我在大學時代參與校園活動，並在學生會投注不少時間，當時我認識許多第二型的人，他們充滿愛心、全心投入，有時候好管閒事但充滿魅力。他們多數人都是學生顧問，希望能提供建議、專業和關懷給年輕學子。其中很多人至今還繼續在學校服務，因為他們認為輔導、建議、引領他人達成目標是他們的職志。

約翰是一位牧師和年輕的財務經理人，身為社交第二型的人，他參與我做的研究，充分流露出關懷他人的特質：「我對他人付出時，希望所投入的心力最終能夠有所回報。不論輔導孩子或管理人員都是這樣。我熱愛這件事，所以我才做這一行。」社交第二型的人需要保持在群體中的重要性，從自己對群體的貢獻中獲取認同。他們的成效評估是看他人多麼重視和感激他們的付出。他們希望自己付出越多的同時，也能夠獲取更多的回饋。他們往往喜歡幫助年輕人，因為這麼做可以形塑他人的心性，引領這些年輕人的發展，或者他們喜歡這樣的權力感，從幫助他人的過程中得到意義。

阿諛奉承的交際者

如果一個人的自我概念是建立在滿足他人需求的角色，而當他的自我意識和同理心被削弱時，會發生什麼事？這樣的人往往會搞不清楚為什麼自己明明想要幫助、支持或培養別人，反而導致怒氣、敵意或背棄。

阿諛奉承的交際者往往會自我膨脹，高估自己對他人的重要性。如同自以為是的照顧者，自戀第二型的人通常會有一種膨脹的權利感，卻以謙虛或誇大自己的犧牲做為掩飾。他們不僅希望自己在他人生活中是不可或缺的（如同所有其他第二型的人），也想要介入他人的生活。他們認為其他人沒有自己就無法存活或過得好。第二型的人內心深處害怕自己沒有價值或缺乏影響力，所以堅信別人不能少了他們的協助、引導和支持。社交本能讓第二型人原本的心理結構中多了自大與自滿，他們自認無論自己對他人做了什麼都是最好的做法，即便手段殘酷、造成損害，或是出於自私的理由。他們會吹噓自己「知道別人想要什麼」，所提供的幫助經常是他們自認別人「應該」想要的，而非別人真正想要的。

諷刺的是，阿諛奉承的交際者具有認知上的同理心和社會認知。他們本能上確實能夠瞭解他人想要、需要和期望什麼，所以會透過諂媚，甚至說謊來得到自己想要的東西。不同於其他自戀類型，阿諛奉承的交際者看起來很關心他人，因為第二型的人天生就情感豐沛且

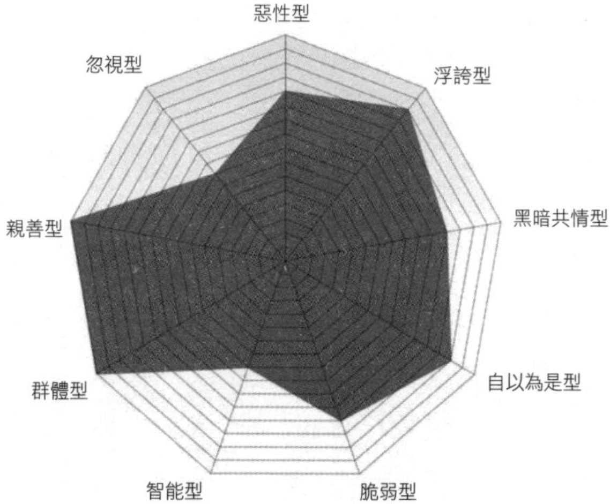

社交第二型：阿諛奉承的交際者

善交際。然而，他們往往只想要滿足自己的立即需求。他們總是帶有企圖，至於能否隱瞞這些企圖就要視其社交和覺察能力。

這個類型的行為主要會在社交場域被觸發，他們會對那些他們認為搶走自己應該獲得的關注、欣賞、讚美或認可的人，散布謠言、背後捅刀或忌妒憤怒。當第二型人出現自戀時，天生想要藉由提升好感來博取社交地位的傾向，會使他們變得殘酷又毫不關心他人、過度在意自己的名聲、逢迎趨附或說三道四。

阿諛奉承的交際者通常會裝腔作勢以獲取他人關注。他們不在乎別人的顧慮或福祉，這是欠缺同理心的特質。不過這類型的人表裡不一，經營著關心別人和友善的形象，私底下卻是冷酷自私又只顧自己的需求，很難跟他人維持良好的關係。

多數社交第二型人的人脈廣大，穿梭於不同社交圈，根據每個群體的喜好戴上不同的面具。良性的社交第二型通常會與眾人建立溫暖又長久的關係，因為他們的人際能力靈敏。然而，阿諛奉承的交際者往往留下破裂的關係，難以與他人維持長遠的關係。

比利是一個爽朗有朝氣、很容易跟眾人打成一片的二十三歲男性，近來剛從溝通相關系所畢業。在填寫語彙分析問卷時，他對自己的形容詞包含「人很好」、「友善」、「焦慮」、「有愛心」和「有趣」。後來我跟他利用線上視訊進行分類確認訪談時，他立刻先稱讚我穿的上衣。以他的年紀而言，比利有一種隨性的魅力。訪談開始前，他會先建立交情，他希望我從一開始就喜歡他。整體來說，比利很熱情，不過以剛認識的人來說稍顯太熱絡。如同傳統的分類訪談，看了他在問卷中寫下的五個形容詞，我請他再多描述自己一點：

> 基本上，我這個人很棒！開玩笑的啦……我想我覺得自己是個有趣、幽默、具同理心、受歡迎且有魅力的人。我非常喜歡人群，大家也喜歡我。我喜歡不同類型的人。所以我確實人緣還不錯。大多數人都喜歡我，因為我很友善也盡量對大家好。我從小就參加很多才藝比賽，所以懂得如何吸引別人目光。但是如果有人因此占我便宜，我會快速收回我的好。你怎麼待我，我就怎麼待你！我無法忍受的是有人不懂感激或不友善。我總是說：「說不出好話，就乾脆閉嘴別說。」從這點來看，我就是南方男孩。我認真又執著，當我真心想要得到什麼的時候我也有辦法做到。我就是這樣的人。
>
> ——比利，二十三歲，學生

隨著訪談進行下去，越來越明顯可以看得出來，即使訪談之初他有點謙虛，其實他的自我膨脹。談著談著他有時候會提到對別人有些「怨氣」，我想知道他是為了什麼不高興。

我：「你什麼時候會覺得不高興？」

比利：「我通常要什麼有什麼，所以沒什麼好不滿的。但偶爾其他人拿到我想要的東西……例如柯蒂斯在大三當選社團總召，我超級不爽。我很愛他，他是我很要好的朋友，可是他不配啊。我成績比他好，人脈比他廣，策劃能力也比他強。大家明明都知道。所以我無法理解為什麼大家把票投給他。明明應該選我……我告訴幾個人柯蒂斯爆料會長的事……我已經保守這個祕密夠久了。他跟我說是他去檢舉會長違反某個規範，讓會長惹上不小的麻煩。我不覺得有必要繼續幫他保守祕密。反正我在柯蒂斯面前保持風度，但我就看後續會怎樣發展。」

比利又說了更多，合理化他為報復而洩漏「朋友」的祕密，完全沒有懊悔或罪惡感。他談越多對柯蒂斯的報復，就顯得越暴躁和義憤填膺。我問他認為這樣的懲罰符合「罪行」的嚴重程度嗎？他高傲地說：「惹到我就是這種下場。」他聳聳肩，笑了出來。然而，他注意到我可能會對他的行為產生特定想法。每當提到不愉快的情緒或是他對別人的所作所為後，他會再補充幾句：「我保證我沒有聽起來那麼惡毒啦。」「你一定覺得我糟透了。」我認為他說這些話不是因為他對柯蒂斯實際做了什麼事，而是在意我對他對柯蒂斯做的事會有什麼「觀感」。

有不少自戀第二型的人自認「沒說過任何人壞話」，但他們很常對於自己經常提到的人心懷怨懟。自戀第二型的人無法準確評估自己的行為在他人眼中會是什麼模樣。他們會把自己的所有行為都當作是做好事和友善，而把他人的行為當作是不知感恩、拒絕或投機。

表面工夫是自戀行為的一個典型表現。他們把人當作是達成特定目的的手段。然而，第二型的人還多了一層特有的恐懼：要是自私的動機被發現，就會被別人拆穿他們其實是「糟糕」或「不好」的人。由於驕傲自負，他們難以察覺自己在人際上的疏忽，因為他們無法想像自己會有如此表現。那朗荷醫師認為驕傲自負讓非病態的第二型人也難以在進行治療和自我分析時自我反思。因此對於自戀的第二型人來說，虛偽是一層厚重鎧甲，用來抵抗對自己沒有價值的強烈恐懼。

阿諛諂媚是很多第二型人必然的行為，他們用這種操控方法獲取更多權力。所以社交第二型的人都很享受「幕後操控」，尤其是阿諛奉承的交際者。如果有人喜歡和信任他們而願意透露自己的心思，他們會把這樣的信任當作一種社會資本，用來強化自己的重要性，在群體中爭取權勢或地位。

對於阿諛奉承的交際者來說，除了害怕被群體排擠的社交恐懼，還有第二型人對於欠缺影響力的恐懼，又因為同理心不足，從而產生激烈的野心與人際關係膚淺的傾向。不難想見他們多數的關係最終以認為遭到背叛而告終，或者是因為他們沒有原本表現的那麼正向、為人著想所以被拋棄。

由於社交第二型的心理結構讓他們缺乏同理心的問題隱藏得比其他自戀亞型更好。我們的社會喜歡有吸引力又能夠幫助別人的人，這樣的文化也讓他們更不會去尋求治療以增進自己的同理心。驕傲和自我膨脹也讓他們無法看出會造成自己挫敗的特質。

阿諛奉承的交際者可能成就非凡，掌握可觀的文化資本和政治或社會權力。在迷戀實境秀和勁爆八卦的文化中，他們最具挑戰性的特質在廉價媚俗的娛樂中找到舞台。然而，如果他們的自戀特質走到極端或伴隨其他心理或情緒障礙，他們會變得過度膨脹和有特權感，覺得自己如何對待別人都可以。一旦別人不依照他們的方式時，他們可能會以殘酷方式回擊。他們會做出很多戲劇化、誇大的行為，操控他人以滿足自己需求，或是精心設計復仇計畫。

應對這一型的方式

一、釐清你的界線。這個亞型會有很強的攻擊性，因為他們自認要參與所有決策的細節。如果他們咄咄逼人或態度蠻橫，盡可能不帶情緒地提醒他們，並視情況請對方給你多點空間來重新建立關係。

二、他們的驕傲有時反而會讓他們挫敗，尤其是當他們犯錯或誤判情勢時。與其當面指責他們固執、愛面子或霸道，倒不如提出替代方式來處理問題或相關人事物。他們很重視人際往來，雖然同理心不夠，但他們還是希望自己與人互動良好。

三、面對壓力時這個亞型的人會變成雙面人、耍詭計、懷恨在心。如果他們開始出現這些行為，試試「冷處理」，在溝通的時候盡量不顯露情緒或私人訊息。很難完全不理睬他們，因為他們容易咄咄逼人，不過限制自己的情緒投入能節省你的精力和傷心難過。

性本能第二型

一九八八年的動畫電影《威探闖通關》（*Who Framed Roger Rabbit*）是一部科技神片，結合真人演員和動畫，創造出令人讚嘆的偵探懸疑劇，叫好又叫座。傻裡傻氣又可愛的主要角色羅傑兔不是個天才，但是當觀眾看見他那身材曼妙的紅髮妻子潔西卡兔女郎時，就知道她會是個麻煩，不過當然他也不是笨蛋。潔西卡美麗、神祕又帶有點危險感，以兒童電影角色來說頗具爭議性。由凱薩琳・特納（Kathleen Turner）配音的潔西卡兔女郎能夠完美代表性本能第二型的人。片中潔西卡的角色複雜又讓人捉摸不定，因為她甜美又邪惡，可愛又有虐待傾向，她對羅傑全心付出，但又有點不老實。羅傑懷疑她可能暗中跟卡通城的執行長馬文・阿克米有染。

好吧，我知道情節荒謬讓人看不下去，更別說羅傑是一隻兔子，潔西卡是人類。無論如何，這些角色安排完美呈現出一九四〇年代偵探劇的故弄玄虛。這個紅顏禍水是偵探懸疑劇的典型，刻畫了性本能第二型的人。他們把被需要、具有影響力、在別人心中有特別地位的需求，發揮在性的領域上，想要讓自己選擇的對象無法抗拒自己。就像潔西卡兔女郎一樣，性本能第二型的人往往充滿吸引力，因為他們懂得展現誘惑力，讓心中的幻想成真。

無論性別認同為何，這個亞型的人在親密關係、友情，甚至職場關係中，會努力成為對方想要的一切。他們體貼、慷慨、深情、熱情洋溢、善解人意又感性。他們很會調情，就算無意誘惑的時候也常被說是在調情。性本能第二型的人想要成為他人無法抗拒的對象。

他們想要被愛和被重視，但是他們認為必須要成為另一個樣子才能被愛。矛盾之處就在這裡。如同其他所有性本能亞型，性本能第二型的人渴望親密感和連結感，牢不可破的關係可以帶給他們安全感。然而，由於他們往往會把自己變成他們認為對方最想要的樣子，所以他們對於讓人愛上真實的自己缺少信心。

那朗荷表示此亞型的人具有侵略性，可能會以強迫手段和誘惑逼迫他人。(原注1)他們非常直接，很少會接受被拒絕。他們認為只要他們想要而且下定決心，就能克服任何困難讓大家喜歡或愛上自己。比起第八型的人，這個類型的人更好鬥，因為他們的身分認同取決於他人的關注、讚美和認同。

雖然我不想承認，但我很想要別人認同我。所以我努力變成他們想要的任何樣子。我知道怎樣實現幻想。如果對方想要我堅定自信，我就堅定自信；如果對方想要我聰明，我就會去理解他感興趣的一切；如果對方想要我貼心乖巧，我也能變成那一型。我通常不需要去問人家希望我怎樣，我直覺就知道。但要是我不知道或判斷錯誤，我會直接問：你想要怎樣的人？沒問題，我就變成那樣的人。

——柯爾特，二十六歲，法律系學生

如同性本能第三型，性本能第二型的人想要擁有吸引力，但是他們的熱情和渴望只服務於他們選擇的親密對象，這一點不同於比較冷漠的第三型。不過他們的全心付出必須是有回報的。如同其他所有第二型人，要是他們的付出沒有獲得認可的話，他們就會感到失望不滿。這時候他們可能會轉而幫助或支持其他人。同事、關係較疏遠的朋友或家人可能沒看過性本能第二型的人憤恨不平的模樣，但是被他們認定為「特殊的人」很清楚萬一忽略他們的感受或需求，或者沒把他們放在心上會發生什麼事情。他們善於成為他人的理想伴侶，所以他們認為自己也應該獲得同樣的關注和關心。一旦他們覺得對方沒有肯定自己的付出，便會陷入沮喪、悶悶不樂或生氣，甚至攻擊和指責對方。

性本能第二型的人害怕自己不值得被愛、被關注和被疼惜，認為自己一定要成為理想愛人、伴侶和朋友，才能夠獲得對方的付出。他們看起來很有自信且迷人，但是內心覺得感傷，因為自己必須努力去爭取愛。這個亞型的人喜歡把自己塑造成理想的樣子，這種傾向會讓他們自己和他人都付出代價。在好的情況下，他們會察覺到他們對自己的期望，也知道自己期望對方理解和認可自己。

假如這個亞型的人具有中度到高度的同理心，他們會是很棒的傾聽者和可靠的知心人，願意花時間和心力來滋養感情。他們希望對方感受到自己的愛、支持和呵護，並且自豪能夠判斷和滿足別人的需求。他們通常比其他第二型的人更有情緒自覺。很多這個類型的人善於反思、具有原創性，非常懂得情感表達。

我熱愛當治療師，因為我可以發揮能力以好的方式對別人的境遇感同身受和理解他們，並且可以幫上忙。能與個案分享生活苦樂，我覺得很榮幸。在個案需要有說話對象時我會抽出時間，因為我真心喜歡能夠即時幫忙處理問題。當然我必須要學習如何設定界線，但我實在不忍心拒絕有需要的人。我很樂於給接受治療的人保留空間。我相信自己入對行了。

——凱萊布，四十三歲，心理治療師

有控制慾的誘惑者

聽至心滿意足後，他變得更有見識而繼續航行。
我們都瞭解希臘和特洛伊人曾經嘗過的痛苦。
在特洛伊曠野上，眾神所施加的——
這片肥沃土地經歷的一切，我們全都知曉！

——《奧德賽》，第十二節（原注2）

希臘神話中，塞壬女妖（Sirens，結合女人的頭和鳥的身軀）可能是古典世界中首次提及誘惑者的原型。塞壬的魅惑歌聲在海上飄揚，讓聽得入迷的水手紛紛投向地中海危險的斷崖自盡。據傳聞，沒有人可以抗拒塞壬的歌聲旋律，她們說的美麗承諾讓疲倦的旅人前仆後繼。而這些承諾伴隨著死亡的代價。有人認為塞壬神話是性別歧視寓言，告誡年輕男性要小心美豔的女性，讓人著迷又誘人的東西不見得是好事。

有控制慾的誘惑者幾乎結合了浮誇型、脆弱型和自以為是型的自戀者。如同所有性本能第二型，他們想要成為心上人所渴望的理想對象。不過由於同理心不足，他們難以判斷多少誘惑、壓力和攻擊挑釁會太過頭。他們可能充滿魅力且適應力強。這種能力讓他們很懂得如何操控別人。他們只專注自己的需求，不過會把這種傾向轉化成過度聚焦於他人。他們就像其他第二型自戀的人講求回報，但是他們很會隱藏自己的意圖。

他們善於把自己塑造成不同的

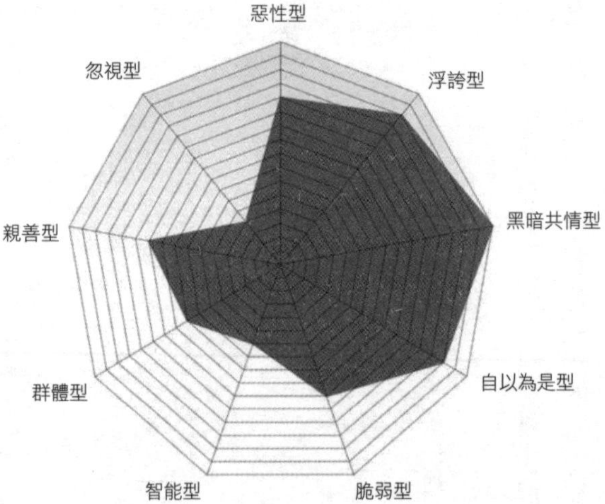

性本能第二型：有控制慾的誘惑者

人以配合別人的理想，這麼做是一種策略，用來滿足他們想要獲得關注的需求。他們會對生活中不同的人營造出不同的人設，以符合對方的期望和渴望。那朗荷觀察到，性本能第二型的人面對壓力時，他們的侵略性會變得像是貓咪在玩弄老鼠。他們像是獵食者般，不計一切得到想要的東西。他們認為沒有人可以拒絕他們想要或需要的東西。不過由於他們會配合他人的渴望和幻想做出調整，最後往往會造成很多心碎。他們的權利心態展現在性領域，認為自己在愛與慾望方面都要占上風。

性攻擊性在這個亞型的身上很常見（無論任何性別認同）。他們可能會在對方抗拒或拒絕他們的示好之後死纏爛打。他們難以想像有人會不喜歡自己，因此無法接受被拒絕而想要懲罰對方。以下訪談顯露出這個亞型在性吸引力方面的狂妄，以及有控制慾的誘惑者可能會做出的冷酷與利用他人的舉動：

布萊克：「我要什麼就可以得到什麼，只是早晚的差別。我知道我很有吸引力，也可以利用自身的魅力和性吸引力來得到我想要的東西。大學快被當掉時，我誘惑了數學老師。我根本不是同志，但我用令人難以置信的方式與對方調情得到了一個A。我甚至『不小心』把不雅照寄給他。當然在他假裝生氣的時候，我也恰如其分表現出嚇壞了的樣子。但我知道這個畫面會永遠烙印在他腦海中。他在下課後約我出去，我拿到A之後就沒有回覆了。整件事情讓我感覺到自己握有力量。我覺得自己值得受關注。我沒被人拒絕過，被拒絕的話我會生氣。」

我：「為什麼？」

布萊克：「因為我知道自己讓人無法抗拒。我不敢相信有人會拒絕我。我覺得我是每一個人的天菜（大笑）。大學有個女生說我對他很壞，但你也知道女生很會逗人。」

他們很重視在感情中維持權力。他們想要成為對方的唯一，不過一開始可能會表現得同理、友善和過度大方。他們是愛意轟炸的王者，會讓人覺得自己非常特別，直到他們換了別的追求對象或喜愛的人。當他們感覺到原本的對象有所偏離或動搖，他們就會變得難以取悅、失望並怪罪對方。

對於這個自戀亞型來說，讚賞和關注非常重要。他們需要其他人強化自己的魅力和重要性。就像性本能第二型的人，他們會努力去實現目標對象的幻想。他們會為了配合對方的品味而改變穿著、說話方式、髮型和愛好。然而有控制慾的誘惑者很少分享真實的情感。他們會注意對方的興趣、幻想和想法，為的是要讓對方愛上自己。他們懂得撩撥對方或是讓別人愛上自己，這樣的能力會強化他們覺得自己無人能抗拒的形象。他們不在乎深層的愛或感情，因為他們沒有深入自己的內心。不過他們可能會捏造感性內容、家庭背景或其他資訊來符合對方的期望。一旦他們覺得獵物上鉤了，接著會試探對方願意為求自己做到什麼地步。要是對方無法達成他們的期望或要求，他們很快就會表現出惡意、引發對方內疚，或是輕視對方。他們很會扮演受害者，並且宣稱自己無私付出，是對方不懂感激，還會利用自己的愛和寬容。

Netflix 熱門片《安眠書店》（*You*）是一部情節刺激的影集，講述自戀型浪蕩公子（同時兼具其他自戀特質）的故事。劇情內容描述看似溫文儒雅的書店員喬（由潘・巴奇利〔Penn Badgley〕飾演）不正常的戀愛循環。喬會跟蹤素未謀面的女性，然後跟她們談戀愛，再利用他的可怕習性確保詭計得逞。喬會調查獵物的一切，包含興趣、過去情史、家族歷史、睡眠和飲食習慣，並仿照他們的興趣塑造出完美男友的形象。令他感到興奮的是追求的過程。他是個獵食者，儘管對迷戀對象付出關愛，甚至給予尊重。喬的戀愛感性和強烈的嫉妒心最終讓他做出綁架愛人的惡劣罪行。

當然，一旦喬的熱戀退卻（或對方死掉），他就把注意力轉移到新的迷戀對象，再度開始獵捕。喬是極度自戀、社會病態和第二型人格的結合，浪漫、深情又保護對方，卻也激進、暴力且病態嫉妒。他會把心上人視為女神，而最終對方無法倖免於跌落神壇，從而讓他出現更多病態和暴力的舉動，把愛人囚禁和孤立起來以免對方離開自己。喬是這個亞型的極端，具有激情犯罪的傾向。

應對這一型的方式

一、界線很重要。這是二十七種自戀亞型中最會越界的一型。他們不願意被拒絕，這種態度有些情況下能帶來好處，但在不顧慮你的心情或界線時，就會是問題。講明你的底線，固守底線避免被牽著鼻子走。

二、注意他們迎合的招數。這個亞型的人非常會諂媚，利用這些技巧獲取想要的東西。雖然他們的稱讚有時候是真誠的，但通常都有暗藏的意圖。要是你覺得被操控或利用的話，直接開口問他們想要或需要什麼，可以快速省下時間和避免心情糾結。

三、切記，這個亞型的人重視交易（多數自戀者都是），他們為你做事可能是想要有所回報；他們想要的東西因情況而不同，但往往是渴望被關注、稱讚或讚賞。

四、如果他們變得有侵略性、暴力或是過度嫉妒，向你信任的好友、輔導員或專業人士尋求庇護。他們通常在情緒爆發之後會抱持歉意或看起來很懊悔，但沒有干預處理的話，這樣的狀況一定會再度發生。不過因為驕傲，他們很少為自己的行為尋求幫助，還會把問題怪在你頭上。

第十一章 第三型：高成就的表現者

自戀亞型

自我保存第三型：無情的工作狂
社交第三型：虛偽的投機者
性本能第三型：高不可攀的明星

自我保存第三型

美國文化標舉成功、野心和勝利的形象，強調做人要勤奮、全力以赴、勇往直前和不屈不撓。我們的社會屬於第三型人的生活方式，獎勵刻苦工作的基本教條，對孩子灌輸充滿抱負的理想，相信只要肯努力就會成功。自我保存第三型是九型人格中最刻苦耐勞的人，他們比較不在意保持光鮮亮麗的形象，更在意如何確保財富、安全和物質無虞。這一型的人是工作狂，認為堅持不懈追求目標就能得到他人的重視、肯定和讚美。如同多數第三型人，這個亞型認為自身的價值來自於產出的成果。目標取決於他人認為有價值、重要、值得花心力爭取的事物。就此而言，第三型的人比其他類型的人更加奉行美國的文化價值。他們瞭解財富的重要性，重視金錢和物質安穩所帶來的獨立與自由。自我保存第三型的人尋求金錢和安全保障以減輕他們對自我價值的懷疑。

我熱愛工作。我不一定要愛我做的事，只要我能做得好就可以。我不在乎能否有所提升或得到認同。眾人好像都很在意要找到自己有熱情的工作，但是我不介意。我進入這一行是因為我很擅長處理金錢，而且說實話我很愛錢。我想要確保我的錢隨時都夠用，永遠不用依靠別人。當然，要是賺錢又能賺形象那就更好了。

——湯瑪士，五十三歲，金融分析師

金融業裡有很多這個亞型的人，因為他們天生理解金錢的重要性也重視金錢。步調快速、光鮮亮麗又高風險的銀行業與金融業，很適合這個野心勃勃的亞型。當然不是所有自我保存第三型的人都從事金融業。無論他們踏入哪一行，一定要能賺錢、有能見度，最好還要充滿理想抱負。

自我保存第三型的人務實、講求效率，而且隨時注意自己付出的心力和得到的獎賞。他們討厭浪費時間，對於達成目標容易感到焦慮，像是不斷在與時間賽跑。他們覺得要是放鬆下來就會被其他人趕上，感覺就像是輸了一樣。對於很多第三型的人而言，他們不允許自己失敗。不過他們的失敗是從物質成果來衡量，而不是公眾形象。兩者都很重要，但是這個亞型的人經常以正直坦率、實事求是為傲，有時候看起來更像是第八型的人。差別在於自我保存第三型的人還是很注意形象。無論他們表現得多麼無禮或直接，他們還是會避免做出有損形象或名聲的事情。

> 我有時候講話太直。我喜歡據實以告，不過我確實會留意這麼做會給人什麼樣的觀感。我不喜歡浪費時間，這也是為什麼我都直接切入正題。我可能在無意間冒犯別人，所以我學著像商業往來一樣用事實和論證溝通。我待人友善，重視信譽。我總是說實際的形象就是好形象。我不在乎什麼設計師品牌或精品。雖然我想要看起來體面，但誰有閒工夫去買那種東西！
>
> ——布蘭達，四十九歲，不動產經紀人

不同於其他第三型的人，自我保存第三型比較不重視達成他人認定的成就和榮譽。老虎·伍茲（Tiger Woods）推崇自我導向的價值。「我父母教會我的一件事，是不要去聽其他人的期望。你要過自己的人生，達成自己的期望，那些才是我真正在意的事情。」（原注1）這個亞型的人不斷與自己比賽。對他們來說，競爭是一種心態，而不是生活所必需。

> 我整天都在跟自己比賽。我很愛Apple Watch，因為我喜歡計時看看我花了多少時間洗碗、洗衣服、完成雜務，或是接小孩放學。首先，這麼做可以讓我保持身材又有活力，最重要的是我喜歡打破自己的紀錄。我念書的時候是田徑運動員，所以我總是想要用速度來衡量結果。
>
> ——凱瑞，三十二歲，家庭主婦

相較於其他兩種第三型的人，這個亞型的成功更傾向是由自我界定。然而，成功與否還是不免受到文化價值的影響。由於他們很早就開始努力工作，所以這一型的人往往能夠提早退休。他們的人生下半場可以不用再汲汲營營。

我曾經在光鮮亮麗的購物商場工作，我喜歡觀察自我保存第三型的人出類拔萃的工作倫理。佩琪隨時隨地都在工作，多數十九歲的年輕人忙著跑趴、喝酒和想辦法不工作，她則是會選擇多輪幾班，休息時間也在工作。她為人可靠、勤奮、專業且討人喜歡，不過有時候她會在無意間面露不屑或說了什麼冒犯的話。她工作認真不是因為必須如此。她出生在富裕家庭，有個寵女兒的富爸爸。但是她經常拒絕父親的財務援助，堅持「靠自己」。因為財務紀律和獨立需求，十九歲時佩琪已經買了一部賓士車給自己、投資股票，而且存夠錢做豐胸手術。後來我們失去聯繫，她進入一所法學名校念書，在社群媒體上展現出多數年輕專業人士夢寐以求的生活。

這個亞型的人具有中等到高度的同理心，雖然注重成就、金錢和安全保障，不過往往也誠心支持他人追求夢想。多數這個類型的人覺得幫助他人財務獨立、身體強健、追求夢想和目標是一件很有意義的事。一般而言，第三型的人喜歡勵志演說，因為一旦他們成功之後，他們會希望別人同樣能獲得滿足和獨立自主的能力。

> 我喜歡幫助年輕女性（和男性）擁有知識和自信去管理自己的財務未來。我免費為職業婦女舉辦理財講座。這是我回饋社會的方式，因為我曾經很希望有人教導我如何成功。如果能夠幫助他人實踐夢想，我在所不辭。
>
> ——亞迪給，五十歲，創業家

無情的工作狂

不是每個自我保存第三型的人都樂於幫助他人獲取成功或自由。自戀會讓這一型的人從認真負責和務實轉向工作狂，以及不計代價爭取勝利。華爾街文化強調累積財富和權力，從而形成一種社會病態，養成了許多追求成功的自戀狂。我並不是說每個在華爾街工作的人都是自戀狂，不過這些特質讓他們在那個世界裡賺飽口袋。大眾媒體上不乏描述貪婪和爭權奪利的例子，而最活靈活現展示這種特質的莫過於一九八二年奧立佛・史東（Oliver Stone）執導的電影《華爾街》（*Wall Street*）。片中具代表性的惡人哥頓・蓋柯是由麥克・道格拉斯（Michael Douglas，在真實生活中可能屬於性本能第八型）飾演，這個角色就是一個無情的工作狂。他最著名的台詞「貪婪是好事」，代表不計代價獲取金錢、權力和地位。蓋柯熱愛交易、競爭，對

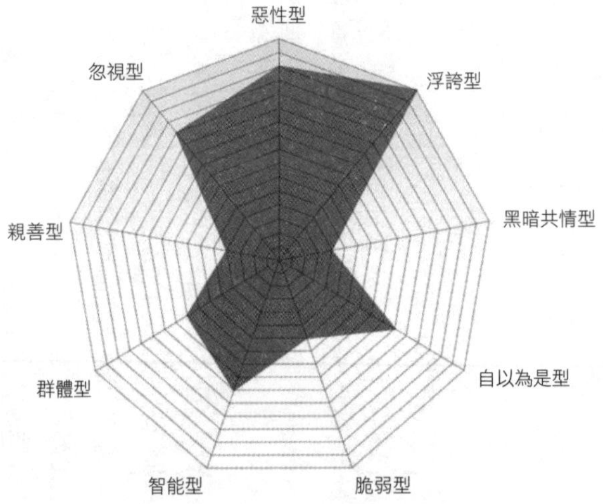

自我保存第三型：無情的工作狂

於剝削別人毫無歉意。片中讓觀眾見識到企業病態並揭露了美國白領精英的黑暗祕辛。

無情的工作狂追求權力和財富累積，不過他們善於調整自己的形象和滿足立即的需求。一般而言，第三型的人無法理解真實的情緒，若再加上自戀的話，他們很可能完全與情緒斷了線。這個亞型的人很冷酷，在壓力下表現得冷靜自持。他們非常有自信、自大又果斷。他們會有特權感，不過還是認真工作，也享受沿著階級階梯往上爬時所遭遇的各種「磨練」。他們宣稱要「靠自己」，但根據社會病態程度，有些人會把拐騙勾當也當作是認真做事。沒錯，這確實也是一種全職工作。

我看了影集《美國貪婪》（*American Greed*）之後，激起我對社會病態和心理病態的研究興趣。這部紀錄片講述詐騙高手、社會病態和白領犯罪者追求財富的事蹟。我不記得他們屬於哪種心理剖繪，追劇到凌晨三點我已經精神不濟。不過我記得他們大多是無情的工作狂。快速賺錢、龐氏騙局、層壓式推銷很吸引這個亞型的人，因為這些手法能輕鬆致富。這個亞型的人特別重視自己的時間和體力。可以的話，他們寧可壓榨他人的時間和體力。

不是所有無情工作狂的惡意程度都像《美國貪婪》裡的罪犯那麼高。很多這類型的人從事商業、高級管理職或是其他重視效率和盈虧的專業。

> 我是很棒的主管，但我不能接受懶惰或安逸。我每天都很努力，要是有人不像我一樣想求勝，那麼我的團隊或人生中就不需要這個人。我不管你是生病或怎樣……那就在家工作啊。我就可以辦到。我很高興我已經從中階管理職爬到企業頂層。我本來就屬於這裡。我終於達成六位數（美金）的薪水目標。
>
> ——AJ，四十三歲，銷售經理

第三型的人常常說自己是human doings，而不是human beings。這個用詞很貼切，因為他們經常搞混了自己做什麼和自己是什麼。然而用這個詞來形容第三型的自戀者更適合，他們相信自己的價值來自於自己的表現。他們用同樣的眼光看待其他人。無情的工作狂認為沒有漂亮的履歷或是傲人的帳戶資金，那麼一個人就沒有多少價值。當然，不是所有這個亞型的人都是有錢人或位高權重者。他們也可能在超市、健身房、保險公司工作，或者有些人坐牢或無法工作。無論是哪一種，他們都想要認識社群中的佼佼者。他們渴望跟那些有錢有勢有地位的人往來。

多數第三型的人善於經營形象，但是他們對於給人的觀感比較缺乏意識。他們想要展現財富和地位時，可能顯得手法粗糙、炫耀和低俗。如果負擔得起，他們想要用名車、豪宅、首飾和股票投資來彰顯自己的身分。他們很愛評斷他人的資產和財富。他們認為沒有錢的人不是懶惰，就是過得太安逸。就算他們經濟不富裕，還是會重視財富、物質和地位，並且努力表現出成功的模樣。

相對來說這個亞型的人比較直接，因為他們的目標千篇一律：累積更多金錢和資源。由於目標單一，相較起來顯得更機械化和冷酷。他們難以表達脆弱的情緒，也不擅長親密關係、情感或內省。他們覺得為生活累積更多錢、資源和安全保障才有價值。如果是為人父母，他們可能會因為多數時間都在工作而很少跟小孩相處。他們通常對伴侶不夠關心，但是會透過物質保障或送奢侈品來彌補。然而，這麼做會讓他們更覺得有權力可以依自己的方式對待別人。他們利用金錢和保障做為一種控制手段。有些人會在他人面前隱藏自己無情、缺乏同理心或是不關心他人的性格。一名個案分享以下關於前夫的事例，我們認為她前夫就屬於這個亞型：

> 我不曉得我老公竊取他任職二十年的公司的錢，直到警察找上門那一刻我才知道。他明白警察的來意，默不作聲穿好衣服下樓。他什麼都沒跟我說。我感覺自己好像活在一部爛電影裡。
>
> ——凱洛琳，五十四歲，退休教師

應對這一型的方式

一、工作和績效是他們最重視的價值，他們以此來掩飾自己內心的不安全感，因為他們相信自己的好壞取自於表現成果。但是我們每個人的價值不只在於工作成果、效率或賺錢能力。這類型的人會把自己的存在機械化以避免情緒波動或脆弱。

二、很難同情這個亞型的人，因為他們多數時候表現得鐵石心腸。不過想想他們給自己多大的壓力，有助於理解他們拚命求表現的動機。無情的工作狂相信他們就等於工作，工作就等於他們自己，所以必須有好表現。

三、這個亞型的職場工作者要求嚴苛、期望不切實際。如果你碰到這種情況，可能需要換個工作，因為他們往往不會改變行為，這是他們自我概念的一部分。生產導向的態度可能為他們贏得高度報酬。你無法改變，所以不如換個環境。

四、要讓這個亞型的人承認、說出或重視他們的情緒是一場艱難的戰役。他們不重視道德、感受、靈性等無形事物。然而，你可以訴諸他們對效率、成果或效能的渴望，如此一來他們可能會考慮結合一些習慣或技巧來改善這樣的狀況。

社交第三型

二〇〇〇年代初期，我是超夯歌唱比賽節目《美國偶像》（*American Idol*）的鐵粉。評審寶拉・阿巴杜（Paula Abdul）、蘭迪・傑克森（Randy Jackson）和賽門・考威爾（Simon Cowell）之間的互動超有娛樂效果，參賽者的激烈反應也讓節目很精采。我很讚賞瑞安・西克雷斯特（Ryan Seacrest）流暢、從容又完美的主持表現。當時西克雷斯特剛從DJ轉戰電視節目，知名度不高。他後來成為美國黃金時段電視劇的中流砥柱。他總是精心打扮、講話妙趣橫生又不過頭，而且對參賽者和評審都很和善。他就像是他的偶像和後來的導師迪克・克拉克（Dick Clark）一樣，有著社交第三型的能言善道和八面玲瓏。他的表現很少出差錯。如同其他社交第三型的人，他完美演繹自己的角色。他一開始是跟喜劇演員布萊恩・鄧克爾曼（Brian Dunkleman，結果沒人記得這位）一起主持。很快就可以看得出來，他不需要鄧克爾曼就能搞定節目。西克雷斯特仍然繼續主持該節目，並且成為重要的有線電視班底，後續還主持了知名的節目《跨年搖滾夜》（*New Year's Rockin' Eve*），取代同為社交第三型的迪克・克拉克。然後他又跟E!電視頻道和NBC環球電視台簽下數百萬美元的製作和主持合約，並以第三型人的本色成為電視大亨。

社交第三型的人一心想要扮演好自己的角色。他們善於操控形象，避免成為弱者、能力不足或是沒有價值的人。他們希望別人把他們當作是領域的楷模。他們會不斷評估和衡量別人的反應，藉此調整自己的人設以獲取最佳成果。他們希望自己的外表、舉止、打扮、說話方式都符合角色需求，無論是扮演「誰」。他們曉得成功見仁見智，而他們會努力用最好的表現來博取他人的認同。

所有社交型的人都害怕會覺得尷尬或不好意思，而社交第三型的人想要藉由營造勝利、令人印象深刻的形象來免於這樣的恐懼。他們通常有好看的履歷，深諳「你會什麼不重要，你認識誰才重要」的道理。他們會設法確保自己能接近那些可以幫助他們邁向目標的人。然而他們害怕自己過去的經歷、性格或身分無所遁藏，因此對於不符合自己所營造出來的勝利組人設的部分，他們往往會偽造、掩飾或把訊息隱藏起來。如果發生狀況導致他們無法掩藏，他們會用高超技巧操作，把負面訊息轉成正面的名氣。

我非常在意形象。我利用形象來提升我的生活。我記得我在高中出櫃的事。我當時非常驚恐，因為我在競選學生會會長，我怕大家發現我是同志就不再喜歡我。所以我反過來利用這一點。我把自己的性向化成宣傳策略的一環，結果得到八成的學生選票。我很會扭轉情勢，所以我希望有朝一日能加入總統競選團隊。

——特倫德，二十二歲，學生

除了注重形象，社交第三型也很在意地位。他們直覺瞭解你必須認識最厲害的人，才能成為最厲害的人。有些人會覺得他們不斷想要往上爬很不老實，而他們也清楚意識到名聲不好會帶來反效果。有時候他們會為了效率而犧牲準確度，因為如同其他所有第三型人，他們相信有效用和效率比完美還重要。即便如此，根據凱瑟琳·福弗爾所說，社交第三型人仍然努力想要成為「完美的人」，在各方面都顯得無懈可擊。把第三型人的完美主義拿來跟第一型人相比的話，後者更重視正確性和道德操守。這不表示社交第三型的人沒有操守可言，只是他們認為「看起來」完美比「實際上」完美更重要。

多數第三型的人都充滿抱負，而社交第三型最具野心。他們往往很正向積極，需要正能量持續追求目標。「要為你想要的工作而打扮，而不是你現在的工作」這句話就是社交第三型的人所創的，他們明白看起來成功就成功了一半。在紙醉金迷的紐約、洛杉磯、杜拜等大城市的高收益不動產行業中，有很多具備高超技巧、懂得兜售生活風格的社交第三型人。這個亞型的人在行銷、公關和廣告業中很常見，對這些行業而言形象管理是成功的要點。自我提升大師和勵志講者托尼·羅賓斯（Tony Robbins）就展現出社交第三型的人那種樂觀積極、充滿能量、相信「成功是一種生活方式」的態度。

虛偽的投機者

自戀與社交第三型結合時，會創造出虛偽的投機者。要辨識這個亞型的人並不容易，因為他們可以變換不同形象以符合自己的需求。第三型的人本身就比較容易具備自戀特質，因為他們心理上需要高自尊和自信來追求目標。然而，在自戀程度高的情況下，這個亞型特別善於扭曲真相得到好處。

虛偽的投機者會以社會資本來衡量自己和他人的價值。他們看重財富、名聲和社會權勢。他們經常會不擇手段來獲得和維持他們的形象。他們奸巧、膚淺且勢利。他們認為只有知名和人脈廣的人值得關

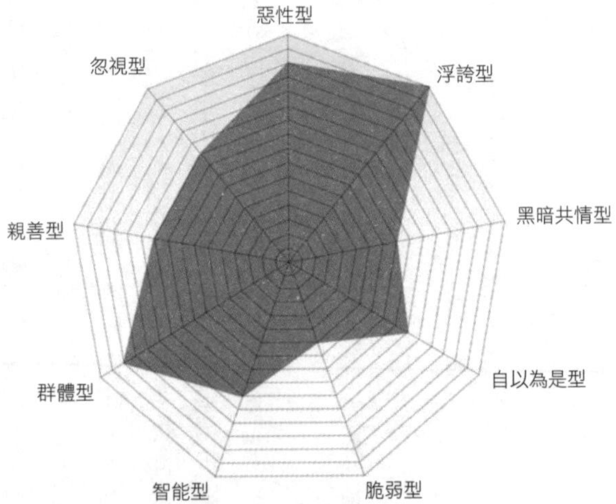

社交第三型：虛偽的投機者

注，因此很多這個亞型的人迷戀名氣。社群媒體是讓他們可以成名的一個管道，這樣的機會過去只屬於少數幸運兒。想要獲得公眾關注建立個人品牌的人，現在可以運用 Instagram、Facebook 和抖音這些網路資源。由於這個亞型天生就很會操控形象，他們難以抗拒能迅速獲取地位、名聲和財富的管道。

> 我一點也不在乎什麼是真實的。如果有人追蹤我的 IG 或 FB，會覺得我過得像土豪一樣，但實際上我在我爸的店兼職（沒人知道這件事）。我很想要走紅，我一定會設法辦到。我已經拿到一些贊助和免費樣品。你一定要有野心，不然沒人理你。
>
> ——迪凡提，二十四歲，網紅／饒舌歌手／兼職藥技士

這個亞型的人很少關心形象和成就以外的事情。其中有些人無害，但有些人在追求成為人上人時會變得殘酷無情。如果自戀傾向特別高，他們會整天想著要用說謊、欺騙或偷竊的方式來獲取目標。他們棄操守於不顧。他們可能輕易就走上能通往夢想最迅速且有效的路（就算要利用別人）。

虛偽的投機者常會視不同場合採取不同人設。他們可能白天是乖男孩的完美形象，到了晚上搖身一變成為巧言如簧的夜店公關。

沒錯，我想當誰都可以。我很會擺出友善的言行得到我想要的東西。我甚至可以變換口音。我家人來自中國，在他們身旁我就是個乖巧的兒子。我還有兩份工作。白天在貸款公司，晚上在夜店當公關。有時候為了把妹，我會創造新的身分只為了好玩。我很會管理不同的身分，難就難在要想辦法不讓不同對象碰面以免他們互相核實。

——趙，二十七歲，放貸人員／夜店公關

這個亞型的人為達目的不擇手段。如果他們成功建立自己選定的形象而讓他們得以接近目標，他們就會認為這是成功的表現。然而，憑藉虛偽的形象引起注意很難帶來長期的滿足，因此他們還是會尋求更多管道來獲得肯定。

麥特．戴蒙（Matt Damon）在一九九九年的電影《天才雷普利》（*The Talented Mr. Ripley*，改編自派翠西亞．海史密斯〔Patricia Highsmith〕一九五五年的同名小說）中精準演繹了這個亞型的人物。湯姆．雷普利是一個經濟拮据的年輕鋼琴師。富豪赫伯特．格林利夫找上他，格林利夫以為雷普利是「常春藤名校畢業生，因為他身穿普林斯頓大學外套」。雷普利沒有糾正他，格林利夫邀請雷普利搭船出航去見他的兒子迪克。雷普利是個沒出櫃的男同志，他迷戀迪克和他的生活方式。他對迪克的社會地位、金錢和名氣太過羨慕而無法自拔。迪克（享樂型的自戀者）請雷普利保守一個灰暗的祕密，於是讓雷普利握有把柄。片中雷普利漸漸奪取迪克的身分，享有原本無法企及的生活方式。電影描述角色沉淪至心理病態的妄想。這也提醒我們很重要的一點，自戀傾向會隨著時間益發嚴重，陷入暴力或其他可怕的境地。

雷普利會模仿迪克的聲音和儀態，顯現出這個亞型善於仿效和捏造的特性。隨著同理心削減，自戀占據了主要心理，這個亞型會變得如同雙面人般欺騙他人。克里斯汀・貝爾（Christian Bale）在《美國殺人魔》（*American Psycho*）中飾演聳人聽聞的角色，也是屬於這個亞型的一個範例。貝爾演出派翠克・貝特曼而成為一種邪典。話說回來，這部片展現出現實中這個亞型的人迷戀形象、勝利和成就。如果你還沒看過《美國殺人魔》，可以上Google查詢「《美國殺人魔》名片場景」，觀賞貝特曼選擇完美名片的那段既爆笑、寫實又令人不安的劇情。

這個亞型的殘忍手段和致命的企圖心給了其他電影靈感。另一個虛構的範例是妮可・基嫚（Nicole Kidman）在一九九五年由葛斯・范桑（Gus Van Sant）執導的電影《愛的機密》（*To Die For*）中所飾演的帕米拉・司馬特一角。司馬特是個野心勃勃、聰明且前途似錦的電視製作人和新聞主播，同時是一個心理病態者，她教唆未成年男友謀殺自己的丈夫，而且享受觀看媒體對這個事件的報導，因為這能讓她更有名。本片改編自同名小說，而原著「取材於社會新聞」中類似情節的真實犯罪故事。

應對這一型的方式

一、要有心理準備他們會視不同對象而改變自己的形象和人設。你可能不會看到他其他面向，可是如果其他人口中的他是完全不同性格，你也不用太緊張。他們這種做法是為了降低害怕被拒絕的焦慮，他們認為這樣有助於他們達成目標。

二、這個亞型的人對於名氣、名牌、潮流和其他成功的外部指標很勢利和精英主義。要是他們用明示暗示的方式看不起或批評你的興趣、朋友、喜好或家世時，你要堅守自己的價值觀和價值感。

三、他們在社交場合很活躍，很快會展現自己的人設。他們迷人、善交際又有趣，有時候是很好的往來對象。然而想要被關注的傾向可能會讓他們搶走其他人的鋒頭，讓人感到氣憤又洩氣。有時候不要讓他們參與重大場合會比較容易（雖然很難割捨），這樣可以避免他們利用你的成就做為他們自己的舞台。

四、如果你跟這個亞型的人談戀愛，切記你不只跟他交往，也要愛他的形象和交際圈。他會期望你加入他的活動，最好還能代表他。如果你做不到這一點，可能換個不會以你的社會資本來衡量兩人關係的對象。

性本能第三型

一九九〇年代，突然間一群高䠷美麗又超凡脫俗的超級模特兒登上世界舞台。美容產業固有的精英主義和美麗幻想產出新一批令人稱羨的明星，他們恰恰代表著性本能第三型的人。這個亞型的完美外在使得他們魅力無法擋。如同社交第三型的人，他們同樣善於營造自己想要的形象。然而，他們的關注重點轉移到性／親密關係方面，他們努力成為討人喜歡的伴侶或另一半。他們聰明又溫柔，孤傲卻又懂得傾聽，而且時時注意他人的眼光。他們在功成名就的渴望和想要全心奉獻給伴侶之間掙扎。

澳洲導演巴茲・魯曼（Baz Luhrmann）帶給眾人的視覺饗宴電影《紅磨坊》（*Moulin Rouge*），主演人是妮可・基嫚（真實生活中是性本能第三型）和伊旺・麥奎格（Ewan McGregor）。片中充分描繪性本能第三型的內心掙扎。妮可・基嫚飾演如鑽石般閃耀的莎婷，是紅磨坊最撩人的表演者。她聰慧、美麗、誘人，積欠剝削成性的俱樂部負責人哈羅德．西德勒債款。西德勒把莎婷扣留在紅磨坊，因為他知道自己的生計就靠她讓觀眾如痴如醉的表演。商業包裝和紅磨坊的月夜笙歌讓莎婷給人無法企及的印象。麥奎格飾演浪漫、放蕩不羈的克里斯欽，在觀賞莎婷的表演後對她一見鍾情。

片中講述被命運擺布的愛情故事：克里斯欽奮不顧身想要阻止莎婷嫁給自戀的蒙羅斯公爵。而西德勒把這樁婚姻交易當作是維持俱樂部未來的投資。面對如日中天的事業、克里斯欽的心意，以及雖然會過著無愛的豪門生活卻能帶來華奢享受的保證，莎婷陷入天人交戰。結果她答應出嫁。片中我們看見性本能第三型的人投入表演，無論是哪種層面的表演。她聽從安排要嫁給公爵，並對心碎的克里斯欽解釋她不可能完全只有愛情，畢竟她是屬於眾人的「閃耀鑽石」。即使她心中愛著克里斯欽，但她的公眾形象阻擋她獲取真正的幸福。

如同莎婷，性本能第三型的人非常清楚別人渴慕自己。他們通常努力確保自己能吸引所有人。那朗荷醫師表示，這個亞型想要展現出男性／女性的理想型。他們的形象可以讓他們在人際關係和社會資本上都吃得開。就算本身沒有迷人的本錢，他們也會花費時間、精力和金錢擴大自己的優勢。我遇過不少健身者、私人教練、模特兒和演員都屬於這個亞型。迪蘭是一個良好的範本，他長得高、一頭黑髮配上清澈的藍眼珠，還有精實的肌肉型身材。他說能吸引他人目光讓他的人生更吃香。

他當調酒師、健身模特兒和私人教練以支付法學院的學費。他的抱負就跟好體魄一樣強勁，多數性本能第三型都是如此。

> 聽起來很可笑，但我想要成為每個人的菜。我向來因為外表受人關注，大家總是小看了我的腦袋。我有數學和政治雙學位。我不是頭腦簡單的人。不過外貌讓我在生活中無往不利，這點我覺得很好。
>
> ——迪蘭，二十七歲，法律系學生

迪蘭表示他不斷在尋找靈魂伴侶，可惜還沒有著落。大家都覺得他是花花公子。他喜歡得到眾人的注意力，並利用這樣的關注來滿足親密需求。他表示他想要表達原始的愛慾，但是對於讓人看見真實的自己他感到不安。

> 我真心喜歡上一個人的時候會很緊張，因為我怕對方不喜歡真實的我。我甚至不知道自己喜不喜歡真實的我。我怕我只不過是自己創造出來的假象。我希望有人拆開我的表層，但是萬一裡面空空如也怎麼辦……我究竟是希望人家喜歡我建構出來的形象，還是希望他們看見真正的我，對此我也很掙扎。

這個亞型比起社交型或自我保存型更會操弄形象。其他亞型的人往往會找到一個最好的形象以後就此套用，他們會視觀眾來微調自我呈現的方式，但主要的人設不變。然而性本能第三型的人天生反覆無常，因此會嘗試不同的人設。無論他們如何塑造自己，都會盡可能強化吸引力和魅力。這個亞型帶有剛柔並濟又難以捉摸的神祕感，非常具有誘惑力。

除了維持外在完美形象，他們也善於仿效他人的興趣、偏好和品味。不同於性本能第九型，第三型人的變化是想要在關係中變成完美的互補角色，而不是變得和對方一樣。

> 我會設法知道對方想要怎樣的伴侶、員工或朋友，我想要成為完美的搭檔。我希望維持自己的品味和風格，但要是對方想要堅定有主見的伴侶，我就會變成那樣的人；如果對方想要更順從或提供情感陪伴的人，我也可以辦到。儘管如此，家人朋友會感受到我的改變，尤其是當我進入一段新關係的時候。我會微妙改變打扮和說話風格，沉浸在對方的世界成為對方最想要的模樣。
>
> ——凱拉，三十五歲，店經理

維持討人喜愛的好形象所帶來的壓力，會讓這個亞型的人感到沮喪。他們很想要對方愛自己真實的模樣，但是脫掉面具的焦慮讓他們難以承受。要讓越多人喜歡自己，就會產生越多的焦慮，而這可能會讓他們離開一段感情、工作或社交圈。不同於其他強調效果的第三型本能類型，對於帶給自己價值感和認同感的人，性本能第三型的人會因為怕讓對方失望而退縮。

如果這個亞型的人擁有正常的同理心，他們通常懂得支持別人。由於第三型的人注重效率和務實，所以他們願意幫助身邊的人。他們可能會是鼓舞人心又關懷別人的伴侶、父母、朋友和同事……而且這樣做可以為他們帶來好形象。

高不可攀的明星

綽號「神奇愛咪」的愛咪・鄧恩呈現了高不可攀的心理病態者陷入嚴重瘋狂的驚悚角色。由羅莎蒙・派克（Rosamund Pike）飾演的愛咪是電影《控制》（*Gone Girl*）裡的自戀狂反派主角，由導演大衛・芬奇（David Fincher）改編自吉莉安・弗琳（Gillian Flynn）的同名小說。主人翁愛咪給了父母靈感寫下童書《神奇愛咪》。她天賦異稟、備受疼愛，而且是個被當作神童看待的完美小孩。愛咪美麗又冷酷，聰明絕頂且自視甚高。她愛上由班・艾佛列克（Ben Affleck）飾演的作者尼克。尼克的地位不如她，但兩人相戀後結婚。他們的婚姻表面看起來很完美，獲得她有錢父母的贊助，可是讓人感覺空洞又虛假。後來兩人因為經濟不景氣而失業，婚姻也漸漸瓦解。

尼克開始冷落和疏遠愛咪，但是從愛咪的角度來看是他「怠惰」了。她越來越看不起尼克，不斷數落他、滅他威風，因為她亟欲重拾他對自己的關注。後來尼克出軌，觸發愛咪的心理病態和惡性型自戀。她自導自演失蹤劇（並假裝死掉）。她開始做出錯亂的舉動來報復丈夫的不關心。最終我們從愛咪的自白中，得知一切安排都是她刻意要考驗丈夫的愛、忠誠和讚賞。

愛咪是這個亞型的極端範例。不過派克展現的冷淡堅定，以及從體面的知識份子變成發狂的惡性型自戀者，同樣讓人看得目瞪口呆。多數這類型的人不會變得這麼暴力和虐待傾向，但是想要維持「完美」關係的執念確實顯示他們的自戀。他們比無自戀傾向的性本能第三型更注重形象和虛榮。他們把自大（和怒氣）抒發在維持難以企及的完美表現。他們很少耗費內在資源發展情緒交流或人際技巧。相反的，他們善於營造精英、完美又強大的形象。

這個類型的人會要求他人的關注，特別在意別人對自己的觀感。他們會大力捍衛自己的人設，在覺得有人汙衊自己形象時會變得憤怒和惡毒。他們格外關注自己在戀愛／性方面的表現，並且很重視外表的吸引力，以此當作社會資本和性的力量。如果外表不夠有吸引力，他們會努力賺錢、獲取權力或地位來吸引理想對象（這點符合所有第三型人）。此外，他們只關注外在美、地位或權力，難以與人產生情感交流。對於所有性本能第三型的人來說，擁有理想伴侶能讓他們連帶感受到價值。不過如果有自戀傾向，他們會把精英思想、對外表的執著施加在伴侶身上而造成不良的關係：

> 我丈夫非常迷戀我的外表。戀愛初期我覺得受寵若驚。他以前常說我們是全場最醒目的一對，而且是發自內心的。他喜歡說我們是「最強情侶檔」。我注意到一些警訊，像是在我們第五次約會時，他買了一大堆昂貴的設計師品牌服飾，還要求我擺一些奇怪的姿勢拍照，我像是他專屬的玩偶。我們生小孩之後，他一直要求我回復到產前的身材。我因為生產的一些併發症和產後憂鬱，體重一直減不下來。他開始改變我的飲食，監視我吃東西，以免我「吃垃圾食物」。最嚴重時，他會說我「胖」又「鬆垮」。
>
> ——奧菲莉亞，三十三歲，瑜珈老師

他們是苛刻的完美主義者，要求人生中幾乎每件事都要看起來完美無瑕，包含子女、配偶、朋友和家庭。這個亞型的人往往很浮誇，內心對自己的吸引力和魅力感到不安。他們可能會表現出過度冷酷和難以親近，要不就是充滿活力和愛吹噓。

他們希望別人肯定自己的非凡之處，認為要是沒有完美表現的話就會很丟臉。如果自戀的情況顯著，他們開始無法控制自己的形象，情緒會越來越常爆發。假如沒有獲得想要的關注和讚賞，他們會對伴侶、同事或家人發火。他們可能很危險，因為他們擅長說謊、使用心理操縱和貶低他人。

說到這個類型的人就不得不提到他們最極端的心理病態。泰德·邦迪（Ted Bundy）是美國史上最惡名昭彰的連續殺人魔，他可能就屬於這個亞型。邦迪落網讓一票觀眾全都看傻眼了。他一表人才，有著難以否認的魅力，而且他對漂亮的年輕女孩情有獨鍾。邦迪殘酷

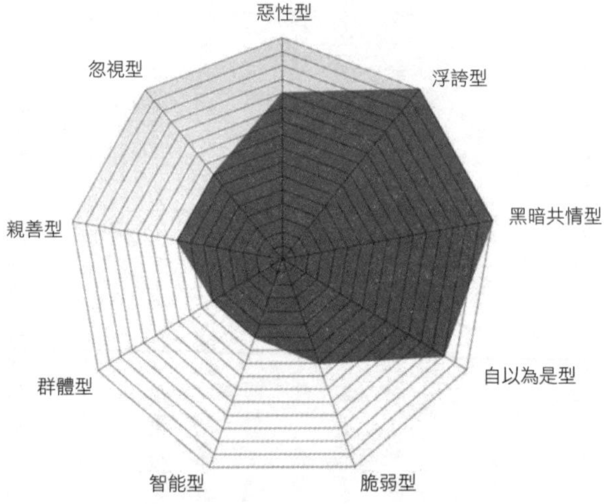

性本能第三型：高不可攀的明星

又迷人。他在謀殺案審判中為自己辯護，侃侃而談的模樣讓法庭上下都見識到他的風采，受害者家屬卻是聽得膽戰心驚。很多司法心理學者認為邦迪看起來討人喜歡又魅力無法擋，增加了他作案的成功機率。邦迪把受害者當作是自己的占有物。殺人魔的嗜虐癖和扭曲的從屬關係，再加上這個亞型的特質，讓他把人當成只是一種物品，「就像是養盆栽、收藏畫作，或是擁有一輛保時捷。」（原注2）

應對這一型的方式

一、這個亞型的人具有一種獨特的能力，當他們把注意力放在你身上時，會讓你覺得自己很特別。雖然他們的注目會讓人歡喜，但是當他們的朋友或伴侶會令人疲憊不堪。你必須不斷關注、讚賞和肯定他們，他們才會滿意。

二、維持你的風格、界線和自我認同，因為這個亞型的人最擅長的就是把其他人改造成他們理想中的完美伴侶。萬一他們開始檢討你，告訴你要如何改進，你要設定明確的界線，讓他們知道這麼做會讓你覺得不受尊重。

三、如果你拒絕或忽略他們的示好和關注，這個亞型的人會覺得被冒犯。假如你結束彼此的關係（無論是職場或戀愛），一開始他們可能會用盡手段想要重修舊好，接著則是想要毀掉你的名聲或形象。他們這麼做是出於害怕自己沒有價值，對他們而言，被拒絕就像是判他們死刑。

四、跟這類型的恐怖情人明確切割是最好的做法，因為他們對情感的操控、跟蹤和易怒的行為都讓人難以消受。如果你需要外援才能擺脫這樣的關係，尋求專業人士協助你擬定方法，劃定和保持良好的界線。

第十二章 第四型：天生的浪漫派

自戀亞型

自我保存第四型：敏感的受虐狂
社交第四型：自以爲是的獨行俠
性本能第四型：喜怒無常的戲精

自我保存第四型

自我保存第四型的人固執、心思細膩、有自己的觀點，而且相當獨立。如同所有第四型的人，他們認為自己一定要獨特、才能出眾、經歷苦難才能得到他人的愛和關注。他們形容自己是極其獨立又強烈敏感。他們重視自主和自由，但也希望獲得別人的關心，確保自己能夠被愛、被珍視、被感激。他們跟第二型的人有點像，覺得必須爭取被關愛的資格。然而第二型的人強調的是他們可以怎麼幫助別人，第四型的人則是著重於用他們的情緒感受、創造力、創傷來取得關注。這個亞型的人傾向透過藝術媒介來表達自我，他們可以用這樣的方式揭露內心的想法和感受而不用擔心過度曝露自己。

> 我比較擅長用寫的方式來表達自己。當被要求直接描述自我時，我會很慌張。我不曉得要說什麼來表達當下的情緒。如果有時間寫下來，我就能為自己的經驗增添色彩。事實經過演繹會更動人。如果不能書寫，我真不知道該怎麼辦。
>
> ——利歐納，二十九歲，作家

他們帶有一種近似頑固的堅持，加上對這個殘酷世界過於敏感的心思，使得他們在真實情緒上宛如敏感、時而不安但情感澎湃的聖戰士。他們經常想要減輕各種痛苦，排除他們認為不公不義的事情。如同第六、第八型的人，他們關注不公平的問題，因為他們認為自己在人生中總是吃虧。他們相信宇宙、上帝或其他無形力量是因為他們過去的行為而降下懲罰，而唯有忍受痛苦才能夠獲得救贖、重回樂園和重拾幸福。

自我保存第四型的人願意為了理想、美和藝術受苦。如同所有第四型的人，他們把苦難視為接近宗教的體驗。他們的自我認同連結到苦難或是疏離。這個亞型的人想要別人知道他們是真正的創作者。他們選擇譜曲、唱歌、製陶、藝術、舞蹈或是獨特的生活方式做為媒介，向其他人證明他們的與眾不同，最好還能夠邀請別人進入他們的世界，從而讓他們被看見。

這個亞型的人經常透過某種媒介來表達自己。一個知名但悲劇性的範例是備受讚譽的詩人希薇亞．普拉斯（Sylvia Plath）。普拉斯從小就是一個早熟的孩子。她長時間獨處，難以與其他小朋友交流。她天生聰穎，喜歡上學和學習，她覺得其他孩童都只關心愚蠢又膚淺的事物。普拉斯深愛的父親在她十歲時過世，從此她開始寫日記，並經歷第一次重鬱症發作。普拉斯對抗憂鬱和第一次意圖自殺的經歷，讓她寫下第一本也是唯一一本小說《瓶中美人》（*The Bell Jar*）。她高超的譬喻、象徵和特殊用詞都記載在她的書和大量詩作裡。《希薇亞．普拉斯日誌全集》（*The Unabridged Journals of Sylvia Plath*）讓人看到她是一個內省、思想活躍又好勝的女性，她相信自己的天賦但又充滿不安全感，就是典型的第四型人。普拉斯有時候顯得大膽無畏，置個人安全於度外。這個傾向來自於自我保存第四型的人需要透過冒險來感受生命力：

> 我想要體驗並榮耀每一天，不害怕經歷苦痛，不把自己封閉在無感的麻木空殼裡，不再質疑和批評生命，不選擇走輕鬆的道路。學習與思考；思考與活著；活著

與學習；永遠如此，有新的洞見、新的理解和新的愛。

——《希薇亞普拉斯日誌全集》（原注1）

他們的無所畏懼可能造成財務、身體或情緒方面的問題。這樣的表現通常是無意識的，因為自我保存型的人其實渴望安全感。然而第四型人的能量讓他們同時需要情感強度和顛覆性。

他們看待世界和人際相處的觀點獨特，經常會覺得與他人關係疏遠。存在於第四型自我結構中的自我保存本能讓他們嚮往連結與他人的反饋（常見於心中心類型），並且避免在基本需求方面過度依賴他人。所有第四型的人對於關係都有一種欲拒還迎的傾向，而自我保存第四型的人對於他人的重要性總是感到矛盾。他們經常輕視世俗的責任（工作、清潔、支應家用等等）。然而諷刺的是，他們可能很擅長處理這些必需性的任務。他們寧可把時間和精力花在創作、做白日夢或分析自己的情感世界。

他們重視美感也在意周遭環境的氛圍。他們可能特別挑剔照明、色彩、質感和設計。他們提倡自然的生活方式，喜愛有機、高格調或極簡的美學。被迫要忍受他們覺得有礙美感的環境時，自我保存第四型的人會惱怒不滿。他們在風格上簡潔或雅緻，但居家則堅持奢華高貴。

我討厭頂光。我會因為照明方式不對而退宿，或是不願意待在別人家裡。不是我傲慢，我不要求特別高檔，但有些設計實在很擾人心神，長時間待著我無法放鬆。

——傑拉德，四十七歲，室內設計師

這個亞型的人會義無反顧對抗不公不義的事，願意為了理想受苦受難。那朗荷醫師認為，整體而言第四型的人「熱愛對抗」，相對於自我保存第四型的人通常沉默、孤僻而內向，這個特質令人訝異。面對不義或不公時，他們敏感的性格突然變得強烈、辛辣又令人畏懼。經常可見這個亞型的人為了孩童權利或動物權抗爭，或倡議反對人權侵害。他們堅持的態度和對受難者的認同，讓他們成為積極的人權鬥士。

敏感的受虐狂

九型人格中沉默內向的第四型、第五型和第九型，要在文學或電影中尋找他們的自戀亞型並不容易，因為他們脆弱又有自己的內心戲，往往難以偵測自戀程度。敏感的受虐狂認為比起周遭的人，他們的人生過得更辛苦也更不好受。他們相信自己很特別又不討人喜歡，他們會把失望和怒氣轉化成對周遭人事物的各種不滿。他們認為生命中有很多人讓自己失望，而且別人無法理解他們的傑出、創造力或真知灼見。然而，他們不會直接表達不滿，而是以退為進或用間接的方式表現出恨意和批判。他們可能會很專橫和苛薄，因此造成許多人際問題。

茱莉是二十七歲的自由創作者，她來找我並表示想要參與同理心的研究。她自稱是「極端的共感者」，希望我理解她因為強烈的同理心而導致「身心耗弱」。

> 我覺得人們很煩。我太獨立又敏感，無法處理別人的情緒。多數人面對愚蠢的事情都像是長不大的孩子一樣任性，而我光是應付自己的問題就已經夠我受了。我只想要寫作和畫畫。要是有贊助商幫我支

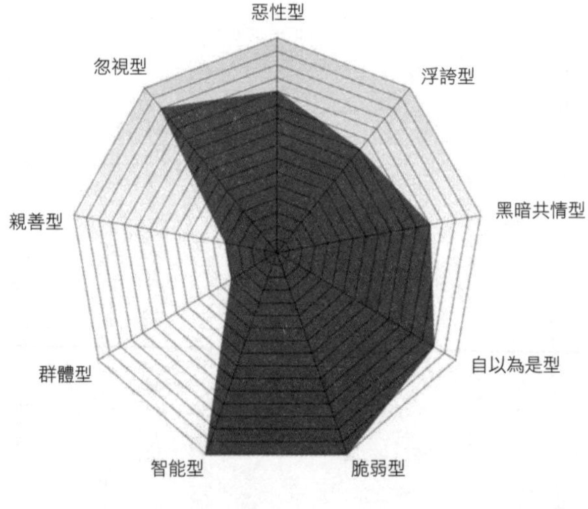

自我保存第四型：敏感的受虐狂

付開銷，日子就會容易一點。我很難維持一份工作，因為我討厭聽其他人告訴我要怎麼做，而且那都是一些凡夫俗子的工作。我沒有完成學位，因為我常頭痛，必須休學。假如我父母多投資我的未來，我可能就不會在這裡了。休學之後我就沒有回去學校了。反正教授也不懂。現在是我爸媽在支應我。他們也不懂我。他們覺得我嬌生慣養，但他們不懂我的憂鬱。上週我跟我爸要九百美元把客廳重新上漆，因為顏色不對讓我的憂鬱症更嚴重。他拒絕了。所以要是我哪天跑去自殺，要怪誰就很清楚了。

——茉莉，二十七歲，藝術創作者

不意外地茉莉在同理心的得分低。可是她相信自己有特殊的共感能力，這是一種自大的表現。很多自戀第四型的人相信自己很特別，尤其是在同理心、靈性或直覺力方面，又或者是智力或藝術能力。確實有些第四型的人具有強烈的直覺天賦、有創造力且充滿靈性，但結合自戀的話，他們會認為這樣的與眾不同可以讓他們不用過著庸俗的生活。

敏感的受虐狂通常會有疑病症和輕微的佯病傾向。（原注2）不論有無自戀特質的第二型人都比較容易利用身體疾病來獲取關注和愛，以此滿足自己的需求。然而第四型的人會利用心理或情緒疾患（憂鬱、焦慮、強迫症、躁鬱症等等）來博取憐憫而不用守規矩或負責任。這不表示這些症狀不存在，而是他們會加油添醋或誇大嚴重性，或者是不好好照顧自己的健康使症狀加劇。

有些人會故意做出錯誤的財務或戀愛決定，明明他們很清楚那樣會讓自己深陷情緒或經濟方面的問題，但這樣一來他們就能逃避責任。其中不少人像上述的茱莉，覺得自己不用做一般的工作，也不需要自力更生。他們讓其他人負擔自己的基本需求、衝動和各種欲望，並是用激烈的脾氣和情感疏離或孤立的方式懲罰他人，或者是引發對方的內疚。以下個案分享她與父母的生活經驗，讓我們看到這個類型的人如何運用情感操控，以及他們對外在和美的要求如何影響家人。

> 我媽會因為一些最愚蠢的事就對我發脾氣。她覺得我令人丟臉，因為我不像她那麼在乎外表和美感、藝術和文化。如果我弄髒衣服回家，或想要跟男孩們在戶外一起玩，她就會不跟我說話，以此做為懲罰。有時候一連好幾天！我記得我十四歲時，她一整個星期都不跟我說話，因為我用零用錢買了垃圾小子貼紙卡。卡片上是噁心的動畫角色，掛著鼻涕、放屁或挖鼻屎。結果她連續七天不跟我說話，也不弄晚餐，不管我死活。
>
> ——洛麗，四十三歲，體適能講師

敏感的受虐狂想要控制自己的情緒體驗，他們周遭的人尤其深受其擾。身為第四型的人，他們天生就理解自己的內心世界。心理健康的第四型人特別善於表達情緒，以及幫助他人接納和表達自己的經歷。然而如果出現自戀傾向，他們會成為情緒惡霸，指導別人應該有什麼感受，以及為什麼要有這樣的感受。他們無法區分自己與他人的情緒，可能顯得殘酷又刻薄，總是喜歡告訴別人所謂的「實話」。這個亞型的人心中有不少怒氣，如果無法經由追求理想或是藝術媒介等方式來抒發的話，他們會把這股尖銳的攻擊性和挫敗感拿來針對旁人。他們難以維持關係，因為他們忌妒起來就會表現得充滿惡意又嗜虐。

他們常常否認自己的妒意，反而還會利用自己的聰明才智或創意資源來貶低他人。他們會攻擊和嘲諷他人，甚至猛烈抨擊那些擁有他們所欠缺的天賦、才能、資源或特性的人。由於他們無法準確評估自己，難以看出輕視底下的嫉妒，而是認為問題都出在別人身上。這個亞型的人比較內向，不會不斷與他人衝突，所以他們可能會退回自己的小天地，透過對名聲、美或財富的幻想來修復受傷的自尊。

他們可能會幻想擁有更有意義的友誼、更多錢、更美好的戀情，但必須是由別人主動，而且要是別人無法達到他們的高標準，他們就會無情批判和輕蔑。

他們對別人的敏感難以忍受，在自戀的情況下會讓他們失去敏銳度和體貼。他們認為別人要同情、尊重和體貼他們，但他們則是時常用輕視、尖酸刻薄或貶低的態度回應別人。自戀傾向更高時，他們對於物質保障會變得毫無節制又衝動，並要求別人收拾爛攤子。砸大錢在自己身上、翹班、危險性行為或是社交行為、物質濫用都是這個亞型壓力大時會出現的典型情況。他們參與不安全的活動是為了增加情感滿足，以及懲罰自我與他人的不滿足和自我厭惡。

應對這一型的方式

一、這個亞型的人常會出現依賴行為，因為某些根本上的侷限而無法照顧自己，或是引發情感災難並期望能獲得你的支持。釐清界線，設下限制或時間點，以免你耗盡資源而感到怨恨。

二、如果他們怨天尤人或冷酷和貶低人，你就應該離開他們。他們討厭被忽視，但你不該忍受他們刻薄的對待。切記，冷戰也是一種暴力。

三、不要明白表達他們如何或為何傷害了你，除非你確定對方禁得起面對真相。這個亞型的人對於批評特別敏感，可能完全無法接受衝突是自己造成的。跟可信賴的朋友、治療師或親人討論你的感受，讓你的情緒得到肯定和安全感。

四、假設他們挑剔舒適、美學、食物或是生活的其他安排，而這些偏好跟你的背道而馳，最好避免說服他們這些安排並不合理。如果你是經濟支柱，告訴他們因為你得出錢，所以你想要參與意見。萬一他們堅持某些標準，因為他們是經濟主力或家庭的主要照顧者，那麼就盡可能堅定傳達你的喜好，維持你的自主性。

社交第四型

作家、文化評論家、詩人暨劇作家奧斯卡．王爾德（Oscar Wilde）曾經說過：「多數人都不是自己。想法是別人的意見，過著仿效別人的生活，所熱中的也不過是旁人所述。」（原注3）王爾德能夠針砭時事、創作優美散文，並且提倡個人主義，是第四型人的社會角色。王爾德是唯美主義者。他對於美、藝術和文化的熱愛，反映出他美化和提升周遭世界的渴望。他在創作中暢談想法，而他本人是眾所皆知的高傲。王爾德是享有特權的人，根據有些記載顯示，他也是個勢利眼。然而他發人深省的文字創作，以及提倡舒適、精心安排又悠閒的生活，讓他成為社會和文學界的傳奇人物。

據聞王爾德在請人繪畫和攝影時，希望表現出慵懶、萎靡的模樣，而不要顯得太過努力。他貴族式的品味和對於男子氣概的批評，經常在社會上遭到訕笑。一八九五年，王爾德被判性悖軌和嚴重猥褻罪。這是疑似同性戀者當時常遭到的判決。王爾德是個盡顯風華的人物，我考慮將他視為社交第四型來討論，由於他受到的評論側重於他對於年輕男子的性癖好，從而很難將對同性戀的批評與自戀人格分開來談。

社交第四型的人認為自己優於一般人，也希望他人如此看待自己。他們對於庸俗、平凡和普通的恐懼顯現於社交方面。他們往往深刻感受到自己與「普通人」的疏離感和差異。社交第四型的人讚揚、強調和捍衛自己的不同之處。他們會羨慕、揶揄和憎恨別人在社交方面顯得游刃有餘。這個亞型的人通常害羞、內向或侷促不安，在二十七種本能亞型中是最自覺羞愧的。他們害怕自己會犯下社交忌諱而引來批評或厭惡。有些社交第四型的人面對社交羞愧的方式是去批判整體文化，他們樂於以挑釁的方式挑戰社會常規。他們可能會穿著叛逆，或是擁抱反文化運動來處理社交的不安全感。

有些社交第四型的人害羞到不安的地步，想要遠離可能會有的批判眼光。他們可能有同情心、有獨特觀點，理解他人的痛苦或磨難。很多這個類型的人偏好助人的職業，像是心理健康顧問、教學，或是其他能與孤立或被社會放逐的人建立關係的工作。他們希望自己的貢獻能受到肯定和重視。然而他們經常因為對於社會常規、流行美學或潮流的意見尖銳和批判性而遭到誤解。

多數社交第四型的人渴望被精英階層接納，有些人甚至有種特權感。而生來就被納入精英團體的人可能會感到空虛孤獨，或是拒絕這些社交關係。很多人會認為社交第四型的人註定要在團體中感到孤立和不滿，因為他們的基本認同就在於與旁人的差異。社交第四型的人希望受到包容和接納，然後再去拒絕他們尋求認同的那群人。

這個亞型與群體的愛恨情仇往往顯現在他們的社交傾向。我過去的個案阿希許巧妙地描述了這一點。

多數時間我就像是一隻醜陋的怪物。我與身旁的人格格不入。我迫切渴望被接納和為人所愛。說實話，我也希望自己是個厲害的人。但我總有難以融入的問題。我跟不認識的人說話時會非常害羞，但我能夠在舞台上表演地淋漓盡致。群眾的力量和信任讓我覺得我可以做到。一旦離開舞台，我就想要躲起來。有一次在戲劇表演結束後，劇組人員告訴我後台有群人等著為我慶賀和請我簽名。居然是我！我辦不到。我不想要毀掉他們對我的觀感，讓他們看見我在現實中那種怪異、醜陋又侷促不安的模樣。

——阿希許，三十歲，演員

儘管他們強烈的自我意識，但是這個亞型的人多愁善感又心思細膩，也很重視對團體或社群做出貢獻。就算身處群體的外圍，他們對於群體認同中的情感關係、潛藏的不公或矛盾有獨到的觀察，而且即使充滿批判卻也相當敏銳。

自以為是的獨行俠

我最愛的喜劇電影是二〇〇六年的《穿著 Prada 的惡魔》，由大衛・法蘭科（David Frankel）執導。我向來喜歡有重量級女性反派角色的電影，再加上梅莉・史翠普（Meryl Streep）的魅力和卓越演技加持，這部片立刻排進我心目中的前十大。梅莉・史翠普扮演米蘭達・普瑞斯特利，以戲劇詮釋了 Vogue 雜誌總編輯安娜・溫圖（Anna Wintour，真實生活中是社交第四型）。電影改編自蘿倫・薇絲柏格（Lauren Weisberger）的作品，講述由安・海瑟薇（Anne Hathaway）主演、綽號「小安」的年輕記者安德莉亞・薩克斯在赫赫有名的時尚雜誌

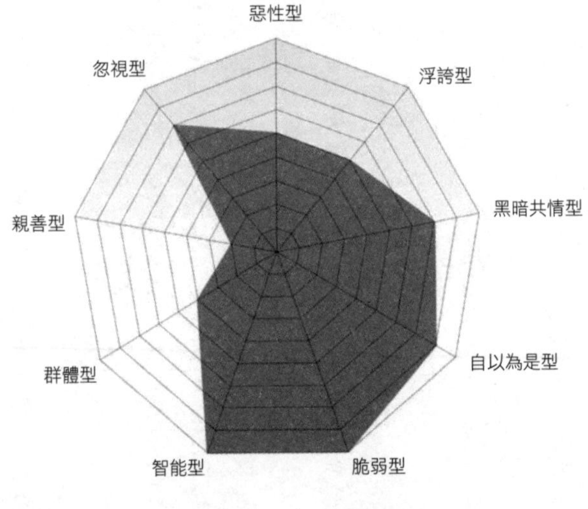

社交第四型：自以為是的獨行俠

的工作經歷。薇絲柏格在書中描述她在Vogue為溫圖短暫工作的經歷。

米蘭達是個嚴苛、高傲、沒有同理心、冷漠又講話無禮的人。她在時尚產業的影響力無人能敵。米蘭達遇到小安這個不起眼但野心勃勃的新手，並對她的敏銳度感到訝異。然而米蘭達的自戀計畫是想要把小安從聰明卻不懂時尚的記者，轉變成有美感、精英、無所不用其極的商場女性，就像她自己一樣。不久小安便融入光鮮亮麗、奢華、步調快速的時尚出版業。如同多數不幸要為自戀狂工作的人，小安隨時感到壓力和焦慮，一心想要達成米蘭達善變且不可理喻的標準。米蘭達對於小安（和其他任何人）的鄙視顯露在她講述時尚、美容、成就和品味的重要性時，那種勢利又苛薄的姿態。米蘭達身旁所有人都因為她的地位而將她的行為合理化，從而助長她的自戀。她不斷對每個人感到失望，年輕助理一個換過一個，每個人終究達不到她的期待。

梅莉・史翠普堅持請編劇加入一幕顯示米蘭達人性化的一面，並做出神乎其技的演出。小安去她家時，米蘭達因為婚姻即將破裂且可能會打擊自己的形象而哭泣。米蘭達通常鐵石心腸又令人害怕的神情，出現了脆弱的一面，貼切展現出自以為是的獨行俠也會感到不安。這個亞型的優越感、精英主義，加上對於美感的虛榮，在自戀的情況下會令人難以招架。他們會在任何方面評判他人的品味，包含時尚、文學、音樂、影片、食物、藝術、哲學或裝潢設計。

他們認定自己是品味的權威，樂於在他人面前表現出自己的美感和智力在眾人之上。自以為是的獨行俠對於優越感和自大表現充滿自信，期待因為高尚品味而受到特殊對待。不過他們還是有自己想要隱藏的自我意識。很多這類型的人會創造出一種光彩耀眼的人設，讓他們顯得令人畏懼而難以親近，以此隱藏他們的害羞、羞愧感或社交不安。有些人則會顯得疏遠，營造出一種難以捉摸的神祕感。無論是哪一種，這個亞型的人都有想要逃避的傾向。

> 我認為我就該富有。我一直都知道自己值得跟美的人往來。我從小就覺得自己有富貴命。我在設計公司實習，但我做的事情全都是幫人倒咖啡和接電話。這不合我的格調。一星期後我就離職了。我這麼有才能，不應該從底層做起。我要找個有錢人讓我展開設計事業。我相信對的人會出現，我知道我很特別。
>
> ——阿萊因，二十七歲，時尚系學生

特權感是二十七種自戀亞型的人都有的特徵。由於第四型人相信他們吃了比別人更多苦頭，所以尤其會出現特權感，在自戀的情況下要求特別高。一般來說，自戀的人會否認自己的弱點或缺陷，就連最脆弱的自戀者也會否認短處，把失敗和問題怪罪在他人頭上。第四型的人非常清楚自己的錯誤和不足之處。自以為是的獨行俠亦不例外。然而他們會把弱點包裝成強項。「我不擅長打掃是因為我腦袋聰明，無法專注做這些卑微的工作。」或者「我沒辦法跟不體面的人事物為伍，我太敏感了，那會讓我覺得不舒服。」他們通常會設法彰顯自己的與眾不同，不論好壞特質。

他們自認是品味的創造者。無論他們的美感或知性能力如何，他們都對自己的偏好充滿自信。我遇過一名這個亞型的人，他是主修創意寫作的大學生。傑克是我進階詩課程的同班同學，他總是炫耀自己復古的摩托車外套、窄得離譜的牛仔褲、染黑的頭髮、黑色戰靴。我們每週都要在班上輪流朗讀自己的作品，並接受其他同學的評論。雖然免不了會有批判性比較強的評論或反應，不過通常眾人都會表示支持、鼓勵和讚美。可是傑克對於每個人的作品通常都講不出什麼好話。可以預期，傑克會等到所有人都講評完之後，毫不留情批判精彩的詩作或已出版且備受讚譽的詩人。先不管傑克自己寫的詩是否特別厲害，其他同學很高興也有機會檢視他的詩作。傑克對於我們對他作品的批判無動於衷，他對自己的詩充滿自信。他逃避面對自己的不足，高談闊論他來上這堂課是要聽聽「差勁的大學詩作」，因為他想要成為文學批評家。他認為自己的地位高於其他人，並且以未來評論家的身分合理化自己苛刻的批評。他自詡「詩王」。我注意到有些同學會迎合他的期望和評論，受不了週週被他嘲諷的人覺得就隨他開心比較輕鬆。

有天我在學生會遇到傑克，那是我唯一一次看到「私底下」的他。他畏畏縮縮、一頭亂髮都快蓋住臉龐、雙眼看著地板。他的文學賞析能力在社交時派不上用場，離開教室的他反而沒那麼讓人反感。看到他在人群中這麼不安我也替他難過，所以我跟他打了招呼。他沒理我，也不願意開口說話，直接從我旁邊走過去，一副從沒見過我這個人的樣子。

後來我從一個同學那裡得知他曾經待過不同的寄宿學校。他富有的父母不知道怎麼處理他的焦慮和憂鬱問題，所以決定把他送走。我猜想在這個過程中，他發現裝作一副世故老練、批判挑剔的形象，好過於當個容易被拒絕的憂鬱小生。拒絕他人讓他感到權力在握，否則他會覺得自己被剝奪、充滿缺陷或能力不足。

應對這一型的方式

一、記住，他們自以為高人一等或是精英主義的態度，是用來補償他們內心感受到的不足、受傷或羞愧感。這個亞型的人會編造過去經歷以隱藏階級羞愧，或是其他他們認為會因此被拒絕或嘲笑的人生經驗。

二、他們看起來傲慢又高高在上。自卑或信心不足會帶來嚴重的嫉妒感，如果他們擺出一副優越或無禮的姿態，你最好明白這種行為背後的原因。指出事實可能會引發他們的憤怒或是更嚴重的出言侮辱。可以的話，離他遠一點或是冷處理，在情緒上遠離他們的行為影響。

三、假如你抓到這個亞型的人對於他們的生活、才能或經歷說謊、捏造和加油添醋，最好不要當面拆穿，這麼做只會激發他們的羞愧而引燃他們的怒氣，他們會事後尋仇或是找機會回擊。

四、當你覺得他們侮辱或不尊重你的時候，有時候溝通會有用，他們很容易感到不好意思。雖然他們可能會因為你的話而生氣或憤怒，但他們會停手以避免更多難堪。可是如果他們情緒不穩、過度反應或是出現虐待行為，務必告訴他們你無法接受這種暴力並離開。

性本能第四型

安妮．塞克斯頓（Anne Sexton）是女性主義詩人，她最為人所知的是談論極為私人和社會禁忌的主題。她的創作以情感真切、敢於揭露自我聞名。在眾多女詩人和創作者（包含同為第四型的普拉斯）正在崛起時，塞克斯頓的職涯發展就已趨成熟。她原本是家庭主婦，後來成為一位獲得普立茲獎的詩人，她的詩是情感表達的黃金標準。她的創作經常在公開場合遭禁，因為內容探索了自慰、生理期、女性愉悅、性、自殺、性侵害和心理疾病。塞克斯頓有嚴重的躁鬱症，曾公開表示她深受此症所苦，但同時要符合身為妻子和母親的社會期待。她是一個不容易相處的女性，不光是因為她的躁鬱症，也因為她期待能與他人有持續的連結與交流。傳記作家黛安·伍德·米德布魯克（Diane Wood Middlebrook）表示塞克斯頓雖然情緒不穩，卻擁有提升和支持親友的能力。（原注4）從各方面來說，她是一個令人費解的女性。

塞克斯頓的情緒莫測、有個人獨特的觀點、對感情的要求很高，這些都顯示出第四型人的特徵。他們渴望獨特性和避免感情乏味，所以想要找到一個能呼應自己的想法和特殊性的人。性本能第四型的人熱情擁護每個人都有權利活出自我。他們希望每個人都能安心且自由地表達出真實情感，無論美醜、得不得體或禁忌。他們的認同感取決於情緒感染力。他們能夠精準且直覺地感受並說出自己和他人的情緒體驗。他們天生能理解人的心理，因此能夠快速與他們選擇的對象建立起親密感和好交情。第四型的人最害怕自己有所不足，而性本能第四型的人對這種不足的恐懼主要表現在性的領域。他們很害怕伴侶、好友、子女和其他親近的人會拋棄自己去找更有趣、美麗、有洞見和有創意的人。這個亞型的人看起來堅強、果敢、大膽又有主見（類似第八型人），但他們在情感方面很脆弱、不安、自我懷疑，注重建立和睦的關係以避免被拋棄。

性本能第四型的人對於妒意感到熟悉又自在。一旦他人威脅到自己的獨特性和人際關係時，他們的嫉妒心就會油然而生。如同性本能第二型和第三型，他們希望自己對目標對象是充滿吸引力又無可抗拒的，以此緩解本能上的焦慮。然而有別於前兩型，性本能第四型的人想要以展現深度、智慧或是原創性的方式來吸引別人。如果這個亞型的人在創造力或親密方面的安全感受到威脅，他們會變得很好勝。自我厭惡也會加深他們的競爭心。他們討厭自己有所不足，他們也痛恨要與人爭奪注意力。這樣的迴圈會讓他們討厭自己喜愛的對象和競爭者。最終性本能第四型的人會對曾經覺得能帶來救贖和心滿意足的對象感到生氣、怨恨和失望。而這會讓他們的親密對象感到困惑，覺得他們開始在情感上索求更多又容易不滿。如果不注意，這個亞型會有戲劇化的傾向。他們想要維持情感濃度，減緩對於情感變得平淡和平庸的恐懼。

憎恨一詞可能讓有些人覺得太過強烈。然而研究顯示，第四型的人常在日常語彙中使用這個詞。那朗荷醫師寫過第四型的人對於憎恨的傾向。（原注5）他認為第四型人的憎恨感對其人格整體來說很重要。他們內在的完美主義（類似第一型人）和不斷變化的情感認同，創造出極為自我批判的性格。他們的批判性和自我厭惡經常讓他們沉浸於能夠代表他們身分認同的事物。

諷刺的是，對於性本能第四型的人來說，儘管他們重視真實和原始的情感，他們也很容易會壓抑真實的表達，呈現出更經修飾、精心打造的形象。他們這麼做是因為害怕他人（尤其是他們有好感的對象）發現他們的不安和情緒不穩之後會因此拒絕他們。

我覺得自己隨時都像是在走鋼索。我想要被認為是情感真實的人，甚至是原始不加修飾。奇怪的是我會擔心別人覺得我很討厭。我不想要被當作是太刻意或虛假，但是我覺得其他人會看穿我的內心。或許是因為我很容易看穿他人，所以假定其他人看我時也一樣。我希望某些人會注意到我，我希望能得到他們的關注。我想要在脆弱和無畏、險惡和美麗之間取得平衡。

——紹沃訥，四十三歲，戲劇系教授

當別人對自己的感情平淡或是沒有感覺時，性本能第四型的人會很不安。他們想要對別人有所影響，不論好壞，他們認為讓別人感到無趣、無所謂、沒意義是一種詛咒。他們非常在意情感表達和創造力的價值，以此當作是靈性和心理的釋放方式。他們做自己，同時鼓勵並支持其他人做自己，能夠為他人帶來改變的力量。

喜怒無常的戲精

我清楚記得十歲時看了法蘭西斯・福特・柯波拉（Francis Ford Coppola）改編的電影《吸血鬼：真愛不死》（*Bram Stoker's Dracula*）預告片，讓我深深著迷。不只是因為原著的經典吸血鬼故事呈現出哥德式恐怖元素和神奇的特效。片中引發的情感共鳴讓身為第四型人的我很有感觸。德古拉是一個充滿魅力的複雜角色。柯波拉可能也是第四型的人，他為斯托克的經典歌德小說製作了前傳。這個前傳充分描寫出德古拉化身成具有超能力的不死吸血怪物的背景故事。在柯波拉的想像中，令人畏懼的騎士德古拉的稱號是「穿刺者弗拉德」，他從十字軍東征凱旋歸來後，發現摯愛的妻子伊莉莎白擔心他戰死沙場而自盡。這位飽受悲慟折磨的騎士對教會憤怒不已，因為他們詛咒妻子的靈魂而拒絕將她下葬。於是德古拉譴責上帝並發誓要死而復活來為她的死報仇。

德古拉很氣上帝，因此他獲得強大的暗黑超自然力量，渴望吸取人類血液，並且得到不死之身。四個世紀之後，德古拉傳喚英國律師喬納森．哈克去到他的特蘭西瓦尼亞城堡以便買賣房地產。他看到哈克的未婚妻米娜的照片，認定她是亡妻轉世。他的激情再度升起。他對哈克的仇恨和嫉妒導致他決定威嚇哈克且意圖謀殺他，以便自己能到英國跟他失去已久的摯愛團聚。德古拉去到英國，成為富裕優雅的伯爵。他勾引米娜、殺害她的朋友，一心想要讓米娜再度成為他的新娘。

仇恨和嫉妒讓德古拉復活。他只能吸取被害者的生命來維持不死之身。這個吸血鬼的主類型是典型的第四型人。誘惑、操控和嗜血的癖好與需求，很適合描述這個自戀亞型。吸血鬼在人們的想像中一直是個黑暗、令人著迷的超自然存在。

這個亞型的人會竊取他人的創作成果、戀愛對象、朋友，或是因為厭惡而毀滅他人的成功和幸福。他們覺得自己不受管制著「普通人」的規則所約束。他們的特權感很強烈且絲毫沒有愧疚，讓別人不敢挑戰他們。他們的特權感有時候會讓他們陷入法律困擾，或是面臨不尊重、蔑視或無視規範所帶來的後果。

我一直到中學才開始在意自己的外表。我人生中頭一遭發現男生會把注意力放在我身上。但是不知道為什麼，他們就是不選我。我想要被選中。我的朋友克萊爾則完全相反，她金髮碧眼又是啦啦隊員所以很受歡迎。她開始跟足球笨蛋布萊克約會，

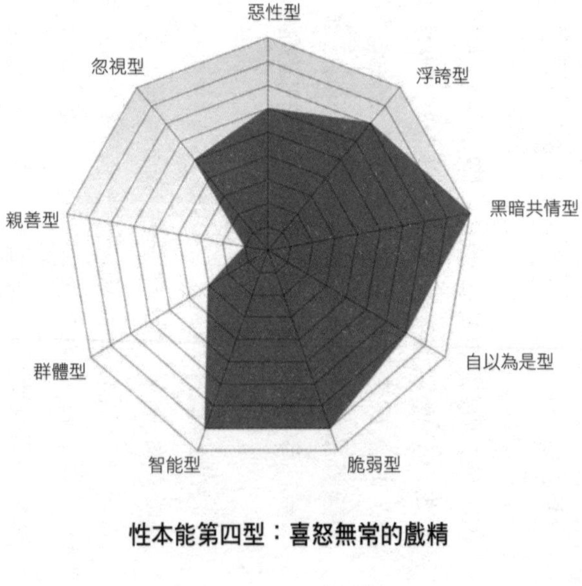

性本能第四型：喜怒無常的戲精

> 我很不爽，因為他很迷人（雖然笨）。她能得到一切她想要的東西，實在很不公平。長話短說，最後我讓布萊克愛上我。他跟克萊爾分手，我跟他約會幾週之後就膩了。我只是要讓她知道她不能要什麼就有什麼。這可能是第一次她感覺到人生不公平。自從那時候開始，我就對已婚男士情有獨鍾。幸福婚姻讓我覺得很噁心，我不吃快樂結局那一套。
>
> ——安雅，二十七歲，美妝師

訪談安雅時，我感覺她對於自己對待克萊爾的方式毫無悔意或罪惡感。她說她跟布萊克約會之後，她們兩人再也沒有說過話，但是她對於這段友情的結束沒什麼感覺。不過她承認她之所以會破壞克萊爾的感情，部分是因為對方不應該重色輕友。安雅執著於人生的不公平，加上她長期心懷不滿，所以想要把失望、不安和痛苦施加於他人身上。她是情緒虐待者，這是這個亞型常見的特徵。

對於這個類型的自戀者，安潔莉娜．裘莉精彩演繹了另一個虛構角色，是由蘇珊娜．凱森（Susanna Kaysen）的傳記所翻拍的電影《女生向前走》（*Girl, Interrupted*）。此電影描述凱森（可能是自我保存第四型）歷經藥物和飲酒過量後在精神治療機構度過的時間，以及她與醫院其他病患的相處過程。凱森對於重獲獨立的奮戰，以及醫師和機構人員厭女和可議的行事風格令人深思。然而由裘莉飾演的反派社會病態角色麗莎．羅，更是讓此片令人毛骨悚然。麗莎聰明迷人、愛操控人且有情緒暴力傾向。

麗莎十二歲起就住進醫療機構，儼然成為病房中的領班。其他病患會向麗莎尋求許可、指引和保護。她是個危險人物，因為她瞭解每個病患的精神問題。長期待在克萊摩爾療養院，讓她開始操控其他病患。麗莎一開始喜歡凱森，自認為可以像操控其他人一樣操控她。兩人捲入一段複雜的關係，儘管麗莎施加自戀暴力，凱森仍努力要維持自主性和理智。

如同性本能第八型的人，麗莎要求其他女性對她忠誠並盡心盡力。她藉由與每個人假裝有交情以獲取權力。儘管她有時嗜虐、心理操縱，而且施加口頭和情緒暴力，但大家還是覺得麗莎關心自己。

令人痛心的一幕是麗莎說服同病房的黛西自殺；黛西是個強迫症患者，遭遇過亂倫侵犯，屬於自我保存第二型。麗莎對於情緒操控和虐待他人沒有任何懊悔。如凱森所說，她不讓別人逃離自己的魔掌，如果她得要在醫療機構裡受苦，其他人就必須作陪。

電影最後一幕，凱森挑戰麗莎的心理控制。那個時候我們才看見麗莎脆弱的一面，以及她的絕望感、匱乏感和被拋棄的恐懼有多深。很難讓人不對麗莎產生同情，她大半輩子被收治在機構中，經常要承受電療，還有因為其他反社會、叛逆行為而受罰。然而她是一個惡性型的情緒惡霸。她對其他女性的善良感到嫉妒和仇視，因此社會病態程度越陷越深，在片尾經歷徹底的精神崩潰。

如果同理心不足，這個亞型的人會非常殘酷、充滿憎恨感、有情緒操控的傾向。這個自戀亞型是黑暗共情型加上脆弱型的自戀，他們直覺上能理解人們的情緒，還可以表現出感同身受的樣子、佯裝同理心、顯露情緒、表現出對他人的關心。他們擅長透過創傷與他人產生情感連結，包含利用悲傷的故事來獲取他人的認同或是強化被呵護的需求。然而不同於非自戀型的性本能第四型會透過同理方式來獲取認同，這個自戀亞型的同理能力不足以和他人產生連結，目標只是為了發洩自己的痛苦、失望和憤怒。

應對這一型的方式

一、這個亞型的人情緒強烈，可能會出現戲劇化的情緒表現，所以往往會引起別人關注他們覺得不公平的事。不理睬這個亞型可能會很危險，這麼做會讓他們情緒更不穩定。你可以傾聽他們訴說經歷和情緒，但是請他們盡量降低反應程度。

二、不要表示你能理解他們的感受。如果其他人描述自身的經歷給他們聽，他們會覺得被誤解、不受肯定，或是自己和別人一樣。相反的，肯定他們經歷的獨特處，問問他們是否願意聽你分享自己的見解，或者你認為與他們相似之處。

三、情緒操控常見於此亞型，但有時不易察覺。注意他們是否透過負面想法、蔑視或懷疑來打擊你的安全感、快樂、成就、目標或是夢想。他們會有這些行為是因為誤以為要是別人快樂、健康和獨立就會離開他們。當然要是他們的行為有問題，其他人免不了都會離開。

四、如果他們變得暴力，你就必須離開。這個亞型的人會做出一時激動的犯罪、以身體動作表達挫敗感（打破玻璃、捶打牆壁、尖叫、擊打等等）。如果他們的情緒失控，尋找能避開他們的庇護所，諮詢治療自戀虐待的治療師。擺脫這個亞型不容易，因為他們能夠切換仇恨和充滿情感的表現。

第十三章

第五型：冷漠旁觀的調查者

自戀亞型

自我保存第五型：吝嗇的厭世者

社交第五型：知識精英份子

性本能第五型：暗黑的窺視者

自我保存第五型

貝瑞寄電子郵件問我能不能參與我對於同理心和人格所進行的研究，我感到萬分欣喜。很少第五型的人願意受訪，因為他們很需要隱私和匿名。貝瑞剛開始提出電話訪談，因為他討厭視訊。但是我告訴他我需要觀察他說話的方式，以便確認他的九型人格類型、三固和本能亞型。他在匿名的前提下勉強答應，當然我也遵守約定。貝瑞表示他很興奮能參與這項研究，因為他一直在學習九型人格的理論，近來對於大腦緣上回（supramarginal gyrus）對同理心的影響很感興趣。我坦白說我無法提供神經科學方面的實質回饋，但還是很高興能聽他分享發現結果。

起初貝瑞不小心讓視訊畫面模糊了，他後面有兩座巨型書架，書房內燈光昏暗。我告訴他我需要看清楚一點，於是他點亮小檯燈，我看到桌上散放著幾本雜誌和書。他緊接著表示訪談要在一小時內完成，因為他一天只能承受這麼多社交活動。

> 我會長時間研讀同一個主題。高中時每天放學後我都跑去圖書館，閱讀有關稀有蝴蝶品種的研究。我甚至報名蝴蝶採集團體，但是我討厭捕捉蝴蝶，我覺得那樣做很殘忍。我想要蒐藏蝴蝶，但是我覺得那是不對的事。因此後來我只做研究。其他時期我則著迷於一九三〇年代的英式戰機、語言學、舊世代和早期王國的楔形文字、九型圖、呼吸道黴菌，而最近在研究與大腦相關的知識。疫情之前我就讀了很多冠狀病毒的內容。我喜歡研究讓我感到害怕的事物，這讓我覺得更能夠控制自己的恐懼。
>
> ——貝瑞，五十八歲，電腦程式設計師

貝瑞的興趣很像自我保存第五型的人，他們享受深入探索專業主題，喜歡累積資訊和資料。他們嗜好藏書或其他蒐藏品。他們可以花數小時的時間觀察愛好的東西。很多這個類型的人表示，相較於人際往來，知性方面的愛好所帶來的收穫有過之而無不及。貝瑞也顯示出第五型人傾向研究和挖掘自己害怕的事物。

我很害怕別人監視我或是想要侵犯我的隱私。諷刺的是，我喜歡看著其他人，觀察他們的習慣。遠觀很有趣，我希望他們多數時候都不要靠近我。我覺得當別人知道你的事，他們就可以操控你，這是我另一個恐懼。我害怕被人操控，所以我遠離他們。

——貝瑞，五十八歲，電腦程式設計師

害怕別人侵入自己的領域對第五型的人來說是很普遍的現象，尤其是自我保存第五型，他們最注重隱私且最疏離人群。他們逃避人際關係，這有助他們降低面對他人期待的恐懼。自我保存第五型的人會累積資源讓自己有能力維持獨立性。對這個亞型來說，自主和獨立攸關存亡。別人經常會覺得自我保存第五型的人很小氣，因為他們生性節儉，盡可能減少欲求。有些自我保存第五型的人甚至會要求生活刻苦簡約，藉此讓自己更有安全感。他們認為牽絆越少就越不會積欠別人。

害怕曝露自己的恐懼會使他們更想躲避可能帶來不安的關係、活動和環境，但並非所有自我保存第五型都會有精神官能症。他們不少人躲避情感糾葛是因為他們認為自己或對方會毀掉這段關係。他們很重視純淨。不同於強調道德純淨和完美的第一型人，第五型人更重視想法、資料、資訊和理論結構的純淨。他們會盡量避免詮釋，認為這樣會曲解原意。對於很多自我保存第五型的人來說，知性興趣、愛好和想像力是他們唯一能擺脫束縛的領域。

如果同理心中等到高度，自我保存第五型的人會非常敏銳，尊重他人的界線和偏好。他們通常不善於表達情緒，但是他們懂得傾聽，而且能夠給予基於觀察的精闢見解。別人可能會對於他們突然表現出慷慨、細膩情感或同情心感到訝異。

我很少主動建立關係。三十五歲那年我離婚，我認為婚姻生活不適合我。我有一個孩子，我很愛她。她很像我，我們不需多說話也能感到心靈交流。說實話，我覺得我們兩人都覺得這樣比較好。我跟失明的姊姊感情非常好。我二十幾歲的時候曾想要體驗她看不見的感受，所以嘗試了兩個月盲人的生活。我每天用自製的黑色眼罩把眼睛蒙起來，模擬全盲的情境。我會在眼罩外面戴暗色眼鏡確保效果。無論上課、做晚餐和其他任何事情，我都在看不見的情況下進行。我甚至也學習點字。這樣的體驗讓我感到自己的渺小。我只有在一天結束前的十分鐘拿掉眼罩，確保我的雙眼能適應光線。她對我做的實驗毫不知情。我把觀察和想法用錄音的方式記錄下來，之後某一天當成禮物寄給她……我很榮幸能夠從她的角度看世界。

——貝瑞，五十八歲，電腦程式設計師

要貝瑞放棄看書或是製作精細模型的能力，對他來說是很大的讓步。他們像珍藏寶物一樣重視自己的獨立性、時間、經歷和資源，而且如果界線被侵犯時他們會很生氣。他們經常會隔絕情感和減少付出，以避免太多可能的要求所帶來的焦慮感。很多自我保存第五型的人認為要投入某件事物很困難，因為他們擔心會承受不了。

吝嗇的厭世者

戴·路易斯（Daniel Day-Lewis）在保羅·湯瑪斯·安德森（Paul Thomas Anderson）執導的史詩級西部片《黑金企業》中，飾演無情的石油大亨丹尼爾·普蘭尤而贏得奧斯卡獎。這部電影描述普蘭尤在十九世紀末和二十世紀初期成為石油鉅子的故事。普蘭尤沉默寡言，一心想要建造石油探勘的帝國。很快他就在洛杉磯附近建造鑽油場，並領養因油場意外而失怙的一名孤兒。然而普蘭尤之所以領養他並不是單純基於同情，起初看來是普蘭尤覺得自己有責任，後來可以發現他把那個男孩當作是幫助自己獲取石油開採權的資產。比起把對方視為是孩子，他更像是把對方當作是商業夥伴，甚至以此稱呼他。保羅·桑德找上普蘭尤，告訴他家族土地底下有潛藏的油礦。片中很多篇幅在描述保羅與身為虔誠牧師的兄弟伊利（參見第九章對伊利的分析）兩人之間複雜的關係。普蘭尤主要的目標是累積財富，他認為人際關係都是交易性質，對自己沒有好處之後就可以拋棄。

《黑金企業》主打兩大自戀角色（普蘭尤和伊利），貼切顯示吝嗇的厭世者和道德魔人之間的差異。普蘭尤在片中從頭到尾都冰冷無情，他缺乏同理心又厭世，有時會突然大發雷霆。他承認自己厭惡他人且憤世，他說：「我看著人類，覺得無一處值得喜愛。」他對於人和感情的不屑態度，還有一心要獲取更多石油、金錢和權力，是吝嗇厭世者的典型。電影以詳細的角色研究顯現出貪婪帶來侵蝕人心的危險，同時訴說了自戀和美國企業病態的起源。

這個亞型很貪心，幾乎不在乎

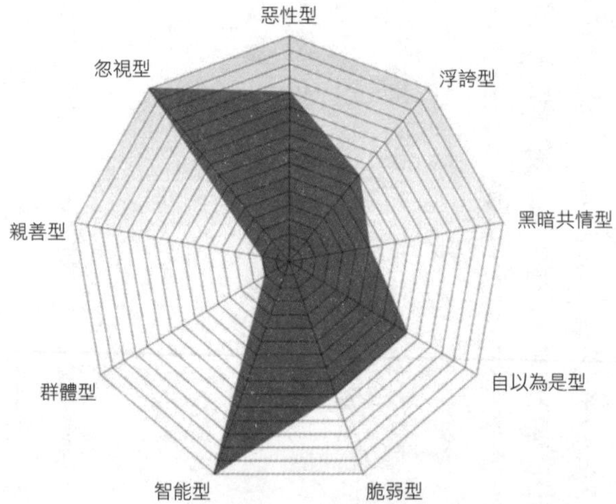

自我保存第五型：吝嗇的厭世者

任何關係。自戀會增加他們對於生存需求的恐懼。他們把貪婪導向無情又殘酷的占有慾。如同一般的自我保存第五型，這個自戀亞型擔心自己的精力和資源會耗盡。他們認為別人是達成他們自身目標的阻礙。他們對於一切關係都會發展出一種利用或逃避的態度。他們用不著情緒、情感和善意，他們通常把人貶為機械、動物般的行動，認為別人都是無知又搞不清楚狀況。

吝嗇的厭世者把累積資訊和資源視為安全的保障，不過他們尋求的知識通常很黑暗、反人道、用來剝削利用他人的。這個亞型的人會盡可能限縮自己的基本需求，選擇斷捨離的簡樸生活。他們會盡力節省時間、精力和避免他人的關注。他們厭惡他人的情感需求，對於忽略、批評他人的合理要求不會感到內疚。

他們待人輕忽，在任何有意義的關係中，他們會不滿自己的時間、金錢或能力被影響。如同所有自我保存型的人，他們認為若不保護自己的資源，就會被別人耗盡。自戀會讓他們排除他人的需求以免影響自己的需求。他們會在自己周圍建造情緒堡壘（有時是實體的），以免任何人抓住他們的情感進而操控他們。這種隔絕的傾向在這個亞型的身上特別凸顯。如果他們有意隔離自己的不同層面，他們周遭的人就不會知道他們有另外一個面向存在。

狄更斯的短篇小說《小氣財神》（*A Christmas Carol*）中的主角史古基是這個亞型的典型範例。史古基是一個倫敦商人，他小氣、孤僻、冷漠又沒有同理心。如同狄更斯多數的創作，這個故事探索貪婪、工業主義和階級主義的道德代價。史古基不屑過聖誕節，並嘲諷歡慶氣氛和這個節日對眾人要慷慨大度的期望。他常掛在嘴邊的「呸，胡扯！」表示他對聖誕歡樂的不滿。「如果按照我的想法，每個到處去說『聖誕快樂』的傻瓜都應該淋上自己做的滾燙布丁，然後被冬青樹刺穿心臟。活該如此！」（原注1）史古基的仇恨深植於他的內心，他詛咒每個真實快樂的人都去死。這個小氣鬼覺得人類沒救了，他把心思都放到累積財富。他難相處又貪心的性格讓他變得易怒又嗜虐，就像普蘭尤一樣。

吝嗇的厭世者在陷入心理病態的極端情況下可能會變得暴力。他們會脫離人性，把他人當作是不值得活的臭皮囊。他們經常因為舉止怪異、冷漠或情感有缺陷而遭人訕笑並因此心懷怨恨。這個亞型的人可能會把人變成抽象的概念，從而合理化自己的仇恨和惡意。

> 人對我來說就像是蟲子一樣。他們沒比蟑螂或甲蟲高等，而且說實話，他們應該統統都去死。我受不了被關進監獄，所以沒辦法親手殺人。但人類只是貪婪的皮囊，他們全都應該受到痛苦和折磨。我只想要自己一個人，因為周遭人的意見、情緒和有的沒的事情，常常讓我覺得很噁心。少來煩我。我會自己看著自己的恐怖片，其他人就繼續團團轉過你們的日子。

——柯蒂斯，二十二歲，學生

把人轉化成抽象概念，讓自己和其他人脫鉤，這是第五型人常見的做法。然而吝嗇的厭世者對他人會造成更危險的影響，因為他們把人當作是達成孤立的工具或阻礙。

綽號「大學航空炸彈客」的泰德．卡辛斯基（Ted Kaczynski）就屬於這個亞型。卡辛斯基曾經是大學教授，也是個神童，後來他隱居森林追求自然主義的生活。他拒絕現代的便利設施並寫下詳盡的宣言。這篇三萬五千字的文章譴責左派、工業化、科技帶來的不穩定、淺碟文化，對當代文化做出許多評判。為了回應他認定的人性墮落，他寄出電郵炸彈，意圖警示大眾物質主義和消費主義的危害。卡辛斯基心中對於人類抱持著深層的蔑視和不信任。他相信自己的出眾智能和特殊能力可以看穿真相，認為自己有責任要喚醒世上愚蠢的人。這個亞型的自以為是和自我中心顯現在他們的離群索居和冰冷的抽象思考。他們以天才自居，相信其他人都是沒有自我意識的齒輪，只能等待撥亂反正。無論是貪婪或極端的簡約主義，這個亞型的人會藉由剝削或貶損他人的需求、想法和經驗，來逃離對於毀滅的恐懼。

應對這一型的方式

一、不要期待這個亞型的人會慷慨提供時間、精力、金錢或是資源，這樣能夠減少你對他們的失望。不抱期望的話，你可能會在他們提供協助或資源時感到驚喜。

二、他們需要的獨處和隱私可能會讓你覺得太過頭。切記，你越是要求和他們互動、情緒表達或溝通，他們越容易發脾氣、嫌惡和冷漠。如果給他們空間的話，他們可能偶爾還會想要做短暫交流。

三、如果他們太過吝嗇、囤積物品或節省，那是因為他們有關生存的恐懼被觸發。他們可能需要有足夠的資源做為生存保證。假如某些重要資源短缺，他們會越來越焦慮，越來越偏執。

四、有時候這個亞型的人對金錢非常計較或一毛不拔，認為是其他人在剝削他們。他們會因為對於耗竭的恐懼而合理化自己的攻擊和侵略性。如果他們出現虐待行為或是開始對這些問題很執著，你最好離開那個情境。

社交第五型

社交第五型的人尋求安全感的方式，是讓別人肯定自己知識淵博、有能力、對社會的貢獻值得敬重。學術界對這個亞型來說是完美的環境，他們在學習、教學和傳播知識的地方如魚得水。這個亞型比另外兩個第五型的亞型更加友善，而且覺得和志同道合的人在一起很振奮人心。如同其他第五型的人，他們希望蒐集足夠資訊之後再把發現結果分享給世界。他們也需要團體給予的肯定，讓自己有受到重視的感覺。

我在讀博士班時遇到一些社交第五型的教授，他們對於各種理論有深厚的知識。他們提出自己的見解時態度堅定，就跟第八型的人一樣。然而，不同於第八型人，他們把專注力放在資訊本身，而不是展現自己的力量。一旦完成教學或討論資料、構想、理論和推測，他們就會退縮起來，甚至不見人影。相較於其他第五型的人，他們的社交能力比較強，但是若非以知性交流為目的，過多交際會讓他們覺得耗盡力氣。他們看似外向且具有親和力，但有時候又會像烏龜一樣把自己縮起來。有些社交第五型的人享受參加派對、俱樂部或是其他高度刺激的社交氛圍，但是在得到滿足之後就會離開。

社交第五型的典型是術士、薩滿或學者，因為他們致力於尋求和保存深奧的知識。他們往往喜歡難以獲取或是極為專業的資訊。他們會專研特殊的知識領域，從發現結果中汲取智慧。

社交第五型的人是知識保存者，這樣可以為他們贏得群體的尊敬。為了要成為群體的一員和避免被拒絕，他們必須成為專家。

> 我向來對人群是愛恨交加。我不是非常喜歡人，因為我覺得他們會說出很愚蠢的話。但是我覺得對的人可以促進知識成長。我是終身學習者，這就是為什麼我想要當教授，成為某方面的專家讓我擁有使命感。
>
> ——彼得，五十三歲，經濟學教授

社交第五型的人把價值與知識劃上等號。他們可能注重道德而偏向第一型人，尤其是他們相信教育的核心價值，以及對於有意義主題的重要探索。他們認為如果沒有在特定領域具備深厚的知識，他們就無法獲得敬重，因此他們往往會尋找知性相關的職位（因此特別青睞學術界）。

社交第五型人把人類視為必要之惡。就像其他所有第五型的人，他們害怕隱私受到侵犯或者是受制於他人的期望而失去自主性。然而如果他們不在知性階層的頂點，他們就會努力往權威爬升：

我最大的典範是知識權威，或者成為某種在上位的指導者。從高中時期開始，就會有人請教我課業問題，或是請我提供客觀建議。我隨時透過網路獲取新知，變成像是人體打字機或知識來源，所以大家總是找我幫忙……但是這同時是一種詛咒。反思之後，我體認到我永遠無法成為一般人，我必須投身某種知識領域……我曾經因為別人認為我不好相處、傲慢或是標準太高而起衝突。我對自己的立場很執著，因為我發現人們會被權威震懾。我很常否定別人，所以會惹得對方不高興，行事風格也會讓人們反感。

——莎露美，二十一歲，學生

在自己選擇的團體中被拒絕或被誤解很痛苦，這會讓他們更加堅信人際關係或人性是不值得追求和拯救的。如果這個類型的人擁有中等到高度的同理心，他們會慷慨付出時間精力和提供自己的見解。他們樂於分享自己學到的事物，並且幫助真心有意理解他們想法的人。他們在自己愛好的圈子中往往可以帶來有意義的貢獻。他們敬重以實力證明自己能力的專家。他們會小心不要越過他人的界線。很多這類型的人會盡可能保持禮貌以隱藏自己的社交不安，但是如果提到他們有興趣的主題，他們會突然激動起來或一反常態侃侃而談。

知識精英份子

> 要是人們沒有那麼蠢，我就不需要告訴他們該如何思考。我知道我比多數我認識的人還要聰明。我的智商一五七，遠高於平均值。我有兩個碩士學位、一個博士學位，還有一個博士後學位。我也是領域的頂尖研究學者。我言之有物，不然我會寧願閉嘴。我希望其他人也能如此，那麼世界會安靜許多。
>
> ——迪爾德拉，四十四歲，臨床醫學主任

迪爾德拉是典型的知識精英份子。她對自己的專業和智力表現充滿自信，原因在於其學術成就和聰明的腦袋。不過她似乎看不起身旁所有人，顯示她是一個知性上的自戀者。這個亞型的人認為他們的價值不僅來自學術貢獻（如同其他第五型人），還有他們高人一等的智能。他們對於聰明才智相當勢利，只想跟他們認為有能力且學識豐富的人往來。

相較於沒有自戀傾向的社交第五型，知識精英份子更在意自己的公眾形象。所有社交第五型的人都會追求進階的學位、專長或其他學術表現以滿足自己的價值感。然而知識精英份子想要在他人面前施展權力。他們想要在自己選擇的團體中登峰造極，而且可能會阻止其他人往上爬。他們會用公開挑戰他人思想或知識的方

式來毀滅他人。他們會中傷他人來強化自己的優越感，而且越多人看見越好。

如同其他所有第五型的人，這個亞型很容易可以把人與情緒分開討論。他們不重視別人的情緒經驗，主要是因為他們覺得這樣不合理。他們無意探索感受，而且會在別人想要討論情緒時，因為擔心自己做不到而拒絕對方。他們把人抽象化以合理化自己對待他人時無情、無感或殘酷。他們認為多數人都是一群沒有思想的動物，需要思想的引導。

這個亞型的人也喜歡製造混亂，因為他們天生對人性感到憤世嫉俗。

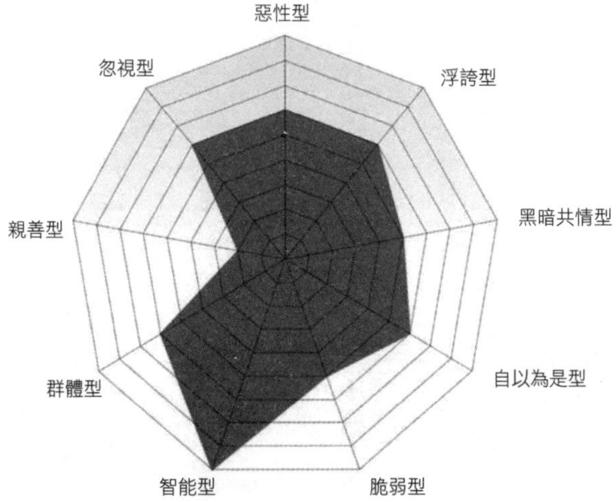

社交第五型：知識精英份子

我在資訊科技業已經待了好幾年。這個工作很無趣，主要都是在設計愚蠢的交友軟體。我覺得人們需要別人告訴他們應該怎麼思考，我認為導正群眾的觀點是必要之惡。於是我開始在二〇一六年總統大選時設立酸民農場。我滿享受製造假消息，因為看到大眾會相信哪種可笑的事情很有趣。有些我們在社群媒體上散播的東西很扯。說實話，我只想要看到一切都亂七八糟。結果也確實如此。我沒有效忠任何政黨或意識型態，因為我覺得全部都很白痴。

——契特，三十四歲，內容創作者

想要製造混亂並讓無知群眾不安的念頭，是這個亞型很常出現的情況。缺乏同理心、自以為是和自大是他們的特徵。他們認為卸除別人的安全感、快樂或認同是在做好事。

二〇一九年由陶德·菲利普斯（Todd Phillips）執導的電影《小丑》（*Joker*），對經典漫畫反派做了精彩的角色詮釋。菲尼克斯版的小丑是由真實生活中第五型人的瓦昆·菲尼克斯（Joaquin Phoenix）飾演，或許是蝙蝠俠頭號仇敵最灰暗而寫實的演繹。菲尼克斯演的小丑是「邪惡天才」的瘋狂寫照，也刻畫了知識精英份子的性格特色。《小丑》鋪陳了超級大反派墮落成為……超級大反派的背景故事。小丑的本名叫做亞瑟·佛萊克，戲中描述他是怪異的獨行俠，並有一種病症讓他在不恰當的時候會無法抑制笑意。他以小丑為職業，在犯罪猖獗的高譚市遭到惡霸襲擊。以這場攻擊事件為開端，佛萊克漸漸陷入瘋狂。佛萊克幻想成為單口喜劇演員，並且幻想自己參加《莫瑞．富蘭克林脫口秀》而聲名大噪。可惜在小丑工作被開除，而且在地鐵上被三名韋恩企業的精英襲擊後，他的癲狂情況越來越嚴重。佛萊克失控開槍射殺其中一人以求自衛並逃離現場。這場殺人事件開啟了他的心理病態。他出現人格分裂的情況，有時是溫和又心思細膩且不諳社交的亞瑟，有時是暴力又自我膨脹的小丑。

隨著混亂和緊張局勢攀升，我們看見佛萊克完全陷入病態模樣，展現出小丑的身分認同。他的自戀帶來很大危險。佛萊克最後上了《莫瑞．富蘭克林脫口秀》，並在片尾那一幕表演他的喜劇橋段。莫瑞曾嘲笑佛萊克講的笑話，說他舉止怪異讓人不舒服，所以小丑想要復仇。小丑畫好完整的妝容，穿上紫色套裝，他用猛力砲火譏笑、羞辱和恐嚇莫瑞，以報復自己被公開嘲笑。最後在暴力湧現的一刻，他在節目播放中開槍射殺莫瑞。

這部電影很灰暗、恐怖，也是一種有趣的精神病態研究。佛萊克不是一開場就是一個病態的人。他是一個彬彬有禮但有點奇怪的人——在經濟和身心方面有可以接受的缺陷。然而到了電影尾聲，佛萊克認為自己必須要向瞧不起和拒絕他的社會報復。他與先前的身分切割，轉換成另一個自我：小丑。在蝙蝠俠的宇宙中，小丑本身就是一個製造混亂的人；他想要製造恐懼、混亂和絕望的念頭，反映出他反社會的病態心理。

應對這一型的方式

一、當他們談論自身的專業領域並變得傲慢自大、自以為高人一等時，你最好遠離當下的情境，避免被羞辱或是要鬥智較量。

二、這個亞型的人重視知識譜系。他們會貶低你的學歷或知識，因為不符合他們對於卓越的標準。又或者如果他們偏向反社會，可能會嘲笑你受的正規教育，認為他們自學的知識更有價值。堅持你認為對的事實，不要將他們的批評照單全收，記住他們這樣的表現是因為他們害怕自己沒有能力。

三、和這個亞型的人很難討論任何情緒方面的事。他們可能過於冷漠，一旦防備心重就會過度講究理性。如果你出現了情緒，最好離開當下情境，因為展現你的情緒弱點只會引起他們的不滿。

四、有些這個亞型的人可能情緒失調，在某些情況下會失序或充滿敵意。當他們感受到威脅或覺得能力不足時，會表現出憤怒、無禮或肢體暴力，以便重新獲得掌控感。可以的話，在他們變得有侵略性時立刻離開，因為當他們情緒激動起來會難以預測且很危險。

性本能第五型

性本能第五型的人對於耗竭和汙染的恐懼，以及能力和知識的渴望，主要展現在親密關係上。如同所有性本能亞型，他們渴望和他們喜歡的人在一起，但是由於他們對於展開、建立和維持關係感到不安，所以他們傾向保持距離。性本能第五型的人把愛與親密感理想化，認為如果太過投入會汙染了純淨的關係。他們也害怕伴侶和所愛的人會消耗他們的能量，所以他們會疏遠重要他人。他們想要維持愛情或感情的純淨，同時又渴望能親近所愛的人，因此內心相當掙扎。

這個亞型的人認為只要他們對於在乎的人有足夠的認識，在關係中就可以表現得令人滿意和充滿信心。最終他們希望能交到可以共享內心世界的對象，然而這也是性本能第五型人的焦慮所在。他們就像是訊息捕手。起初他們會蒐集愛慕對象的情報，在接下來幾星期、幾個月或幾年之間觀察潛在對象的一切，然後才會鼓起勇氣跟對方交談。

我對我的妻子一見鍾情。她當時在學生餐廳工作，我天天都去看她。我想要知道她跟其他人怎麼互動。我會觀察她的言行舉止，偷聽她跟其他顧客的對話。我沒有想過這麼做會讓人害怕，對我來說這就像是做調查一樣。我想像我們兩人一起生活的模樣。我常常跟我死黨提到她的事。死黨建議我約她出去。這個想法讓我非常害怕。她很完美，我不希望發現她的不完美（或者是她不喜歡我）。我擔心她在我心中的形象比現實美好，因為心之所嚮都比較好。天天去餐廳觀察她四個月之後，有一天她走到我的桌邊說：「你是恐怖的連續殺人魔，還是你想要約我出去？」我盯著她看，我想這一定又會讓她頭皮發麻了。我什麼話都沒說，她就走掉了！隔天我鼓足勇氣（經過好幾波恐慌）約她出去，然後接下來的事就不用多說了。她叫我跟蹤狂，這是一種暱稱，但其他人聽到可就不好笑了。

——布拉德利，四十二歲，網路安全防護專家

基本上性本能第五型的人會構想他們的關係。很多這個類型的人瘋狂愛上根本不知道自己存在的陌生人。開啟一段關係但對方無法達到自己期望，甚至遭到拒絕或是拋棄所帶來的失落感，讓他們又更加渴望關係。諷刺的是，他們一旦選定潛在對象後便很難放棄這段關係或對方的理想模樣。他們會保持距離以維持這段關係在他們心中的純淨。對於性本能第五型的人來說，距離讓人更加傾心。他們覺得距離的阻礙（實體或情感上）很刺激，會讓人心癢癢的。他們逃避深刻連結的傾向可能

會讓伴侶、子女和家人感到挫折。

性本能第五型的人認為如果別人知道他們心裡在想什麼，就會感到厭惡、害怕或是失望而拒絕他們。他們想要分享內心的想法、慾望和幻想，不過由於他們的內心世界比較黑暗，或至少跟多數人不太一樣，所以他們對於拒絕或是被批評的恐懼也不是沒有道理。他們懷疑自己是否會被接納，所以表現得退縮和閃躲。他們可能會突然之間敞開心胸透露心聲或情緒化，然後一連好幾天、好幾週或是好幾個月不再繼續分享。然而他們有種不可思議的能力能探查他人的祕密、故事或經歷，他們就像是親密情報的海綿，吸收別人的資訊讓他們覺得與對方更親近。同時他們想要知道其他人會願意用同等的信賴和忠誠來保守他們的想法。詹姆斯・史派德（James Spader，真實生活中為第五型）在一九八九年由史蒂芬・索德勃（Steven Soderbergh）執導的電影《性、謊言、錄影帶》（*Sex, Lies, and Videotape*）中，演繹了完美的角色範例。這部電影是關於一名男子錄下女性描述的性經驗和幻想，並從中得到愉悅。

這個亞型的人喜歡用肢體展現愛意、性和親密感，以表達自己的情緒或感受。但是由於他們難以掌握自己的感受，所以會用更極端或禁忌的性舉動來滿足親密需求。這麼做可能會讓伴侶感到意外，因為平常內向安靜的他們有可能突然之間變得充滿性幻想或性癖好。他們想要與愛慕對象融為一體。然而在這樣的接觸之後，他們可能會有退避（情感上和實體上）一陣子，擔心承受不了對方的情感需求。

這個亞型的人在美、哲學、心理學或是藝術方面可能有第四型的傾向。不過他們通常更注重這些領域的運作方式，並用比第四型人更不顯露情感的方式來談論主題。第四型的人想要透過這些愛好來找尋自我認同；第五型人則有很大的想像力，總是在他們心中建構出複雜的世界。

知名的印象派作曲家蕭邦（Frédéric Chopin）很可能屬於這個亞型。蕭邦優美悠揚的音樂呈現了該時期的浪漫風格。他精熟於編曲，能夠創造出餘音繞樑、憂傷又懷舊的旋律成為他的招牌風格。蕭邦小時候是個鋼琴神童，六歲時就展現出高超的音樂實力。他童年就病痛纏身，而且是個頭嬌小、不起眼的小孩。蕭邦寫給愛人的書信中顯露出他是個熱情、思緒複雜、感官敏銳且頭腦聰明的人，但是真實生活中他不善於分享情感。音樂更能夠表達他的愛意。對蕭邦來說，音符比起文字更能夠代表他的情感世界。他一生中有幾段難以完美的戀情，而最讓他傾心的莫過於作家喬治・桑（George Sand）。蕭邦在過世之前，與桑之間有段轟轟烈烈的關係。蕭邦對於抒情樂曲有很大的影響，尤其是他只為鋼琴編曲。他令人陶醉但有時出人意表的曲調表現了他豐富的內心世界，也為印象派時期的斑斕色彩下了唯美的定義。

一段關係的結束會讓第五型的人很痛苦，因為他們往往把愛情視為烏托邦式的理想（類似第七型人）。冰島歌后碧玉就代表性本能第五型，抽離的情感讓他們看起來很冷酷。

暗黑的窺視者

平時爽朗、善於交際且搞笑的羅賓·威廉斯（Robin Williams）演出二〇〇五年心理驚悚片《不速之客》（*One Hour Photo*）中被稱為「賽」的角色西摩·巴利西。賽是一個孤獨的照片沖洗員，沒有朋友、伴侶或是社交生活。他埋首於工作，對於能窺見他人私生活樂在其中。多年來他努力想要與楊金一家人打好關係，還偷了那家人的照片副本擺在自己家中。可是他因為害羞又彆扭所以行動失敗。某天他觀察到楊金一家的女主人妮娜買了一本書，於是找到了下手的

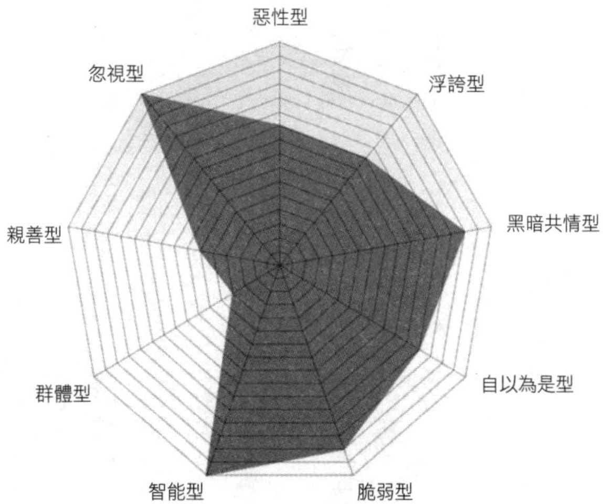

性本能第五型：暗黑的窺視者

機會。他假裝對那本書有興趣，開啟對話，而妮娜聽聞他獨自生活後，分享了她兒子跟賽一樣喜歡獨處。

最終賽因為各種違規行為而被開除。可是在他離開工作崗位之前，他發現妮娜的丈夫威廉跟另一名顧客瑪雅有染。他為了告誡妮娜，便把她丈夫跟瑪雅卿卿我我的照片混入她洗的照片當中。賽因為原本對於楊金一家的浪漫想像破滅而十分生氣，於是他跟蹤威廉，拍攝他跟情婦的照片寄給妮娜。他開始對於威廉不忠的事情執著起來，於是偷拍他們女兒的照片寄給威廉，威脅他要承認自己出軌的事。他變得越來越激動和在意，跟蹤威廉和瑪雅到旅館，拿著刀強迫他們擺出不雅姿勢，拍照寄給妮娜看。

賽的表現令人不寒而慄，他是個有心理病態的性本能第五型人，透過跟蹤和肢體與情緒虐待來尋求親密和親近感。他渴望楊金一家人維持美好的幻想，顯示了性本能第五型的人把關係理想化的心理。然而當現實不符合他的想像時，他就爆發了。他自以為是地認定自己有責任教訓威廉，恢復一個完美的家庭。

這個亞型的人常會做出跟蹤的行徑而被視為怪人。一般來說他們孤立、行蹤隱密，而且善於掩藏自己的意圖，或是暗中監看著他們感興趣的對象。如果有能力的話，他們會在不為人知的情況下蒐集資訊。他們擅長採用不同的身分，或者是在不知不覺之下獲取他人的生活細節。他們自認有資格知道愛戀對象的一切。他們監控他人，祕密探查資訊，可能嚴重侵犯了他人的生活。

這個亞型的人對於隱私、親密和界線的概念很不尋常，他們會用冷漠或平靜的態度來掩藏自己探人隱私的行為。但他們喜歡獨處，非常介意被人觀察或監視。人們可能永遠都沒發現他們暗中調查的狩獵行為。他們會利用個人魅力或是建立人設和變換身分來接近不同人。很多接觸過這個亞型的人會說，他們根本不曉得這些人真正的模樣。

由於他們往往只是在心中想像多數的關係，而不是真正與對方互動，所以他們可能會對愛慕對象感到幻滅和失望。

我在一個有關戀物癖的線上聊天室認識前男友。我當時為了碩士論文在研究戀物癖。他對緊身胸衣的歷史有淵博知識，所以我覺得他很有趣。我們聊了一陣子，或者說主要是我在說、他問問題。他有些問題明顯侵犯隱私，但我大概只覺得很妙。他對我進行嚴重的愛意轟炸，他說我是他幻想中的女性。在他出了一趟遠門回到家後，麻煩開始出現。他似乎隨時都知道我人在哪裡……我朋友說他可能在我車上裝了追蹤器。他發誓沒有，所以我也就不去追究了。還有其他事情，像是他一直要求我寄色情影片給他，但他自己都沒有寄給我……我終於受不了，傳訊息告訴他我受夠了，叫他不要再來煩我。他什麼話都沒說，這讓我覺得非常不安。我現在還是會做有關他的惡夢。

——席琳，二十七歲，碩士生

席琳的經驗道出了這個亞型冷漠的侵略性。她後來說他寄了電子郵件表示她的離開讓他痛不欲生，還有他可能就要活不下去了。好險她明白這是他用來博取同情的操控手段，因此沒有回應。兩年過去，他沒有再來聯繫，讓她鬆了口氣。

這個亞型陰暗的內心世界通常到了讓一般人會不安的程度。然而，危險的不是他們的想法。他們希望別人可以在現實中滿足他們的暗黑幻想。他們不懂得遵守人際界線這一點很諷刺，因為他們對自己的隱私有堅定的界線。這個亞型的人在工作環境中可能安靜、有效率且能力佳。沒有人會察覺到他們的自戀傾向，就連家人可能都沒發現他們禁忌的地下世界，因為他們是隱瞞高手，能藏得住自己的思想、情緒、愛好以免被人發現。

如果暗黑的窺視者有明顯的自戀傾向，他們可能會突然發怒或是行使暴力。他們的怒氣可能很驚人，因為他們平常態度保守或安靜。他們的心理病態發作起來可能會相當強烈。他們經常會帶有一些威脅性，把耍心機當作是施虐的樂趣。有些這個類型的人甚至會自我欺騙，認為是其他人對他們的心理遊戲或虐待行為感到著迷。他們合理化自己對別人的攻擊，相信他們對別人的愛、關心或在乎能夠赦免自己的罪行。

應對這一型的方式

一、應對這個亞型的人，界線很重要。他們可能不會加以遵守，但務必要清楚表明你的權利、底線和選擇。這一點在戀愛關係中特別重要，他們可能很有說服力、迷人魅力和神祕感，把你引誘到他們的世界。

二、這個亞型的人在探查你心理的同時卻不會透露他們自己的個人資訊。如果他們的探查讓你覺得受到侵犯，以其人之道還治其人之身，引導他們說出一些內心的想法。

三、暗黑的窺視者尤其無法產生同理心或是對人感同身受。假設他們很冷漠或是表現得無動於衷，那麼你最好暫時離開對話。如果你變得更情緒化，他們會表現得更疏離，或是利用你的情緒反應來操控你。

四、如果這個亞型的人生氣或激動起來，可能會情緒爆發或者具有威脅性。避免煽動他們的怒氣，萬一你在身體、精神或情緒方面被傷害，務必遠離當下情境並尋求執法人員的專業干預。擺脫這個亞型的人不容易，因為他們會監視和跟蹤人。

第十四章　第六型：忠實的懷疑論者

自戀亞型

自我保存第六型：自我防備的悲觀論者
社交第六型：舉棋不定的破壞者
性本能第六型：反應過度的叛亂份子

自我保存第六型

敏銳、好奇、善感、忠誠、具有情感共鳴，我會用這五個詞來形容我認識的所有自我保存第六型的人。我認識的此型人沒有很多，但是我最好的朋友、工作夥伴、二十年來的莫逆之交、我母親，以及不少我有幸認識的人，都有這個常被誤解的亞型所具有的那種堅定的勇氣和複雜的情緒。第六型的人本質上心理／情緒無時無刻都在變化。他們經常難以確定自己的人格類型，因為他們對自我感到懷疑，傾向透過行為而非動機尋求自我認同。這也是為什麼對於第六型人如何表現很難有一致的線索，因為他們的自我呈現方式取決於第六型的不同變化。我通常會說第六型人有九種，主要依據他們看待自己的方式，實際的表現則會稍有差別。

自我保存第六型的人是溫順和懷疑的有趣綜合體。他們想要信任別人，因為與穩定、自尊自信的人結盟可以讓他們感到踏實。這個亞型的人渴望追求真實，探尋他們認為有問題、危險或值得關注的事情，這是調查記者的必備條件，也是勇敢的要件。在危險的環境中追查謎題或發掘證據，是這個亞型自豪的優勢：

> 如果不該發生的事情卻發生了，我會找出發生的原因。我很愛一句電影台詞：「真相愛我」。說得真好。我朋友會請我幫忙調查她新交的男友是不是噁男或是暴力男。我能夠查出對方在七年級時跟誰廝混過，還有那些人現在在幹嘛。我想要知道真相。如果事情不對勁，不找出答案我不會罷休。
>
> ——迪蒂，三十七歲，書店老闆

並非所有自我保存第六型的人都有這種調查技巧。很多這個亞型的人注重隱私、容易緊張焦慮，一般而言喜歡獨處。他們往往不希望被打擾，不是因為他們討厭人群，而是他們害怕承受不了別人的要求或期望。然而有別於第五型的人，他們覺得有義務提供他人協助和支持。他們想要被人認為是忠實可靠的，因為他們希望自己有朝一日需要時也可以獲得回報。他們同時強烈感受到期望和責任的重擔。儘管如此，他們有能力肩負起重大責任，因為他們通常都能做好被指派或是自願去保護或守衛的事情。

熱門HBO影集《權力遊戲》翻拍自喬治・馬丁（George R. R. Martin）的同名奇幻作品，劇中英雄角色瓊恩・雪諾完美呈現出平凡人被迫出來當英雄的範例。瓊恩是艾德・史塔克公爵的「私生子」，與史塔克的「正統」子女一起被撫養長大。他在家族中是個外人，於是決定加入守夜人軍團（一群守衛著隔離「異鬼」的絕境長城的士兵）。瓊恩在尋找身分認同的同時充分感受到自己的渺小和可悲。他想要證明自己有能力保護族人和家族的榮耀。在奇幻作品的典型戲劇化情節下，他被殺死後復活，並成為讓史塔克一族重返光榮的領導者。最後，曾經被小看的瓊恩晉升為北方之王。這一系列故事錯綜複雜，在此沒有足夠篇幅完整討論，但我們可以說瓊恩走過的歷程正是自我保存第六型的寫照。

托爾金的系列作品《魔戒》當中的佛羅多・巴金斯和比爾博・巴金斯也是這個類型的範例，他們是揣揣不安又謙卑的英雄，因情勢所逼所以要起身捍衛自己、家人和朋友的生命。一旦安全受到威脅，這個亞型的人會堅強不屈。有時候就連他們自己也對自己這種克服恐懼的力量感到不可思議：

我是一個不愛起衝突的人。我很討厭衝突。我希望別人不要來找我麻煩。我不隨便讓人進入我的生活，因為要控制每個人的期望很難。我經常會感到罪惡，過多責任很容易引發愧疚感。即便很多事情導致我焦慮，但必要時我也會毫無畏懼，有時候連我自己都很驚訝。尤其如果有人欺負我最親近的人，我會挺身而出。大家覺得我是畏縮的小女孩，但要是有人膽敢招惹我或是我的人，他們就會看到我完全不同的一面。

——拉爾薩，二十四歲，業務助理

這個亞型的人認為能夠支持讓他們感到安心又值得信任的人，他們就會對自己克服焦慮的能力更有信心。每當焦慮升起時，他們會以堅定的態度控制益發強烈的恐懼感。他們最大的恐懼包括無家可歸、飢餓、受傷、生病、被自己在乎的人欺騙。然而第六型人抵抗恐懼的作風，讓他們在注意到問題時會變得更強勢、挑釁或充滿挑戰性。

自我保存第六型的人特別留意在具有威脅、危險或令人不快的環境中可能會出現什麼差錯，並且會告誡別人前方可能潛藏的陷阱。可惜的是，他們提出的警告經常被輕忽或扭曲而讓他們感到萬分苦惱。他們會保持警覺以維持自身安全或是減少焦慮，並且以此展現對在乎之人的愛和支持。

有些這個亞型的人特別有創造力、多愁善感，而且偏向第四型人；有些則是樂於助人、樂觀積極又懂得照顧別人，像是第二型人。無論他們外顯的表現如何，他們的行為可以抑制自己過多的焦慮，以免無法正常行事、懦弱，或者難以捍衛自己。有些人誤以為這個亞型的人整天幻想會被傷害、被闖入家門，或是糾結於末日的情景，但是這麼想過度簡化了這個亞型懂得運用支援和能力來挑戰威脅或不公義的行為。

很多自我保存第六型的人具有一種討人喜愛的神經質，還有很不錯的幽默感。他們通常不會大張旗鼓引人關注，因此其他人聽到他們時而熱烈、時而嗆辣的評論會感到驚訝。

自我防備的悲觀論者

在流行文化中，自我保存第六型的自戀者通常被視為幼稚、滑稽、較沒有威脅性的。雖然他們特有的焦慮可能會被當作是電視節目或電影中的笑料，但是他們的自戀在危害性和問題的嚴重程度上，並不亞於其他二十六種自戀亞型。如果要說明自我防備的悲觀論者的自戀特質，一定要提到兩大喜劇。首先是一九九一年由法蘭克．歐茲（Frank Oz）執導的電影《天生一對寶》（*What About Bob?*）中，比爾．墨瑞（Bill Murray）飾演焦慮、黏人、有強迫症傾向的角色鮑勃．威利，讓由理查德．德萊福斯（Richard Dreyfuss）飾演的心理學專家里奧．馬文醫師感到不勝其擾。鮑勃很膽怯，非常依賴馬文醫師，他請這位心理學專家幫忙他應對很多問題，對他產生不健康的依戀心理。而鮑勃的問題又因為疑病症和刻意編造事實而加劇。舉例來說，鮑勃擔心自己會患上妥瑞氏症，因此會故意喊出一些不堪入耳髒話，因為他認為「如果是裝出來的，就不是真正有病」。

鮑勃原本舉止無害，但是他後

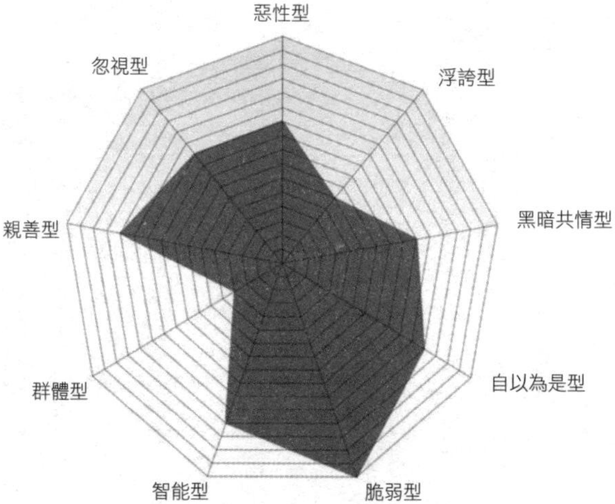

自我保存第六型：自我防備的悲觀論者

來卻介入馬文醫師的私人生活。他的焦慮和對馬文醫師的迷戀使得他刻意博取馬文太太、子女和朋友的好感，從而讓他們都覺得要讓他加入他們的活動。鮑勃的神經官能症讓身邊每個人都如履薄冰，他討人喜愛的表面下隱藏著心理操控和只顧自己的利益。鮑勃是個友善型的自戀者，但是他依賴別人，要求其他人關注自己的焦慮，讓人際關係產生許多問題。鮑勃沒有生氣和戒備（反而親切和過度友善），可是他不願意為自己的精神健康負起責任或建立健康的自主性。整部電影中他越界好幾次，並因為不願意放手而讓馬文醫師相當抓狂。

絕大多數這個類型的案例雖然不像鮑勃．威利那樣極端，但是他們都希望他人肯定並配合他們眾多的焦慮和問題。

我以前開玩笑說我媽就像是電影《魔女嘉莉》（*Carrie*）裡面的母親角色。雖然她不信教也不會做出把我們鎖在衣櫥裡面這類可怕的事情，但是她非常糾結於焦慮和擔憂的事情，而且把問題投射到我們的身上。她主要不是怕我們受傷。說實話，她光是顧自己的健康和安全問題就已經夠忙了，根本不太在意我們的人身安全。她似乎因為我很隨和而且在學校受人歡迎，所以對我感到生氣……她想要讓我擔心朋友會說我的壞話，或者灌輸一些她自己的想法來打擊我的信心。

——奧莉維亞，三十三歲，國小教師

如同奧莉維亞在訪談中所說的，這個亞型的人會嫉妒其他人有自信心且不焦慮。他們認為其他人應該也要感受到他們的焦慮，並且會把自己的恐懼、猶疑和自我懷疑加諸其他人身上。他們造成的影響不易察覺，因為他們的擔憂看起來像是支持和鼓勵。不過他們的懷疑和否定會消磨別人的信心，他們鄙視自信、自在、無憂無慮或快樂的人並會加以阻撓。為了控制他人，自我防備的悲觀論者會刻意毀壞他人的成果或是搗亂，以此當作一種懲罰方式。比起其他亞型，他們對於被揶揄、冒犯或是不受尊重的事情特別容易記仇。對於不重視他們的焦慮、問題和想法的人，他們會為難對方或故意找碴以示報復。

這個亞型可能特別咄咄逼人，對於自己要求的方式不願意退讓，尤其是居家或職場環境。他們想要確保自己的焦慮或不安不會發作。他們可能會要求用特定的方式收拾碗盤，或者是要其他人遵守自己對於飲食、清潔和財務方面的要求。他們認為別人應該配合自己，才不會讓自己感到焦慮。如果別人不配合他們的心意，他們甚至可能佯裝焦慮或恐慌症，或者直接大發雷霆。

自我防備的悲觀論者可能比其他亞型更負面、憂鬱或憤怒。他們確實經歷了一定程度的焦慮，然而他們認為自己可以用任何想要的方式去處理自己擔心的事情。他們會指責別人對自己無理的要求不夠細心，又或是挑剔其他人的說話方式、意見或行為，只為了讓自己感到安全和安心。

沒有自戀傾向的自我保存第六型人通常會帶給人溫暖和支持，而如果是在自戀的情況下，這些表現則時有時無。他們支持或幫助別人可能只是為了日後自己有需求時，對方也會給予交易式的回報。他們會用不安全感來操控別人接手他們覺得棘手或容易產生焦慮的事。如果生活不順遂，這個亞型的人常常會出現憤怒的激烈反應、怪罪他人，或是施加口頭或肢體暴力。他們天生對人的不信任感以及做決定的方式，讓他們無法信任他人，於是會不斷測試別人的可信度。

這個亞型的人防備心強又好戰，激動之下經常會表現出怒氣型的焦慮。以上種種特性加總起來，就會讓衝突或爭端難以解決。他們容易在沒有解釋、警告或是合理說法的情況下，因為有人觸動了自己的警報而跟對方切割。他們經常會宣稱這麼做是在守護自己的界線，但實際上通常只是因為有人做了或是說了他們不喜歡或不願意配合的事情。一旦他們在心中把某人或某事認定為是「危險」的，他們就會變得固執、冷漠和難以變通，並且以自我保護為名合理化自己對他人的傷害。

應對這一型的方式

一、當這個亞型過度反應和生氣時，表示他們偵測到令他們害怕的事。對於即將發生的災難、混亂或恐慌的恐懼，可能讓他們有激烈和憤怒的反應。然而這樣的反應只會加深他們的怒氣。

二、自我防備的悲觀論者可能會親近他人以獲取支持和安全感。知道有人接近你是為了你能提供的保護，應該會讓你覺得不太好過，所以如果遇到這個類型的人要留意他們可能是想要利用你。

三、這個亞型的人有時候會顯得脆弱、害怕和無助，雖然這樣的反應背後確實有一定程度的焦慮感，但他們通常會誇大自己的情緒反應來引發他人的回應，尤其是如果對方可以幫忙處理他們覺得棘手或害怕的事情。

四、設法鼓勵他們獨立，因為他們很依賴別人來減緩自己的恐懼。他們的依賴性可能會產生想要控制和傷害別人的情況。他們會引發別人的愧疚感，或者誘使別人表現出某些情緒反應，然後利用這些反應來達成自己的目的。例如惹怒你之後再說你發飆很可怕或很危險，這跟暗地裡的心理操縱稍有不同。

社交第六型

熱門電視影集《六人行》（*Friends*）中有很多喧鬧、古怪、有趣、引人共鳴的第六型特質。雖然並非所有角色都屬於第六型人，但大多數都是。凱瑟琳．福弗雷把第六型人容易集結在一起的傾向打趣稱作「第六天團」（Sixpack，字面意義為六塊肌或六入裝飲料）。不過這部電視劇的製作人可能有意識或直覺知道第六型人的魅力。觀察劇中的友情組合會發現社交第六型的人占了很高的比例。這個類型的人忠實、好相處、可靠、親切又盡責。他們把對焦慮和不確定性的恐懼導向社交圈，透過結交志同道合的團體或具有相同意識形態的人來獲取安全感。社交第六型的人喜歡置身於團體間，靠向能夠捍衛和支持彼此的地方。

他們相信團結力量大，認為團體成員被找麻煩就等於整個群體都受到挑戰。他們天性與人親近，即便對團體感到不安或懷疑。他們隨時都在尋找符合自己愛好、意識型態、信念或價值觀的（正式和非正式）團體。當社交第六型的人感覺到自己對所抱持的理念有所貢獻，便能暫時緩解他們的焦慮感。就算是選擇避開主流團體和從屬關係的社交第六型人，也會與其他人合作尋求安全保障和歸屬感。

我總是說自己討厭團體。我求學期間沒有加入任何社團，也沒有一群好友。我沒有參與任何運動，因為我無法融入他們。我承認我一直嚮往成為帥氣的運動好手，但我沒辦法，我比較像是書呆子。我在高中有四、五個關係比較好的朋友。我們上了不同大學，我覺得很失落。我甚至加入兄弟會一年，但那些人都是混蛋，我不怎麼欣賞他們……畢業之後，我開始加入網路社群。我認識其他幽浮愛好者（我對幽浮和外星人很著迷），他們超級酷。大約十年前，我加入幽浮社團，我們每年會聚會捕捉幽浮、參加會議等等。

——凱薩，三十四歲，餐廳經理

社交第六型的人有很多不同類型。有些比較拘謹和專業，看起來像第一型、第三型或第七型的人；他們充滿野心、善交際、外向、想要贏得人氣。有些人可能比較保守、重視知性，看起來偏向第五型。也有些人是反傳統、反文化又叛逆，比較偏向第八型或第四型。不過也有些人比較隨性、隨和，喜歡跟朋友出去玩，比較接近第九型或第二型。然而，社交第六型的動機都是透過團體尋找安全感和歸屬感。

社交第六型的人最難確認自己的人格類型，因為他們的行為、個人風格和表現方法各有不同。他們對朋友、政治或宗教意識型態、專業形象和社會角色的認同，往往讓他們誤判自己的行為動機。有時候社交第六型的人難以察覺自己的焦慮感，因為他們會把對焦慮、懦弱或是沒有做好準備的恐懼轉向投入其他活動。

我有一個學生叫派瑞，他是不折不扣的社交第六型人。他報名我的人格心理學課程，而儘管收到我和同學們的意見回饋，但是他整整一學期都對自己的人格類型猶豫不決，甚至質疑親朋好友說他「感覺像是」哪個類型的意見。他經常尋問他人對於他的心理動機有什麼看法，可是又不信任、爭論或是否定評估結果。這是這個亞型常見的特徵，在最後一堂課時，他分享以下心得：

> 我完全沒有察覺到自己的焦慮。你在第一週我們開始研究九型人格時就提過我感覺像是第六型的人，但我完全不接受。我不認為自己焦慮。我參加足球隊，也對自己的運動能力很有信心，我能輕易交到朋友，我喜歡越野摩托車和滑冰這類活動。第六型實在是……只會成天發牢騷之類的。但我突然想通了：我身旁總是有一群核心朋友，我們穿著很像、說話很像、喜歡同樣的音樂、交同樣類型的女伴，也都喜歡電影。我問自己為什麼我喜歡這樣。我認為如果有這些哥兒們罩我，我覺得自己可以做任何事。但要是我獨自一人，沒有任何朋友在身邊，我就會沒自信，我要有人跟我同陣線時我才有自信。
>
> ——派瑞，二十一歲，學生

第六型人所選的團體會帶給他們一種使命感、認同感和安全感。有些第六型人可能想要跟團體中的其他人有所區隔，例如因為自己的貢獻、風格或是不同意見而與眾不同。他們會去挑戰他們害怕的事物，或是有自己的偏好選擇，但還是會依照團體的需求來定義自己和自身價值。他們通常很忠誠，而且有強烈的責任感要去支持或幫助其他陷入險境或是有需求的人。

面對壓力時他們可能會顯得排外，覺得道不同不相為謀。對於不同的人、團體或是意識型態，他們會感到著迷又畏懼。如果他們傾向挑戰害怕的事物，好奇心會讓他們尋求與他人之間的友誼以減緩對於根本上不同的事物的恐懼。如果恐懼升起或是防備心增強，他們會選擇避開舒適圈外的人或者將他們視為危險人物。他們通常擔心被嘲笑、被排擠、與別人不同，或是遭到團體拒絕而必須獨自面對困境。

舉棋不定的破壞者

社交第六型的人比起其他亞型更加重視保護自己團體的職責。舉棋不定的破壞者面對被遺忘、被排擠或是與團體脫節的恐懼，以及為了要確保自己在團體中的地位和保護團體，他們會表現出侵略性、被動攻擊性和矛盾的心理。他們容易陷入偏執，常會依循某種意識型態、哲理、宗教或是團體的思想讓自己感到更有保障。由於自戀所以他們天生具有自信，認為他們有責任要保護他們認為的生存之道。

當一個人因為與他人不同或是偏離某個標準而遭到驅逐、批判或嘲笑，可能都會經歷這個亞型的這種面向。我們都對自己不理解或不喜歡的人事物感到害怕或威脅，甚至因為對方看起來跟我們不一樣而去迫害（或者意圖迫害）或拒絕對方。由於恐懼和嚴重的偏執傾向，舉棋不定的破壞者會質疑不屬於他們認為安全範圍內的人。如果這個亞型的人不屬於某個團體或族群的一員，他們會透過意識型態（政治、宗教、哲學、國家主義、種族、性別等等）的認同來建立權威。他們對於各式各樣不同意見的恐懼會導致他們做出反擊，並且會合理化自己的攻擊行為。

有些這個亞型的人可能沒有投入宗教或政治這類崇高的意識形態團體，而是在朋友群中尋找歸屬，他們會認為自己比其他人高尚。他們可能會排擠或瞧不起他們認為地位不如自己和自己所處團體的人，他們也會認為自己在團體中居於上

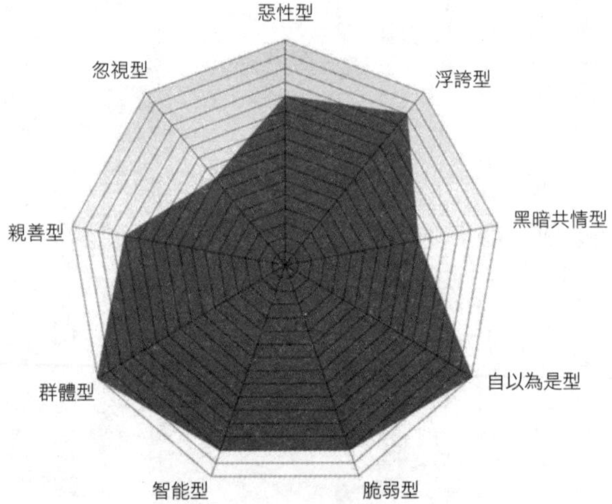

社交第六型：舉棋不定的破壞者

位。他們可能會藉由挑撥或以僵化規範的方式企圖控制團體。這個亞型的陰暗面在組織中可能會受到強化，以欺凌或是強迫他人的方式來證明自己。

> 我負責宣誓儀式。我的職責是確保參加我們組織的女性讓我們感到光榮。不只是成績和社交生活，生活的其他層面也涵蓋在內。我想她們選擇我是因為我喜歡督促人和懲罰人，如果有哪個女生越界，我能毫不猶疑要求她去關緊閉。她們要記取教訓才行。我不希望代表我們組織的女生害我們沒面子。我自詡為執法者。我們組織有一定的標準。我們有特定的穿著，特定的價值觀，約會對象也有特定類型。理應如此。說實話，我無法忍受不服從或是偏離正軌的行為。她們離開大學後愛怎樣就怎樣，但如果想要待在我們組織裡，就應該要學習正確的行為表現。
>
> ——萊西，二十一歲，學生

這個亞型跟第一型人一樣自以為道德高尚，這種特徵在所有社交型人當中多少都有。然而有別於第一型人，他們的標準和意識型態通常是來自於外在的權威，而不是自身的信念。儘管自戀，他們在沒有權威者的支持下往往會懷疑自己的信念和想法。他們認為在權威的領導下，必須要對身旁的人嚴厲執行規則、標準、規範或意識型態。

影集《繼承之戰》（*Succession*）是一部反思自戀人格障礙的作品，因為劇中多數的角色都有一定程度的自戀傾向。這部黑色諷刺戲劇描述美國一家大媒體集團家族複雜的權力鬥爭，家族中一名很像媒體大亨魯柏．梅鐸（Rupert Murdoch）且令人聞之色變的惡霸掌權人名叫羅根．洛伊（關於羅根一角的更多解析可參見本書第十六章）。羅根年事已高，他的成年子女相互過招爭奪公司繼承者之位。他在第二段婚姻生下的大兒子肯道．洛伊是家族億萬家產名單上的繼承人，然而他與父親的糾結關係加上他自戀的傾向使他在接棒過程中出了問題，集團也爆出子公司的暴力醜聞。

羅根為了要止血，於是跟聯邦探員、投資者和公眾展開一場高賭注的對弈。他很快就發現要面對內憂外患。他的孩子們各懷鬼胎、互相爭鬥，想盡辦法要從羅根身上取得帝國的通行證，或是讓自己受到器重以獲取財富。然而大兒子肯道決定與父親正面對槓，他們之間的角力好比是第八型自戀對上第六型自戀的高手過招。而且肯道是劇中顯露出更多缺陷和人性的角色，他也是一個自命清高的自戀狂，要戰勝自己的癮症、內心渴望被重視，又想要對抗父親高壓統治的假道學，內心充滿種種矛盾。

肯道決定發起一場對父親事業的公開戰爭來揭露他的惡行。肯道的手段出乎意料的直接。他打擊父親、把內情洩漏給媒體、公開羞辱、離間父親的親信和手足等等。肯道知道革命需要軍團，而且他想要證明自己不僅是正統的繼承者，而且在道德上比殘酷的父親更正當。肯道令人捉摸不定，因為他有時看似真誠地想要「行正道」，並在劇中不斷重複這一點，但同時又想要取得億萬媒體集團的榮耀。肯道忽略婚姻、忘記孩子的生日，執著於當個在前線抗戰的大人物。

他對於是否掌管企業顯得舉棋不定，這樣的優柔寡斷也會損及他的權威。肯道想要當個萬人之上的領導者。他抵制父親不道德的行為，卻在其他人不願意配合自己的領導風格時大發雷霆。

舉棋不定的破壞者通常不會直接攻擊。他們認為自己做的事情是為了大局著想，因此合理化自己對他人的欺壓和攻擊。他們經常很矛盾，在隨和、與人為善、守規則、好辯、阻撓他人和叛逆之間擺盪。他們的自我非常脆弱，對於自己的行為受到批評反應拙劣。他們堅持自己的動機很單純，因為他們會把這些動機化為職責，自認必須保護弱勢的人。他們會懷疑外人，並對各種選擇反覆無常。這個亞型的人可能內心覺得自己像是超級英雄，挺身而出維護正義，或者是幻想著誇張的英雄情節。他們把自己對他人的操控、欺壓和欺騙行為合理化成為要拯救他人或是解決問題（通常問題是他們自己或者是他們的自尊心）。

這個亞型在極端情況下可能會相當危險而偏執，但是他們常因為懦弱而會找別人當打手。查理斯・曼森（Charles Manson）是這個類型心理病態的完美範例。一九六九年發生了一起駭人的曼森家族謀殺案，多數人認為查理斯．曼森簡直是個妖魔鬼怪。傳記作家查爾斯．吉恩（Charles Guinn）表示查理斯．曼森過去有很多犯行，包含搶劫、人蛇販運和襲擊。負責他的青年社工認定他是「具攻擊性的反社會者」。[原注1]他反覆無常、可怕、具有攻擊性，而且無法遵循規則。他喜歡與其他想法類似的流浪者、罪犯和詐欺犯為伍，因為他們有共同的心理病態傾向，而且成群結隊可以為他的犯行壯膽。據說查理斯．曼森很有魅力、具說服力而且善變。

最終曼森累積了一小群追隨者，他的曼森家族邪教蔓延成末日邪教，他強調末日種族戰爭一觸即發。曼森對於黑人和其他少數人種的恐懼也注入了他的意識型態。他用這一點來解釋為什麼他的「族人」要「屠殺」和對抗警察。他的教義複雜而危險，他的犯行包含教唆三名女性在女星莎朗．蒂（Sharon Tate）洛杉磯家中殺害她以及其他四名女性。他被判共謀暴亂罪，但堅持自己無罪，並且把這些罪行歸咎於美國大眾，表示他們本來就暴力且偽善。曼森逃避責任、想讓其他人「擔起」自己的罪行、恐懼「異己」，還有扭曲的意識型態，都是這個亞型的心理病態者常見的特徵。就算他們反社會並且和第六型人一樣為了挑戰恐懼而罔顧規則和約束，但他們害怕被怪罪和迫害的同時卻會怪罪和迫害其他人。

應對這一型的方式

一、這個亞型的人可能控制慾很強，會強制別人做事的方法，因此跟他們相處或共事很難。要讓他們知道即使你重視他們的原則，但要是他們的規則或觀點壓迫他人，你不會願意去執行和參與。

二、他們對於他人的意圖、想法或信念很偏執，而且會越來越膨脹。這個亞型的人傾向菁英主義、固執、妄想，會讓人覺得很不安。如果他們的話讓你覺得被冒犯，你要說出來；如果他們做出迫害性的激烈言論，你要讓自己離開現場。

三、有些這個亞型的人反叛和抗爭心很強。他們可能具有反社會的傾向，抗拒任何限制。如果他們涉入非法或有風險的行為，最好遠離他們，因為一旦他們遇上麻煩時通常會推卸責任或怪罪他人來躲避被懲罰。

性本能第六型

性本能第六型的人以恐懼做為強心針，認為恐懼是永遠擺脫不了的事，所以他們必須與之搏鬥來證明自己。這個亞型的人認為屈服於懦弱是最糟糕的命運，因此比起自我保存第六型和社交第六型，他們更常會去挑戰他們害怕的事物。然而如同其他所有第六型人，他們和恐懼與焦慮的關係複雜難解。性本能第六型的人認為表現出堅強、有能力、有魅力和無所畏懼，就能夠吸引到優秀的伴侶來減輕自己的焦慮感。這個亞型跟第三型人一樣希望看起來體面，他們同時像第四型人一樣有創造力、多愁善感，經常經歷複雜的情緒。他們可能會在兩種狀態中擺盪，一種是類似第九型人那樣隨性自在，另一種則是像第八型人那樣具攻擊性又狂暴。更具體而言，他們擔憂要是在心上人或親密對象面前表現得懦弱和膽怯，就會失去支持和愛情，然後他們會更加恐懼。

> 我討厭表現出自己的焦慮。我覺得我隨時都要擺出振作的模樣，但我內心一團糟。我高中時開始到健身房重訓，隨著身材變壯，更多女生會關注我。我在五年前參加比賽得獎，我很喜歡這種感覺。我必須承認我受到很多女生（還有男生）的青睞，但我內心焦慮，害怕他們會知道我實際上有多焦慮。我覺得我的身材就像是一種鎧甲，不讓人看穿裡面的我其實只是一個膽小的孩子。大學時期我經常跟人打架，想試試看我會不會贏。我想知道我是否能夠克服恐懼，在高壓之下做出該有的反應。
>
> ——泰溫，二十七歲，個人訓練師

這個亞型的人經常會「膨脹自我」好讓自己顯得比較不膽怯和焦慮。他們認定擺出架式，無論是展現力量、智力和外貌（最好是三者兼具），能夠讓人不敢招惹自己，而且可以吸引到理想的伴侶以提升自己的信心。

多數這個亞型的人都喜歡從事刺激冒險的事情，像是高空彈跳、飆車、攀岩和其他極限運動。他們通常強調心靈勝於物質，會以令人印象深刻的方式來克服自己的侷限和恐懼。

「心靈勝於物質」的觀點是這個亞型常有的防衛機制。恐懼、悲傷和哀慟等強烈的情緒可能讓他們承受不了而引起恐慌和焦慮，觸發他們內心的恐懼感。為了避免被難以控制的情緒擺布而歷經威脅生存的恐懼，他們會設法展現出自己的力量和無懼。他們刻意透過極限行動來觸發恐懼，這麼做不僅讓他們感受到能掌控自己的焦慮感，同時可以克服膽怯，還能吸引對這種高超本領著迷的伴侶。然而有時候他們沒有察覺自己受到恐懼的影響，直到認識九型人格系統。

我原本不覺得我會害怕任何事情。聽起來很奇怪，但我想都沒想過。我猜想我已經塑造出一種自己很勇敢、天不怕地不怕的形象，因此我忘記了自己因為恐懼而做出的許多事情。我因為害怕所以學會高空跳傘，我因為害怕所以當了裸體模特兒。我想要快速克服焦慮。直到研讀九型人格之後我才開始察覺到這些情況。我先生說他因為我什麼都不怕而覺得我很有意思，但他真正瞭解我之後，認為「其實妳對每件事情都很焦慮！」

——塔蒂亞娜，三十八歲，巡邏員

這個亞型的人經常會讓人覺得他們相當肯定自己並且有自信心，因為他們就是如此呈現自己來吸引厲害且能幹的伴侶。不過他們很害怕被發現自己能力不足，或是對於伴侶來說不夠優秀。他們可能不好追，而且常常會在全心全意付出之前多方試探對方的信任感和忠誠度；在試探的階段他們會挑釁、好辯、衝動、反應激烈，然後又變得體貼、好說話、負責任、避免衝突。他們的行為可能在他人眼裡看來難以理解又變化無常，但這也代表著他們對於讓別人進入自己內心感到舉棋不定。

反應過度的叛亂份子

強烈的性本能加上自戀傾向和第六型的表現，創造出這個強烈又複雜的亞型。擔心被親密的人拋棄的恐懼產生了一種不穩定的行為表現，包含反應激烈、憤怒、脆弱，而且可能會出現其他難以應付的控制慾。反應過度的叛亂份子通常好辯、偏執、主導性強且在情感上愛操控。他們會在感情剛萌芽時表現得親暱、有魅力且相當驕傲。他們可能是討人喜愛的朋友、戀愛對象和員工，因為他們知道如何運用自己的同情心和自信風采來吸引別人。他們也相當脆弱、善感，在生氣或被惹怒時容易出現激烈或激動的反應。他們的強烈氣場、性吸引力和信心通常很吸引追求對象，他們也很擅長挑選自己能夠占上風的感情關係。

他們往往很快就會宣誓效忠和保護，而且會以勇氣來展現力量和愛意。他們進入他人生活之初就像是一股振奮的能量。如果他們具備天生的魅力（此亞型常有），他們會

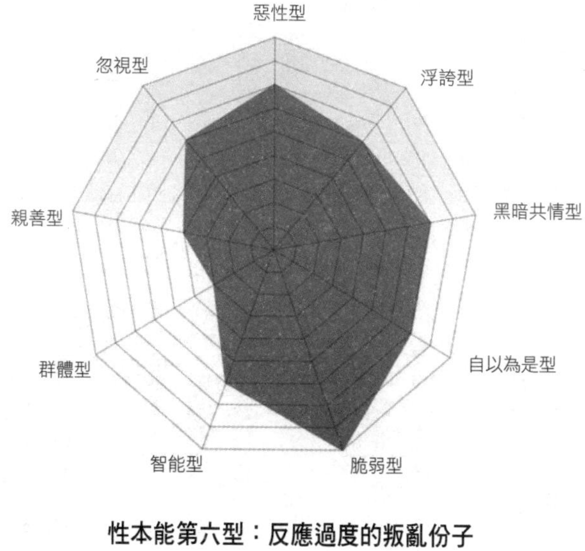

性本能第六型：反應過度的叛亂份子

懂得如何運用與生俱來的魅力、才能和力量來吸引人。對他人來說，這個亞型在證明自己的權力、氣概和無畏無懼時會顯得激動、好鬥和情緒高昂。

二〇一一年的電影《藍色情人節》（*Blue Valentine*）當中，萊恩．葛斯林（Ryan Gosling，真實生活中是性本能第六型）扮演屬於這個亞型的脆弱型自戀者。劇中描述狄恩和妻子辛蒂（由蜜雪兒．威廉斯〔Michelle Williams〕飾演）之間經常令人不愉快但又相當寫實的愛情故事。這部電影用非線性的方式探索這對夫妻之間的感情，從戀情之初到後來困難重重的婚姻生活。狄恩在搬家公司上班，他在幫助顧客遷入養老院時，邂逅了探望祖母的辛蒂。狄恩迷人有自信又驕傲，跟辛蒂要電話號碼時不容拒絕。她並沒有接受他的追求。經過一段時間後，她都沒有主動聯絡，於是他決定要跟蹤她。他一路尾隨她離開養老院後搭上公車，接著約她出去。

當時辛蒂剛跟相愛相殺的前男友鮑比結束關係而內心脆弱。她與狄恩之間的進展相當不順利，因為她發現自己懷了前男友鮑比的孩子。她不願意把懷孕的事情告訴狄恩。我們第一次看到狄恩操控情感的範例，是他覺得自己有權知道辛蒂的祕密。為了要她吐實，他爬上哈德遜河旁二十公尺高的圍欄，並威脅如果她不講出祕密，自己就要一躍而下。最終她表示其實不確定小孩是他還是前男友的。他狂揍了圍牆好幾拳，而她離開這個情緒化的場景。電影穿插交代他們夫妻之前的關係和五年後住在潘州的婚姻生活。

跳轉一段時間後，高中肄業的狄恩當畫家，而辛蒂擔任護理師維持家計，她希望他能多支應家庭所需。狄恩覺得自己理應能跟老婆辛蒂上床，並且多次針對自己求歡遭拒發表充滿控制慾的言論。他愛吃醋、反應激烈而且很黏人。他時而說話很衝，時而表現脆弱的一面讓她配合自己的不安全感。狄恩酗酒，而且不願意換工作或是好好振作，其中一幕是他喝醉酒去辛蒂工作的地方找她吵架，逼得她不得不關注他。他憤怒又態度強硬，行為不檢、纏人又任性。他陰晴不定的脾氣、情緒操控的招式，還有難以預測的攻擊性，都是這個亞型真實到令人難以忍受的行徑。他每次爆發之後總是會哭哭啼啼道歉。

《藍色情人節》描述這個亞型情緒不穩定、反應激烈，以及具有特權感的特質。他們要求別人要對自己忠誠且全心付出，並且因為他們自以為付出愛和照顧便認定別人要體諒自己的行為。他們常常用焦慮和恐懼來綁架別人的情緒，並且在自己情緒激烈的情況下卻期望他人要保持平靜。然而如同多數自戀暴力的事例，他們一開始不是如此不健康。就像電影所描述，這樣的情緒長期下來會慢慢侵蝕關係，而且一路上有不少警訊常常被忽略。

我前妻大概是我遇過最性感的女人。她很美麗、自信且無比聰明。她在酒吧搭訕我，跟我說了一個白痴笑話，然後給我她的電話號碼。她什麼都沒再多說。我好奇打電話過去，那天晚上就聊了三個小時。第一次約會時，她想要接送我、請客，還有做通常是由男生做的事情。她就像是一陣龍捲風，我深深著迷。但出現一些警訊。她會大發醋勁，對於我前女友，甚至餐廳的女服務生疑神疑鬼。她信誓旦旦說我給小費是在搭訕對方。我們大吵一架，吵到天翻地覆、不可收拾。她會道歉，然後我們激烈纏綿。這樣的情況幾乎是家常便飯，而她總是認定我外遇或是移情別戀。

——賴瑞，四十二歲，教授

他們如果當父母的話，可能會很嚴格、讓人害怕、控制慾強。而且他們經常會轉換到另一個極端，變得脆弱，期望他人解決自己的情緒問題，或者是指控子女或其他家人沒有付出愛和關注，或是沒有說實話。通常這種情況在他們不安和焦慮時會變得更嚴重，而且他們無法平靜下來，會要求他人解決自己的恐懼。

有些這個亞型的人會代替別人做出攻擊行為，認為這是一種有義氣或勇敢的舉動。他們認為這麼做是在「替自己人出頭」，但是他們經常會過度激動或暴力，然後在受到懲罰、責怪或是面對後果時，顯得不滿、憤怒或怪罪別人。假設他們展現的力量或「保護行為」沒有得到好的回應，他們會把氣出在自己原本想保護的對象，認為自己被誤解或是義氣不受重視。

這個亞型的人在職場上可能表現得沉穩自信，像是第三型人或第八型人，不過他們比較可能會出現激烈反應。由於他們的情緒極度不穩定，所以有時候會顯露出攻擊性。有些這個亞型的人在職場上會挾怨報復，找機會擊敗、羞辱或是打擊任何引發他們焦慮或不安的人，或是讓他們有失顏面的人。此外，他們可能無法好好遵守規則，因為他們討厭被指使，所以經常反應激烈又不願配合。

這個亞型的人容易用極端戲劇化的方式表現憤怒、暴力或是激烈反應。反應過度的叛亂份子有一種特權感，認為別人必須不斷緩解他們的焦慮感，要讓他們在關係中感到安穩安定。如果透過威嚇、操控或是欺騙的方式沒辦法滿足他們的需求，他們可能會改用避而不談或是報復的手段。他們想要處於支配地位以避免被拋棄，但因為自戀傾向所以很難經營有意義的關係。

應對這一型的方式

一、這個亞型的人情緒激烈。你要設法找到喘息空間，才不會被他們的情緒風暴搞到神經衰弱。

二、他們需要你一再保證你很認真經營這段關係。當他們變得纏人或是沒安全感時，在你可以接受的範圍內以真誠的方式減緩他們的焦慮感。

三、注意這個亞型的人很容易在堅強和脆弱之間擺盪，令人不知所措。如果他們開始利用情感操控，請以「冷處理」的方式應對，因為要是你也用情緒化的方式回應，他們會像是被搧風點火一樣讓情況越演越烈。

四、不要被這個亞型的人激怒。他們可能會咄咄逼人、挑釁，或是故意引起爭論和製造問題來測試看看你有多願意退讓，以及多願意配合和安撫他們的不安與焦慮，把這當作是對你的考驗。

第十五章

第七型：活躍的狂熱份子

自戀亞型

自我保存第七型：自私的享樂主義者

社交第七型：笑臉迎人的冒牌貨

性本能第七型：輕浮的浪蕩者

自我保存第七型

活著時要好好享受，反正當死人的時間多的是。

——漢斯．克里斯汀．安徒生（Hans Christian Andersen）

自我保存第七型的人高唱人生得意須盡歡。他們追求樂趣、刺激和新體驗，逃避負面情緒帶來的焦慮和痛苦。第七型的人重視感官體驗、冒險、新奇點子和人生樂趣，藉此遠離會威脅美好未來的記憶、經歷或情緒。自我保存第七型在九型人格中是享受美食好酒的風流才子。對於多數第七型人來說，「越多越好」是可以實踐的快樂主義。然而他們經常會覺得被其他人拖垮，他們不想要等待其他人提出計畫和想法，而是採取「我就要往這個方向走，想要的話自己跟上來」的人生哲學。

> 我規畫至少每個月都要有一場冒險。有時候只是漫無目的開車閒晃。有時候是預定到哥斯大黎加去做雨林探險。我很幸運有辦法實踐奇奇怪怪的點子，但我也必須認真工作來負擔享樂的費用。我還沒存夠退休金。實在諷刺，因為我是金融顧問。但是如果要待著不動的話，賺錢幹嘛？我絕對不會當那種宅在家裡追劇的女生。
>
> ——艾琳娜，五十一歲，金融顧問

這個亞型的人擁有享受生活所需的技能。他們知道最棒的餐廳、旅館、生活用品店、電影院、俱樂部，還有其他隱藏版的景點，因此從來不會覺得匱乏。他們把感官享受放在自我保存的領域，很在意隨時都不能缺少樂子。不同於其他自我保存類型，第七型的人往往會避開重複的固定行程。實際上他們享受讓人感到舒適的事物，但也擔心會變得單調乏味，所以他們追求新的體驗。這種傾向也會讓這個亞型感到挫敗，因為要是他們沒有得到理想的體驗，就會覺得生氣、難過或厭倦，觸發他們對於困於痛苦中的主要恐懼。

他們很重視追尋理想，對於居家、服裝、食物和與人相處的氛圍有特別的要求。很多這個類型的人獨鍾設計、創新和原創性，並且尋求最新的裝置或便利產品的服務，讓自己的生活更加輕鬆愉快。

當計畫或是夢想遭到阻礙時，內心的渴求會讓自我保存第七型人變得像是第八型人。但是不同於第八型，自我保存第七型會試圖展現個人魅力或說服別人，以獲取想要的東西。如果不成功的話，他們會變得叛逆，硬著頭皮也要去做。他們善於逃避自己覺得綁手綁腳的規定，而且因為他們有能力所以具有說服力。這個亞型的人不斷尋找機會，每次的機會都可能帶來幫助他們冒險的更多資源。他們到處結交朋友，而且通常都有有趣的故事能跟人分享。事實上，如同多數第七型人，他們會追求很多計畫（就算異想天開），讓自己有故事可以說。

大學的時候我預訂春假去墨西哥的坎昆旅遊。當然我們玩得不亦樂乎，就算多數細節我都忘了。不管怎樣，我們原訂星期日要回到美國，因為星期一要上課。但我宿醉嚴重走不動，朋友覺得把我丟下自己回去很好玩。結果我錯過班機，不知道怎麼搞的把護照和錢包也弄丟了。還真的完蛋了。比起就這樣認輸，退宿後我去問在海灘酒吧的工作人員，我能不能在那邊打工賺點錢。他完全接受，讓我在那工作，還讓我住在多出來的房間。結果我在坎昆待了兩個月！

——克里斯，三十四歲，律師

衝動和冒險的性格讓這個亞型相處起來很有趣，但是他們精力充沛又停不下來，可能會讓喜歡慢步調的人感到疲累。他們享受愉快時光，也會努力省錢。他們喜歡在購物時尋找折扣。如同我一名個案所說：「這樣好像尋寶遊戲。」他們像是文藝復興時期的通才，學了十八般武藝。他們有時會加油添醋或是捏造細節，讓故事聽起來更精彩和吸引人，因為他們害怕其他人會覺得自己很無趣。

《頂尖主廚大對決》（*Top Chef*）是熱門的廚藝比賽節目，自從二〇〇六年起在Braveo電視台長期播出。節目觀賞起來很享受，因為參賽者做出令人垂涎三尺的料理，也因為主廚充滿創意和創新的精神。自我保存第七型的人當中，有很高比例擔任廚師、評論家或是餐廳業者。對於愛好感官享樂的他們來說，食物通常能夠刺激他們的感官，並且提供一個管道讓他們可以邊享受美食、邊認識更多人，還能討論有趣的主題。這個亞型的人會尋找同樣享受生活的同好，並對能夠激發想法的主題進行知性的論辯。他們認為唯有透過分享想法和體驗，才能夠真正過著精采完滿的人生。他們害怕別無選擇，因此如果有人想要提出限制或是設下界線時，他們會感到極度焦慮。

總的來說，自我保存第七型的人無法忍受限制或被設限。面對限縮自己的事情，他們會使出渾身解數重拾自由。對於沒有選擇或缺乏可能性的焦慮，讓他們不斷尋求有趣、新奇的事物。二〇〇四年知名作家派屈克·麥金尼斯（Patrick McGinnis）發明了FOMO（Fear of Missing Out，害怕錯過）現象，還有類似的FOBO（Fear of a Better Option，害怕沒選到最好的）。或許用這兩個詞彙來形容第七型人的焦慮再貼切不過。（原注1）（原注2）

自私的享樂主義者

享樂主義（hedonism）是一種認為樂趣至上且將其當作人生目標的哲學。這派哲學從蘇美時期就存在。在《吉爾伽美什史詩》（*Epic of Gilgamesh*）中，西杜里（Siduri）說道：「填飽肚子，日夜歡慶。讓每日充滿歡愉。日夜跳舞奏樂……唯有這些是人所關心的事。」（原注3）在埃及、古希臘（最著名的是哲學家伊比鳩魯）、猶太教、基督教和某些伊斯蘭支派也可以看到類似的享樂哲學。其中有些哲學方法提倡人類有尋找和追求一己樂趣的權利。然而，多數哲派都會謹慎表示追求樂趣或歡愉的同時，不應該侵犯或是傷害其他人。沒有自戀的自我保存第七型人因為人格結構之故，自然而然依循享樂主義。但如果他們有一定程度的自戀，那種愉快玩味的享樂會沉淪為自私享樂的類型。

自私的享樂主義者對於追尋歡愉的體驗毫無節制，不顧慮他人的期待、反對或是需求。他們在追求新奇和刺激的事物時表現激進，難以忍受無聊或凡俗之事。他們經常會習慣性說謊（第七型自戀人格都有這個傾向），為達目的不惜欺騙他人。他們經常良知上有所缺損，善於以追求自己的幸福快樂為名，合理化各種行動。不過他們也會希望別人感到享受，他們推崇人人都要快活。可是如果他人的樂趣與自己的相牴觸，他們就會變得凶狠陰險。

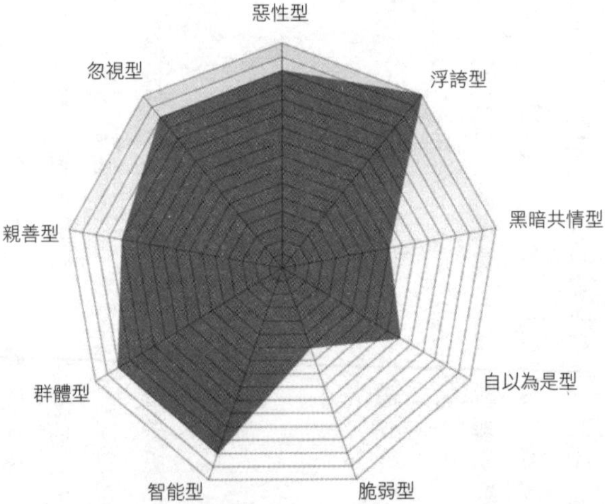

自我保存第七型：自私的享樂主義者

我不願意做任何我不想做的事情。這一點我毫無疑問。通常情況不妙的話，我會直接避開某件事或某個人，就算職場上也不例外。說來神奇，我居然沒有被炒魷魚，我業績向來很好，所以他們繼續聘用我。我人見人愛……我這輩子做了很多事情，有一些不適合在這個訪談中說出來。但我覺得越瘋狂就越刺激。我記得有次說服一個喝醉酒的朋友喝一瓶蓋的漂白水看看會發生什麼事情。她有點不舒服，但沒事，我們後來有再加一些伏特加中和。她真是勇猛。類似那樣的鬼東西，反正都很瘋。

——梅格，二十五歲，銷售員

梅格對於「瘋狂」的熱中，讓我聯想到在研究所時期看了一部介紹第三任羅馬皇帝卡利古拉（Caligula）的紀錄片。他是鼎鼎有名的享樂主義者（也是自戀狂），很多歷史學者對於他淫亂生活（亂倫癖）的細節說法不一。然而多數學者都認為他不只有人格障礙，而且可能還有神經病症導致衝動且無法正常執行大腦機能。他生活放蕩（極端的性愛、殘暴、反應過度，千奇百怪都有），廣為人知的是他在追求樂趣上非常奢華（食物、衣著、宮殿、召妓），卻放任百姓受饑饉、疾病和戰亂所苦。他暴虐無道，享受殺人和對人施以酷刑。他曾經宣稱自己是在人間的神，這一點印證他的鋪張表現還有自我吹捧的幻想。他會穿上不同神祇的裝扮在羅馬出巡，並且命人為他的神聖榮耀建造雕像和神廟。或許卡利古拉最令人吃驚的記載，是他把自己的愛馬英西塔圖斯（Incitatus）封為執政官，還任命牠為祭司。（原注4）

無論卡利古拉是否真的如同記載內容所說的瘋癲，他無疑是自私的享樂主義者的典型範例。這個亞型的人可能會從他人的痛苦、受辱或不安中獲得扭曲的快感。他們通常會以幽默和鼓勵人們要「振奮」的方式來為自己的嗜虐傾向開脫。由於性格特質使然，他們善於為自己的道德淪喪和癖好精心製造狡黠的理由。

自私的享樂主義者通常只顧自己能立即獲得滿足，會不擇手段確保自己得到想要的東西。他們通常重視物質且在取樂時揮霍無度，但對他人又極其吝嗇。他們可能很厭世，且隨著年紀增長越來越難滿足。他們尋求刺激，因為缺乏細膩的情感長時間慢慢品嘗一件事物。遇到有人阻礙自己，他們可能會氣得不可理喻，激動到危險的地步，而且對於擊潰對手感到痛快。他們不屑別人說自己自私，還會抨擊任何膽敢質疑他們追求快樂至上的權利的人。

> 我認為我值得隨時得到我想要的東西。有些人覺得我這種說法很壞，可是我不會不滿其他人追求讓他們感到快樂的事物。我贊成大家都快活。我可能會很短命，但只要開心愉快我就不在乎。我太太常因為我沒有好好照顧自己而生氣。我賺錢就

是要開心拿來花。她希望我能活到孫子出生，但我奉行及時享樂的原則。

——TJ，三十歲，景觀設計師

應對這一型的方式

這個亞型的人可能貪得無厭且投機取巧。務必留意他們是不是有暗藏的意圖，想要搜刮更多資源、機會，或是對於自認需要的事物近水樓台先得月。

這個亞型有種「鯊魚般」的氣場，會獵捕弱者進行剝削或得利。如果你感覺他們進入鯊魚模式，最好趕緊離開。萬一無法離開的話，就採取冷處理的方式，因為他們會施展自身的魅力侵犯別人的界線，想要的東西不到手就不罷休。

他們可能非常貪心，就算已經有很多金錢、食物、選項或資源，他們還是會繼續要更多。他們的貪婪令人不快。記得，他們之所以會貪心不足是因為內心空虛，不是針對你。

這個亞型的人通常很頑強，不願意肯定他人的任何情緒經驗。不要期望他們能談心或是考量你的感受，因為他們沒有辦法如此互動，將來可能也會一直是這樣。

社交第七型

我想無需多費唇舌介紹威利・旺卡（Willy Wonka）這號虛構人物，他建構出（還有歌頌）「純想像的世界」。旺卡那座由巧克力河和棒棒糖樹組成的樂園，以超現實的方式呈現出社交第七型的人渴望的生活。他們是理想化、樂觀向上的烏托邦子民，願意犧牲短暫的樂趣來交換未來。社交第七型的人把對於無聊或困於痛苦之中的恐懼表現在社交方面，並且把焦點放在他們認為可以帶來大好前途的團體、企畫或是理念上。他們活力滿滿、慷慨激昂，但也嚴厲批判他們認為過時或無法導向美好人生的構想、系統或結構。

打造理想世界的渴望是社交第七型的標記。雖然不是所有此型人都會建造烏托邦式的社會，但他們會在個人生活的小型企畫中展現這樣的理想。

> 我熱愛我的工作，因為我可以在我任教的國小創造生動活潑的課程。一開始當老師時，大家都喜歡我跟小朋友的互動方式，我常常覺得自己就像是小孩子。我可以進入他們的內心，瞭解他們對哪些事情感到有趣或不感興趣。課程原本很枯燥，所以我把教室變成魔法樂園……我教的二年級生很喜歡這樣的方式，而且能夠激發他們的想像力。我們也會做各式各樣的想像力訓練，因為我希望他們可以學習跳出

框架思考。

——拉昆德拉，三十二歲，課程規劃師

社交第七型人的理想經常會碰壁，他們覺得其他人不瞭解或是無法想像他們構築的未來。他們腦筋動得比別人快，也喜歡企畫開發中的發想和「取材」階段。考慮一切可能性和潛在發展會讓他們欣喜若狂。新奇點子、理論、概念、系統和設計都是社交第七型人的命脈。這個亞型的人具備前瞻思維、機智且善於交際。他們能以社交技巧和個人魅力輕易號召他人參與自己的願景。然而他們有時候因為專注力不足和感到無趣而難以實行某些構想。他們通常需要有人為他們的夢想奠定基礎和實際操作，但他們有充足的經歷和熱忱可以實現夢想。

社交第七型的人很聰明，也享受為未來建構理論和概念。他們有獨特的能力可以把想法編織成有趣的軼聞或是刺激的故事，用來掩蓋具有革命性，甚至是煽動性的想法。

社交第七型是真正的全能型，他們會涉獵眾多事物。這有助他們輕鬆管理社交圈，避免氣氛尷尬或是看起來不如人。第七型對於不如人的恐懼有時候會讓他們做出矯枉過正的行為，把自己提升至更優越的地位。這樣能讓他們覺得跟身旁的人站在同樣的起跑點。社交第七型的人想要表現出自己是閱歷豐富、懂文化、很厲害且具備多元智能的通才。他們會引領潮流，在音樂、科技、時尚、電影、哲學和政治方面走在前端。成為「懂門道的人」讓他們可以揮別擔心自己變得不重要或是平凡無奇的恐懼。

社交第七型的人會為了群體犧牲自己立即的滿足或享樂。他們願意忍受不適、無趣、衝突或其他「負面」狀態，讓其他人感到開心和愉快。因此那朗荷醫師把社交第七型人形容成烈士。可是他們對於負能量的忍耐程度很低，要是社交圈內的其他人不提起精神參與他們的正向活動，他們會變得暴躁、焦急或蠻橫。如果其他人沒有同等的熱情，他們會語帶諷刺或刻薄。饒舌歌手錢斯（Chance the Rapper）可能是社交第七型人，他就是一個感染力強且好交際的人物。他那輕快、機智和充滿希望的節奏表現出這個亞型散發正能量的特徵。事實上，他的慈善和政治參與度比音樂表現還要耀眼。二〇一七年，錢斯捐出一百萬美元贊助芝加哥公立學校，希望能夠為舊城區資源不足的小孩創造更好的體驗。

這個亞型通常有 FOMO（害怕錯過）的困境，同時攬了太多事情上身。在承諾方面，他們可能不願意定下來而表現輕浮，因為他們通常在等待「更好的條件」。他們很容易熱情投入某個想法或是計畫，卻在遇到其他更有趣的事情後放棄原本的方案。如果他們學會更堅持和系統化，好好為計畫安排輕重緩急的順序，他們就能更加踏實，讓更多幻想和美好願景成真。

笑臉迎人的冒牌貨

「每分鐘都有一個冤大頭誕生。」這句話出自於知名的大娛樂家巴納姆（P. T. Barnum），他同時是個惡名昭彰的詐騙高手和政客。這句名言確切的起源不明，但他使這個主張家喻戶曉，他經常拆穿他人的陰謀詭計，自己卻做了詐騙或是可疑勾當享受穩定進帳。我把巴納姆歸類為輕度的自戀者。他深諳一八〇〇年代娛樂圈充斥詐欺犯、騙徒和社會病態投機者的世界。不過他也注意到世人對於怪異事物和各式奇觀的著迷和容易受騙。他喜歡嘗試前衛、禁忌和奇特的事物，因此開始迷戀上蒐集和展示「怪胎」。多數巴納姆聘用到巡迴馬戲團的人都有畸形或是其他病症，因此淪落於社會邊緣。為人所知的是，他喜歡觀眾看到怪胎馬戲團的驚奇畫面時那種瘋狂反應。巴納姆把巡迴馬戲團的表演者當作是親人和朋友，但也利用他們被邊緣化的身分和身體障礙。巴納姆擅長加油添醋，而且對於能說服旁人相信自己說的事情感到自豪。（原注5）薩夏・拜倫・柯恩（Sacha Baron-Cohen）在由驚悚音樂劇《瘋狂理髮師》（*Sweeney Todd*）改編而成的電影中所飾演的史蒂芬・桑坦一角，正是這樣的騙子類型。

巴納姆會在對自己有利的任何時機把現實包裝成「魔法」，這是笑臉迎人的冒牌貨的標記。這個亞型往往很會變換形象、意圖和呈現方式來符合自己的需求。他們可能成為我們在電影中看到的巧舌如簧的騙子，像是操控賭博戲法的老千或是龐氏騙局的策畫者。他們對於自己能透過慫恿、說服或是心理操縱的方式讓人相信假象的能力相當有自信。他們以個人魅力來操控他人。他們也會合理化自己的操控行為，說是為了讓其他人樂於參與他們的計畫和構想。當然，由於自戀傾向，他們的目標很可能只是為了滿足私心、賺錢或是獲取社會地位，而不是真的為誰著想。他們很會說話，而且很可能做出根本無意兌現的承諾。不過也有人真的打算實現那些幻想的內容。

一旦故事、編造內容和誇大不實的事情被揭穿，他們很少會感到

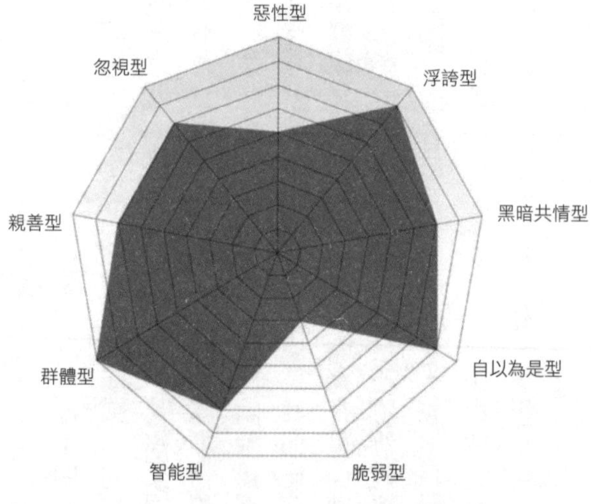

社交第七型：笑臉迎人的冒牌貨

懊悔。他們甚至認為可以從他人對自己的善意、投資和支持中獲利反而是對方的問題。

有些這個亞型的人不僅展現出惡意，還喜愛欺騙或是煽動群眾。他們可能有狡詐或反社會的特質，難以遵守規則或約束。他們也可能倡議要製造混亂，並且把無政府視為一種生活型態。不同於反社會的第八型自戀者，這個亞型的人通常表現得很正面，讓他們更容易逃脫。他們利用八面玲瓏的交際手腕來躲避後果。李奧納多・狄卡皮歐（Leonardo DiCaprio）在二〇〇二年的電影《神鬼交鋒》（*Catch Me If You Can*）中貼切地表現出這種特質。這部電影是半虛構的故事，針對法蘭克・艾巴內爾（Frank Abagnale Jr.）在一九六三到六七年間的犯行做了角色研究。艾巴內爾是個到處行騙的人，他假扮中情局探員、機師、喬治亞州的醫師、路易斯安那州的檢察官，進而騙取數百萬美元。然而，他有種令人難以否認的魅力、模仿功力和機智腦袋，因此能夠逍遙法外。湯姆・漢克斯（Tom Hanks，現實中為社交第七型）則飾演老練的聯邦調查局探員卡爾・韓瑞提。

這個亞型還有一個值得注意的範例，是已經遭判刑的詐騙犯馬丁・希克瑞里（Martin Shkreli），他綽號叫作「製藥哥」。希克瑞里是對沖基金的經理人，也是瑞索芬（Retrophin）和圖靈（Turing）兩間製藥公司的執行長。他採購了抗寄生蟲藥達拉匹林（Daraprim）的製造許可證，並且將賣價從每顆藥丸五十六美元提高到七百五十美元。（原注6）此藥物能夠大幅減少愛滋病等疾病的症狀和致死率。如此哄抬價格是濫用權力，也被批評是敗壞人性的邪惡舉動。希克瑞里並無悔意，他覺得自己像是漫畫裡的超級反派。在坐牢前，狂熱的線上遊戲玩家希克瑞里花了好幾個小時直播他對於資本主義、經濟、流行文化、彈吉他和政治的看法，並且吹噓自己智力過人。他會跟網友爭論，想要爭取他人關注，也想被視為某種資本主義的怪物。希克瑞里被判證券詐欺罪以及共謀證券詐欺罪。他是一個奸詐、口齒伶俐又難以捉摸的人物。《富比士》雜誌的史蒂芬妮·史塔克（Stephanie Stark）提到，希克瑞里是典型的社會病態自戀者，他善於施展心理操縱，卻把自己的下場怪罪於他人。（原注7）有嚴重自戀傾向時，這個亞型的人可能會非常無禮、目空一切，並且是製造混亂的病態騙子，會毀滅擋住前路的任何人。

應對這一型的方式

一、不要把他們的離譜行徑或是無責任感歸咎是自己的問題，但要對此做好心理準備。重要的事情務必要有備案，因為這個亞型的人會想辦法規避所有責任。

二、他們經常愛講自己的事情，想成為全場焦點，這一點可能讓人很無力。他們進入表演模式時，最好的方式就是離開現場。

三、有時候這個亞型的人會為了說謊而說謊。他們可能會渲染平淡的事情，或用迂迴的方式得到無法直接取得的東西。如果你因為他們說謊而指責他們的話，只會引發憤怒和閃避的態度。為了不要讓自己瘋掉，除非必要，他們講得天花亂墜或扯謊時，你聽聽就好。

四、你可能得忍受他們不負責任又誇張的行為，但不要讓他們隨便踩到你情緒、身體或金錢的界線，要清楚表達或反應他們越線了。

性本能第七型

印度神祕主義者、哲學家和人道主義者梅赫・巴巴（Meher Baba，原名默文・希瑞亞・伊朗尼〔Merwan Sheriar Irani〕）的名言「別擔心，要開心」啟發了雷鬼歌手鮑比・麥克菲林（Bobby McFerrin）寫了同名歌曲。梅赫・巴巴在一九六九年離世，但他仍然被世界各地的追隨者和數百萬民眾尊崇為二十世紀最具影響力的靈性導師。有些人甚至將他視為該時代的精神象徵。梅赫・巴巴強調靈性，在十九歲時會見了五名印度尊者而被認為是神的化身，他表示他們讓他覺醒，領悟到自己是化作人形的神。從一九二五年起直至他過世，梅赫・巴巴堅守著沉默誓約。他以字母版和手勢向門徒激情講述道理，門徒也能夠心領神會。無論東西方，遇到梅赫・巴巴的人留下的紀錄都表示他啟發了具有感染力的大愛。

印度有很多假冒和可疑的靈性大師自稱為神性人物，但是梅赫・巴巴終其一生少有醜聞。眾人對於他的認識包含他對門徒盡心盡力、複雜而漸進的靈性哲理，還有良善的俏皮。他喜歡與門徒玩遊戲，儘管有時候他對於靈性的規範相當嚴格，但旁人都能感受到他對於眾生的溫情和尊重。據聞他做了計畫後，可能毫無預警就迅速改動以配合一時興起的念頭，而且善變難以預測。他喜歡看電影，觀察如何將靈性概念融入電影的敘事中。

梅赫・巴巴有段時期到好萊塢拜訪「愛戴巴巴的人」，他展現出溫雅的圓融，有一段時間睡在修道場小屋滿布塵埃的地板上。他會替痲瘋病人洗腳，而且不會畏懼印度「碰不得的對象」，經常會給他們祝福。他在一九三〇和四〇年代間走訪印度各地，尋找沉淪者，擁抱他們、為他們梳洗，並和他們交流。

梅赫・巴巴認為沉淪者是有特殊靈性的人，但外在世界卻當他們是瘋子。有不少資料記載他會花上好幾個小時凝視被城鎮居民認為是瘋了的人。他告訴門徒他們在共享重要的靈性訊息，而把這些人視為瘋子是嚴重的誤判。他能夠在沉默不語的情況下散發出個人風采，全心全意投入自己和追隨者的靈性之旅，體現了九型人格學中被人忽略的性本能第七型的深度靈性層面。

梅赫．巴巴是性本能第七型的卓越範例，因為他極有戒律、依循苦行原則，而且自願靜默。他認為緘默的存在更有力量，這是第七型人少有的表現。然而他堅忍追求熱情、奉獻理念、關愛他人，加上難以預測且具感染力的正面力量，確實是典型的性本能第七型。

雖然並非所有性本能第七型的人都是靈性導師，但他們都能夠以自己美好的精神提振和鼓舞他人。不同於另外兩種第七型的本能類型，性本能第七型更善於探索情緒和內心世界，他們甚至對悲傷、挫敗或是失望等情緒更加抱持開放的態度，因為他們運用這些情緒來強化對於愛的追尋。整體而言，他們還是第七型人，在可能的情況下，他們還是希望可以遠離焦慮。但性本能第七型的人喜歡「愛」的概念。他們沉迷於新的戀愛對象、熱情事物或是振奮人心的想法帶來的欣快感，他們完全沉浸於自己迷上的事物，一頭栽入當下的慾望。他們喜愛歡愉，喜歡能讓自己不受拘束而盡情表達出熱忱的人。這個亞型有種青春永駐的氣息。

性本能第七型充滿活力、有創造力、熱情、醉心事物且令人驚奇。很多人認為他們鼓舞人而且具有魔力，或是令人感到筋疲力竭（也可能兩者兼具）。他們很容易充滿點子、可能性、潛能，而且他們通常都會愛上一切事物。所以要選擇一個行動或是在多個熱情中決定一項，對他們來說有難度。

彼得．潘是蘇格蘭小說家巴里（J. M. Barrie）創造出來的角色。彼得．潘最早出現在他一九〇六年的小說《小白鳥》（*The Little White Bird*），被描述為「男孩和鳥的混合體」。他從育幼院飛走，受到仙子和鳥兒的照顧，永遠都是長不大的小孩。他是好奇、逃避現實和童年魔法的化身。他自大、愛捉弄人、不成熟且喜怒無常。這個靈巧的角色有很多舞台和影視的改編版本。華特・迪士尼將彼得・潘描述得像是精靈，身旁有個名叫小叮噹的仙子作伴。據說彼得・潘做任何事情都很拿手，從劍術到維妙維肖的模仿（他模仿頭號敵人虎克船長很在行），而且有優秀的視力和聽力。彼得・潘不斷逃離成長，經常陷入各種有風險，甚至危急的處境，讓他保持靈敏又有活力。然而他也不是只有嘻嘻哈哈和調皮搗蛋而已。在小說《彼得潘與溫蒂》（*Peter and Wendy*）中，作者提到彼得・潘陪伴死去的孩子到達彼岸，讓他們不害怕。他也教導溫蒂、她的弟弟妹妹和其他小孩子如何使用「美妙又奇異的念頭」和仙塵飛翔。

「美妙又奇異的念頭」和仙塵，是多數性本能第七型人會認為符合自己處世之道的隱喻。

> 我最愛的就是讓人感覺很暢快。隨著年紀增長，我們越來越侷限於自己的處境，因為人生和成年世界而倍感沉重。我們失去了魔法和奇幻的感受，有時候你實在需要跟人談談，提醒他們具有魔法。我透過瑜珈和聲音治療練習來做到這一點。

我很喜歡坐下來跟學員聊一聊，瞭解他們正在經歷哪些身心方面的痛苦。

——銀月，三十歲，全方位治療師

性本能第七型的人擅於提供即時且有用的幫助，可是一旦目標完成，不要期待他們會留在原地。他們很有同情心，可以帶給面臨危機的人莫大的協助。

第七型人都有承諾方面的問題，對於性本能第七型的人來說更是如此。他們希望能與選定的親密對象有深入、具有意義的關係，但同時害怕這些關係會限制了自己的自由。性本能第七型的人耳根子軟，容易對新想法、哲學、創作機會或是潛在的戀愛關係一頭熱。多數這個類型的人都意識到自己愛好自由的本性。但如果他們進入一段穩定或單一的關係，可能會反常地拒絕會危害到原本關係的對象。

許多性本能第七型的人會類似第四型人那樣，內心有種不為人知的傷感或渴望。可是他們不會受嫉妒困擾或是想要營造世故的形象，儘管他們渴望創造力，也需要熱情和刺激來感受自己活著。有時候刺激太強會讓性本能第七型的人應付不來。他們想要保持開朗、充滿魅力、熱情洋溢的念頭有時太過強烈，讓他們一反平常陷入崩潰，這一點會讓他們和親密的人都很驚訝。喜劇演員羅賓・威廉斯無疑是性本能第七型的人，氣場十足。但如同多數丑角，在閃耀快樂的表面下，藏著性本能第七型求而不得的渴望。狂熱的能量凸顯這個亞型的內心空虛，還有對於永遠得不到滿足的恐懼。他們想要逃避無法維持他們所嚮往的魅力和熱情而產生的深層焦慮。

輕浮的浪蕩者

我的一名個案在固定諮商期間，提到二〇〇三年已故詩人普拉斯的傳記電影《普拉斯傳》（*Sylvia*）。我們隨意地回溯了重要的情節轉折，並討論到劇中角色的九型人格。葛妮絲．派特洛（Gwyneth Paltrow）飾演普拉斯，片中主要記述她與詩人泰德．休斯（Ted Hughes）之間曲折的婚姻。我判斷休斯符合迷人的性本能第七型，也注意到他十足表現出輕浮浪蕩者的典型。休斯在詩壇上備受讚

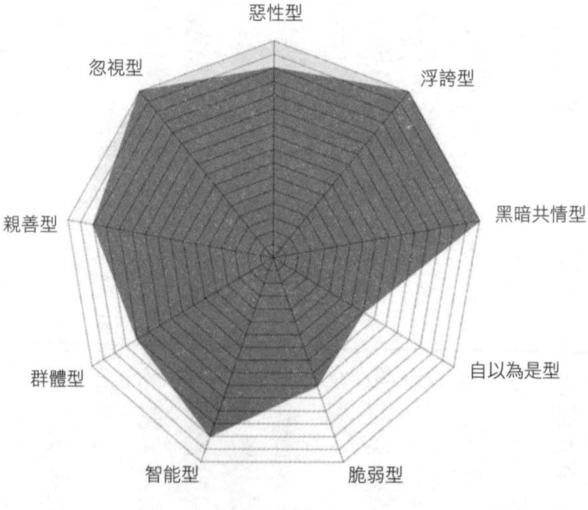

性本能第七型：輕浮的浪蕩者

譽，給人風流成性的印象。他是個高大壯碩的翩翩公子。他與普拉斯之間濃烈的感情記載於普拉斯的日記，還有他們兩人個別寫的詩裡。

該片改編自傳記還有普拉斯的日記內容，裡頭描述兩人初識時如同乾柴烈火，普拉斯竟然以咬他的嘴唇讓他留下難忘印象。我們看到兩人如旋風般的感情推進，接著進入熱戀期。他們在一年內完婚，不久後傳出休斯出軌的消息。很多人認為普拉斯陷入低潮是因為休斯無情地用心理操縱法對待普拉絲，讓她直覺（還有直接看到）得知他不忠。休斯最終承認他與兩人共同好友阿西婭・維維爾（Assia Wevill）有婚外情，於是夫妻倆在一九六二年分居。（原注8）他在百年來最嚴峻的寒冬中把兩個幼兒丟給普拉斯照顧。她靠自己搬家並且勉強過活，而她的憂鬱症逐漸惡化，最終在一九六三年尋短。根據傳記作家喬納森・貝特（Jonathan Bate）所說，休斯沾染過的女性（為數眾多）和不忠的情事多半不是認真的。他的慣性手法是誘惑對方、進行愛意轟炸，然後在有別的人選之後始亂終棄。（原注9）

休斯的詩作充滿優美的譬喻和押頭韻修辭，他把自己描摹為猛禽、狐狸、烏鴉、美洲豹，以及其他狡猾的獵食者。據稱他在性方面很粗暴，而他自己說那只不過是一種激情和愉悅的表現。然而貝特提到他一路上讓眾多女性受傷和委屈。表面上看來，被休斯玩弄感情而癲狂的女性不只一名，更不用說他利用亡妻詩作來大撈一筆。

在普拉斯自殺後，熟悉休斯的人表示他很快就拿她的詩作簽出版合約，而且對於普拉斯的死無動於衷也不顯悲傷，對她精神狀態惡化也不感內疚或有責任。普拉斯在臨死前數個月所寫的詩，陰沉地提到她因婚姻崩解而感到椎心之痛。這些詩後來成為她最受稱譽的作品，內容提到休斯不忠和說謊對她造成的心理耗損。當然這不表示休斯要為她的自殺負起全責。經歷感情失敗加上長期的重鬱症，絕對足以讓她陷入絕望。可是休斯對於尋花問柳、說謊，還有拋棄孩子母親的事毫無悔意，只為了自由追求自己的快樂，這是輕浮的浪蕩者特有的拈花惹草型享樂主義。儘管私德有問題，休斯榮獲了英國的桂冠詩人頭銜，仍被視為是該時代著作等身的傑出作家和詩人。

這個亞型的人難以克制衝動，而且可能極為迷人、懂門道、大膽示愛。很多人會受他們的風采和親切態度打動。他們有本領能讓人輕易上鉤。他們是愛意轟炸的高手，別人很容易就會被他們誘惑，因為他們會編造令人心馳神往的幻想。無論在商業、友情或是戀愛關係中，輕浮浪蕩者擁有無與倫比的能力，可以編造出大好未來。然而他們通常會對很多人製造這些幻想。第七型人的貪婪本性讓這個類型的人實在難以限縮自己的選擇，他們會撒網並從某個情境或某段關係中吃盡甜頭，然後拍拍屁股就走人，不管被拋下來的人。他們對於自己的不安於室理直氣壯，而且會猛烈回擊針對他們尋歡作樂提出批判或認為他們該愧疚的人。布萊登是個英俊迷人且熱情洋溢的年輕人，他想要參與我的研究。他顯現出這個亞型的自信魅力、觸動人心的神祕感，以及輕浮撩人的作風。

> 我在幾年前上熱瑜珈課時遇到一個女生。我知道她婚姻出問題。下課後，我們聊了很多，我對於她老公冷落她的事提出我的想法。我給她幾本談依附理論等主題的書，我覺得會很有用。她很漂亮，我知道她對我有意思，但我保持距離一段時間。我要她自己接近我。她的生活中需要一些激情、神祕和刺激感。依她的描述，她應該討厭她那無聊的老公，而我喜歡美女，樂意幫助她擺脫那段婚姻。但他們有小孩和那些老套的現實問題。某天我陪她走去開車，我親吻她。她看起來很驚訝，但邀我去她住處。在她老公和小孩回家之前，我們滾了床。她告訴我她覺得跟我在一起時感受到前所未有的活力。不是我愛自誇，但別人常給我這種評價。總之，她想要的超過我告訴她我能給的。我確實愛她，但她應該要回歸正常的生活，因為她總是說她覺得這樣做不對。我對於愛、性還有樂趣沒有這種罪惡感。我們有緣自然會發展關係，但我從來沒說過會跟她長相廝守。
>
> ——布萊登，三十二歲，建築師

布萊登自認是某種復仇天使，幫助對方跳脫槁木死灰般的無聊婚姻。他不理解女方為什麼會對自己生氣和心懷怨恨，因為他如同多數這個類型的人，覺得自己是個懷抱善意的好人。他堅持表示追求她並不是要破壞他們夫妻的關係或是讓她難過。他只不過是「想讓她的生活再度充滿活力」。然而他的行為帶來的情感現實，讓他「應對不了負面情緒」。躲避負面情緒和衝突，無法為自己在情感上恣意妄為負起責任，是這個亞型的特徵。

如果同理心不足，這個亞型會對於人生中的多數責任採取「管他的」態度。他們可能在職場和人際方面相當不負責任。他們會不顧自己行為對他人造成的後果。理解他們為什麼逃避責任和後果很重要。對第七型人而言，一想到會受人批評，或要承認自己不負責任的行為影響了別人，會讓他們感到焦慮和自卑。健康的第七型人能夠做出調整，接受不可以放縱自己隨時異想天開的事實。然而輕浮浪蕩者很難不去放縱自己的幻想和任性，無論這麼做有多不負責任、離譜或是傷害人。

有些這個亞型的人贊成完全混亂失序、享樂主義，並且會在行為上表現得非常反社會和輕率。雖然是虛構的故事，但經典漫畫對於小丑的刻畫充分表現出這種類型的特質。

應對這一型的方式

一、很多人容易淪陷於這個亞型的幻想和對未來的夢想，因為他們非常具有說服力。記得要控制你的期望，以免最終他們為了更吸引自己的事情而見風轉舵，讓你落得灰心失望。

二、盡可能漸進式接觸這個亞型。與他們的關係陷得太深的話，很可能會因為付出太多感情而受傷。他們可能一時之間表現得主動又有心，結果後來卻又作罷。

三、這個亞型的人對於負面情緒的容許值非常低。他們可能會發怒、擺出一副高高在上的樣子，甚至透過心理操縱來對付人而不表露真實感受。如果你的情緒受到他們的言行牽動，他們特別會有這種行為。

四、繼續講理，尤其是如果你得負責照顧他們的身心或經濟狀況，又或者反過來受到其影響，因為他們可能會完全棄內心理性思維於不顧。

第十六章

第八型：強大的守護者

The Narcissist in You and Everyone Else: Recognizing the 27 Types of Narcissism

自戀亞型

自我保存第八型：憤世嫉俗的暴君
社交第八型：黑手黨頭目
性本能第八型：魅力型的惡霸

自我保存第八型

自我保存第八型的人散發出的氣場和意志力難以忽視。他們是粗獷、強健、直來直往而且難以應付的對手。由於他們報復心重又脾氣大，你肯定會希望他們跟你在同一陣線，而不是你的敵人。儘管他們來勢洶洶，但是一旦你被他們接受為自己人以後，他們會提供強大的保護、講義氣和源源不絕的支持力量。這個亞型的人不是溫暖貼心型的，反而還會讓人覺得無理唐突，尤其是年輕氣盛的時候。很多第八型的人到了年紀大了才理解圓融的重要性，而且會顯得沉穩霸氣，尤其是面對自我保存的需求。

自我保存第八型的人跟第五型人一樣，害怕缺乏生存所需的資源和安適。可是有別於第五型，他們不會溫順內向，而是會要求取得他們應得的，不然他們就會自己動手。一般人通常會誤解自我保存第八型的人，因為他們處事不求細膩而是一根腸子通到底。他們不喜歡拐彎抹角，希望與人相處時雙方都直爽坦蕩。

這個亞型是九型人格中的發電廠。他們會努力累積足夠的資源，確保想要或需要的東西不虞匱乏。就像自我保存第七型，他們的欲望多，想要隨時可以取用豐沛的食物、人、性、金錢、舒適安排。與自我保存第七型不同的是，他們不需要那麼多變化和新鮮感。他們喜歡就是喜歡，他們討厭被要求改變喜好。

自我保存第八型的人很真性情，而且儘管喜歡奢華物品帶來的權力感，像是豪宅、名車或高檔衣物，但是他們更讓人印象深刻的是獲取和維持獨立的能力。他們在安全受到威脅時往往反應激烈，要是被激到一個程度的話，可能會變得嚇人、威迫或是暴怒。他們把對於軟弱或「可悲」的恐懼導向獲取資源，確保自己能維持權力並掌控自己人生的方向。無論在哪個行業，他們都深具影響力，而且其他人基本上會期望他們能幫忙管理事務，尤其是遇到危機的時刻。雖然他們通常步調比社交或性本能第八型還要慢，可是一旦偵測到資源、家庭或權力受到威脅時，他們便會立即採取行動。

自我保存第八型的人經常會以鐵腕手段管理自己的勢力範圍，並且期望他們保護的對象敬重他們和他們立下的規矩。然而對於自己人來說，他們就像是溫暖的泰迪熊一樣。

> 大家覺得我是個強硬派，我對大多數人大概都是那樣沒錯。但我的小孩知道我耳根子軟。我對自己人很少會設下不能逾越的限制。但如果是隨便一個路人，門都沒有。我才不會任憑陌生人、外人或是我不在意的對象胡搞瞎搞。
>
> ——艾拉，四十四歲，企業家

美國第三十六任總統林登．詹森（Lyndon B. Johnson）是身高一米九的威嚴男子，他也是二十世紀中強勢又果敢的國家領導人。他以「詹森待遇」著稱，也就是「結合脅迫、哄騙、提及過去的人情、承諾未來的好處，並預測不做某件事會產生的後果。他開始對你下手時，你會突然覺得自己像是站在瀑布底下受盡沖刷。」（原注1）他威嚇的手段讓法案得以通過。詹森非常果決，縱使熟悉他的人知道他是友善又直率的人，但他知道如何以必要手段進行談判。

自我保存第八型的人最在意的是確保自己的需求獲得滿足。以詹森的例子來說，他的抱負和需求與法案結合在一起。據稱他把立法政策受到的批評當作是自己受到攻擊，讓他更加堅定要讓提案獲得國會支持並通過。傳記作家羅伯特．達萊克（Robert Dallek）提到，詹森想要填滿內心的需求感和空虛感。（原注2）這種匱乏的感覺很多人都有，然而對於自我保存第八型而言，唯有透過滿足欲望才能夠累積權力、獨立和資源來確保安全感。

詹森難以容忍獨自一人的閒暇時光，因為他一心想要鞏固權力或影響力。他認為身為一個領導者，他的存亡維繫著這個國家，因此他把自我保存的本能投入政治野心。在當選總統之前，他兩次擔任約翰．甘迺迪的副手，但是這個職位不適合他，因為他厭惡無法當領頭羊。他排斥異議和對於越戰的抗議，這是他總統任期間的大事，也被視為總統政績最大敗筆。他霸道獨斷而難以用圓融手段處理衝突。他講究力量和宣言甚於和平對談與平息批評者的焦慮和怒氣。如同所有第八型人，他期望自己保護的對象能表現忠誠，包含他所稱從越戰中獲益的美國人民。

我記得在某次九型人格研討會的分組討論中，《九型人格與電影指南》一書（*Enneagram and Movie Guide*）作者湯姆．康登（Tom Condon）討論到自我保存第八型。他提到這個類型的人會把自己想成是「大狼犬」，奮力保護自己擁有的東西（就算不特別了不起或值錢）。因此當我的個案巴倫西亞分享她擁有的「東西」時，我想到了湯姆的比喻。

我擁有的東西不多。向來如此。我出身寒門，現在有的東西也不多，但我的東西就是我的。我不喜歡把自己想成是貪心的，但我確實有可能是那樣。如果你進到我家，我覺得你是「好人」，那麼我的東西就是你的。如果不能幫子女或其他家人得到他們需要或想要的東西，我會覺得很難過，感覺自己很失敗。我就像是護衛犬保護自家的東西不讓別人劫走，如果你想要搶走我的東西，我會咬爛你的頭。這是一種本能。在那種情況下，我會一不做二不休，對方不放手的話，我會做出什麼事我自己都會怕。每個人都有一次警告機會，然後就開戰了。

——巴倫西亞，三十五歲，討債業者

因為無法提供小孩或家人他們想要或需要的東西而感到內疚，是這個亞型經常會有的感受。他們認為自己一定要保障生存所需，並且供應自己圈內的人。他們難以抗拒供應親密的人想要的東西，因為他們能體會需求受阻的不安全感。因此他們賣力工作，天生適合理財和管理資源。詹森總統懂得視場合變換角色來做為談判手段，這是所有自我保存第八型人的天性。然而不同於能夠持續使用新形象的第三型人，自我保存第八型的人難以維持這樣的形象太久。對他們來說，與其說那是一種形象，不如說是一種策略。

雖然他們像坦克一樣強硬，但是如果他們有正常到高度同理心的話，就能夠帶給他人強力的支持和保護。他們瞭解自己的能力和影響力，而且不光只是用來滿足自己的需求，也會用來嘉惠旁人。他們可能非常慷慨、講義氣，並期望對方也如此對待自己。

憤世嫉俗的暴君

都鐸國王亨利八世的一大著名事蹟，是他喜歡把人送上斷頭台，尤其是跟他意見不和的妻子。據說亨利八世從小身強體健、自信而且受寵溺。早期他學會如何操控從小扶助他的幕僚和配偶，讓自己能夠為所欲為。根據歷史學者的記載，他生性浪漫又好色，但是宗教因素讓他很重視貞節。他等待數年才與安妮・博林（Anne Boleyn）結婚後圓房，而且他算是忠貞（以中世紀的統治者而言），在與第一個王后亞拉岡的凱薩琳（Catherine of Aragon）結婚時只有幾名情婦。但是很多人都認為他年紀越大就越愛排場、派頭和鋪張，對於權力的展示日益狂熱。（原注3）

隨著亨利八世的自我強化，他的殘暴和偏執也與日俱增。他處決愛妻安妮・博林不僅是因為她未能帶來子嗣，也因為她不順從。他之所以會下令行刑，很可能是因為她公開對國王的政策表達異議和批評。巫術、私通和抱怨暴君行為可能也推了一把。這時候的亨利八世已經有過幾段婚外情（其中一名情婦是博林的姊姊）。他對於安妮·博林的流產很震怒，這似乎是兩人關係觸礁的主因。

憤世的暴君認為任何威脅到自己權力或主導地位的事也會威脅到生存。如果他們感覺到手下不忠誠或是不服從，他們就會加以冷落、生氣和算計。他們會不斷尋求報復，懲罰膽敢質疑自己權力的人。在這個亞型的心理剖繪中，有不算少的心理病態特質。他們多數時候蠻橫又不夠敏感。不過他們也可能會維持一段時間的魅力，透過操控手法得到目的。這個亞型流露出野獸般的氣質（第八型的三種自戀亞型皆如此）。如果他們選擇誘惑別人，通常都帶著一絲脅迫和暴力。

在二十七種自戀亞型中，這個

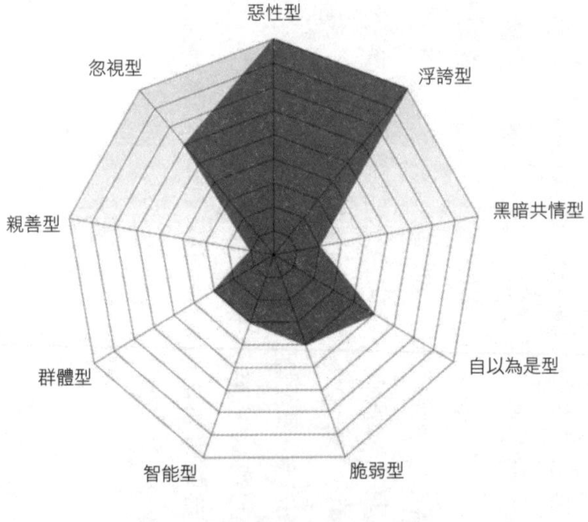

自我保存第八型：憤世嫉俗的暴君

亞型最在意財富。他們把財富（及其帶來的權力）視為控制勢力和眾人的手段。他們天生具有封建思想，認為人生就是一連串的征服和用戰術來獲取更多權力。如同其他第八型人，他們取得權力的最初目的是為了維持獨立自主，可是他們難以判別需要多少權力才夠。他們說自己誠實又直接，但是他們的溝通風格殘酷又嚴厲。他們要求他人直接跟自己對話，但是他們會用明示暗示的方式威嚇別人。

第八型的人天生具有自信，並且有自大的特質。不過有自覺且沒有自戀傾向的第八型人只會在心中將自己視為傳奇，而憤世嫉俗的暴君則相信自己在世上的權力和重要性，在勢力範圍內表現得像是絕對的統治者。由於他們激進又果決，他們通常能夠實際累積到一定的權力和資源。他們想要掌控自己的王國，但要是自戀傾向增加，他們會對於擁有的東西感到不滿足，想要爭取更多權力、資源、金錢、掌控力和安全保障。

影集《繼承之戰》由現實中為第八型人的布萊恩・考克斯（Brian Cox）飾演媒體大亨羅根。我們在第十四章討論過這部影集。我分析洛伊家族法定繼承人肯道是舉棋不定的破壞者。然而羅根・洛伊在媒體界稱王，占盡一切權勢和空間。即便他年事已高也不願意好好考慮把組織交棒給子女，因為他認為這樣會顯得自己無能而無法統治帝國。他會毫不猶豫就斥責反對自己決策的組織成員（包含子女）。他是個深具影響力的人，知道要如何透過威脅利誘來突襲敵人。我們不斷看到他對子女發飆。羅根身旁的每個人都如履薄冰，而他自己則像是個暴君。考克斯逼真的演技無疑是加入了自己的特質，也讓人清楚聯想到另一個深具影響力、有獨裁傾向的自我保存第八型人，也就是美國第四十五任總統唐納・川普（Donald J. Trump）。

影集中可見羅根主要的目標是不計一切代價維持對媒體帝國和巨大財富的控制。由於他可能將會失去保障和江山，於是他開始猛烈出擊。他獲得屬下的效忠和盡心盡力不見得因為他是好人、老闆或父親，而是因為其他人害怕不服從會遭到報復。這個亞型的人不僅一心想要報復辜負自己的人，還想要擊潰和羞辱對手，從這一點更能夠瞭解他們的殘酷無情。

憤世暴君不在乎審視內心。就算他們性格內向，他們的想法也會聚焦在累積更多資源，或是以剝削的方式滿足個人私慾。

> 我沒多少時間思考自己或是他人的感受。我有事要辦。如果你對我的做風有意見，麻煩就大了。我想怎樣就怎樣，我不配合其他人了不起的感受。我不是個暴力的人，但我在大學時期遇到一個愚蠢的小子，他覺得可以在食堂插我隊。我一句話都沒說，直接暴揍他一頓。沒人報警或說第二句話。
>
> ——柯比，五十三歲，能源公司執行長

這個亞型的人可能沒想過也不曉得自己給他人的觀感。他們的自戀通常屬於浮誇型、惡性型，外加不少的脆弱型。他們認為其他人愛戴自己，但在發現自己的行為得到不好的反應時，他們會使性子、反應激烈且忿忿不平。然而比起導正和修改自己的做法，他們幾乎毫無調整，堅持採用原本的方式。他們往往會覺得同理心是一種弱點，而且可能會用欺凌的方式要求其他人堅強，並堅持別人不准拿藉口、問題或是情緒訴求來煩自己。

如果同理心低落，這個亞型的人可能會如獵食者一樣暴力。他們不管任何道德原則，把對他人的欺凌當作是確保自己生存和掌權的必要之惡。

檔案記載中的一名女連續殺人犯艾琳．伍爾諾斯（Aileen Wuornos），可能就是憤世嫉俗的暴君類型。伍爾諾斯童年受虐且命運多舛，她在十一歲時就淪為妓女，以性來交換食物、菸酒和毒品。她強烈的生存本能讓她捨棄一般人認為的正當行為，以確保自己能夠獨立自主。據知伍爾諾斯痛恨男性，主要是因為她青春期和成年不久後受到粗暴對待。她有犯罪前科，後來又殺害了至少七名男性，其中有一些是她的嫖客；她說是因為對方侵犯她（有可能是真的）所以她只好殺掉對方，她認為這樣的制裁是那些人活該。她非常維護女友塞爾比。伍爾諾斯有其他重大的精神診斷，包含邊緣性人格障礙、創傷後壓力症候群、反社會人格障礙，而且她在評估精神病態程度的 PCL-R 量表上得分為三十二。（原注4）

應對這一型的方式

一、面對這個亞型的人，臉皮一定要厚。不要把他們耗人心神或粗暴的態度當作是針對自己。萬一他們出言不遜或是不體恤人，最好離開他們所在的地方。

二、在這個亞型的人面前顯露情緒可能會讓他們不尊重你。他們通常鄙視自己與別人的脆弱。如果你情緒化，要有心理準備他們會把對於軟弱的厭惡投射到你身上，做出激烈的攻擊。

三、在他們變得霸道或是掌控慾過盛時，你要硬起來回應。如果這個亞型地位比你高，千萬不要流露出恐懼感，要堅守立場，這樣會獲取更多尊重。如果你是他們的伴侶、朋友或家人，一定要傳達你的界線，表明你可接受的對待方式。

四、不要受到這個亞型講求交易的天性給冒犯了。記住，因為憤世嫉俗的性格，他們覺得其他人都只想要得到他們想要和需要的東西，而這樣的想法會影響他們的決策和待人方式。

社交第八型

以愛為名的力量是魯莽和濫用的，沒有權力的愛則是善感和貧瘠的。力量最好的狀態是以愛來貫徹正義，而正義最好的狀態是以力量排除愛受到的一切阻礙。

——馬丁·路德·金恩（Martin Luther King Jr.）（原注5）

馬丁·路德·金恩是正義與平等的代名詞。雖然過去六十年來他的公眾形象被神化，他的理念在美國的影響力仍擲地有聲。金恩博士重視平等、正義、消除權力不公平，並不只是因為他身為受美國《吉姆·克勞法》（*Jim Crow laws*）歧視的黑人而做出抗爭，也因為他是個社交第八型的人。對於金恩人格的眾多描述遺漏了他的激進主義，而且他是個奮身疾呼又強硬的社會正義推動者。實際上，他受基督教浸信會傳統的方式養育，堅定主張非暴力。但他也是相當棘手且可畏的對手。他肩負使命要為正義發聲，保護所有人不受暴權、種族主義、隔離制度、經濟不平等、不公義欺壓。在人格養成的時期他遭到排擠，被白人小孩、企業和教育拒於門外，這對身為社交亞型的他造成深遠的影響（對多數美國黑人小孩都是如此）。然而身為社交第八型人，金恩把他承受和見證的不公義導向社交領域，在年輕時就成為一名保護者。

金恩十五歲時就因為公開演說的能力而聲名大噪。他參與教堂的禮拜合唱，加上男高音式的渾厚嗓音，讓他在同儕和教師之間成為權威角色。（原注6）他天生自信，是個自豪和有稍微虛榮的人（他喜歡高級衣物和鞋子）。他給人一種超齡感。他無懼面對權威、種族歧視攻擊，以及阻擋他抗爭的力量，終其一生堅毅果敢，直至一九六八年過世。

第八型的人往往會尋求鞏固自己的權力，但是那朗荷醫師把社交第八型視為是相反的亞型或是特例。（原注7）雖然他們顯然更親切、合作並善於學習和採取交際手腕，但是他們仍然會尋求權力和自主。只不過他們把躲避弱點和被傷害，還有操控他人的想法導向社交方面，認為透過保護他人來鞏固自身的權力，他們便可以獲取大家的忠誠、信任，而且他人有可能會反過來保護他們。多數社交第八型的人不認為自己會尋求他人的保護，但是觀察他們的群體行為時，他們通常知道自己的保護行動一方面也是用來保護自己。

大家自然而然希望我當領導者。就算在學齡前，也是由我來告訴大家要玩什麼遊戲和遊戲怎麼進行。比起加入其中，我更想要在旁監管。我不覺得自己真心能跟任何人親近，就算我認識很多人。我知道我有能力和堅強意志可以保護人。有時候我覺得捨我其誰。

——麗莎，四十七歲，非營利組織理事長

這個亞型的人很常覺得自己是眾人的保護者而不是朋友。他們害怕別人看見自己的弱點和短處，從而否定自己對全體的貢獻，導致自己失去權力和影響力。他們認為自己必須要維持鎮定、堅強和權威。但是他們通常沒有察覺自己的不安和恐懼，他們一路朝向需要的方向前進，如行軍般不斷向前。一般而言，第八型人會使用戰爭的譬喻（第三型人更常使用運動做譬喻）。社交第八型的人通常會把自己視為將軍或是指揮官，實際上不少獲取這些軍階的人也確實是社交第八型人。他們有戰略思維，能夠快速看出某個方案的潛在優缺點。他們一心想要減少損失，增加權力、影響力和獲取成果。他們會以某種方式關心正義。當然他們對於正義的觀點取決於他們的意識型態和定義。

社交第八型的人通常覺得必須壓抑自己不好的特質。他們知道自己有點「強硬又不圓融」，由於他們在社交方面最容易觸發本能的恐懼，因此他們擔憂要是真正表現出自己的激烈力量會被群體趕出去；然而他們有時候也希望能夠被驅逐。

如果同理心程度為正常到高度，社交第八型的人表現大度，以支持和領導眾人或團體並賦予眾人力量為傲。他們是勤奮的正義戰士，不怕為了他們認為勇敢和該做的事情挺身而出。最重要的是，他們會照顧「自己人」，看見他人在自己的領導下學習自立自強時會感到心滿意足。

黑手黨頭目

「想做什麼都可以，就是不准動到家人。」黑手黨頭目維托．柯里昂在法蘭西斯．福特．柯波拉（Francis Ford Coppola）的經典劇作《教父》（*The Godfather*）中說的這句話，是美國電影界最歷久彌新的名言。馬里奧．普佐（Mario Puzo）一九六九年的小說《教父》是柯波拉的靈感來源，刻畫精彩而戲劇化的黑手黨形象。普佐筆下的反英雄角色名叫維托．安杜里尼（分別曾由勞勃．狄尼洛〔Robert De Niro〕和馬龍．白蘭度〔Marlon Brando〕飾演），他在西西里被殺害自己父兄的黑手黨頭目饒過一命並放逐到美國。維托．安杜里尼（為了傳承到了紐約之後改名柯里昂）很快就在黑手黨經營的小義大利街上存活下來並學到速成的生存技能。維托一開始在雜貨店從事正派的工作，但不久後他發現想要多賺錢、獲得社群和權勢，更有效的做法是「入行」。剛開始維托學會非法兜售，還為了幫人出頭跟義氣而保管偷來的衣服，最後鄰里中的頭目托馬西諾知道此事，威脅他如果不聽話，就要把他和朋友舉報給警察。結果心理病態越來越嚴重的維托設計殺害托馬西諾，接管他的轄區。從此開啟了這個虛構的美國知名黑手黨頭目的人生。

我在社交第八型人的自戀特質中看到維托的領導風格和性格特質，所以我決定把這個亞型的自戀者稱為黑手黨頭目。維托不只是暴力和恫嚇，他管理轄區並且悉心照顧。他保護人民。但他也會榨取金錢、要求忠誠和權力。這個亞型的人非常強調交易（多數自戀者皆是）。他們利用強大的實力提供民眾實際的保護、金錢支持，以及其他可用的實體和抽象籌碼。他們奉行「你幫我，我幫你」原則。他們做的任何事情都是有代價的。就像片中的維托·安杜里尼，他樂於幫助照管的對象，因為他曉得未來能收割獲

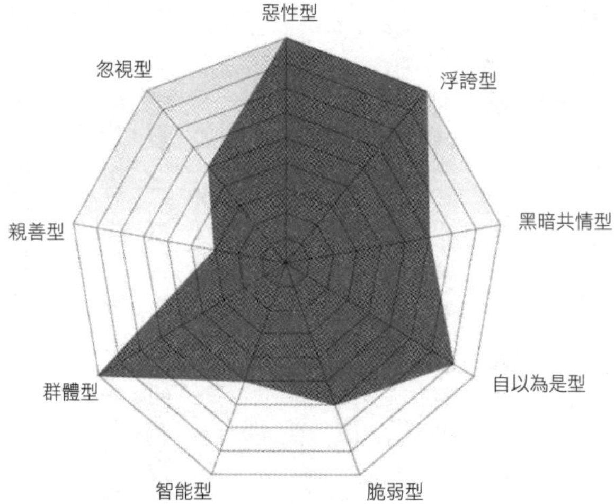

社交第八型：黑手黨頭目

利。他們是狡猾的談判者，有可能以暴力和脅迫來得到敬重。所有第八型的人都很在意被尊重，對於黑手黨頭目而言更是首要之務。比起金錢和安全保障（這是憤世嫉俗的暴君關注的），他們要求他人敬重自己，而敬重指的是毫無質疑的忠誠，以及全心全意達成他們想要或需要的事。

這個亞型經常會用恫嚇、操控、勒索或其他施虐手段來領導。他們非常善於用語言或暗示的方式來掩飾威脅。他們知道留下蹤跡對自己不利，所以他們喜歡在沒有證據的情況下暗算人。無論是與同事、員工、子女、朋友或配偶交手，他們有足夠的社會意識，能在出手時不會留下所謂的「犯罪證據」。

黑手黨頭目通常善交際、具有領袖魅力，致力在他們的群體或社群中出名且受敬重。他們不滿足於待在組織或團體的中下層，會透過恫嚇的方式爬到頂層。就算是在有制度的職位，他們也會蒐集必要的彈藥確保自己能掌握權勢，具備地位和重要性。他們通常比憤世暴君更擅長欺騙和操控，因為他們認真習取交際手腕來應對社交世界。當然他們重視的體制和方法會根據環境和群體的文化氛圍而定。

> 我認為同理心會造成辦事不力。如果我同理心氾濫，就沒辦法做到該做的事。如果是為了工作或解決問題，我可以聽一個人講幾分鐘，但想要更多的話最好去找別人。那是人資部在處理的……我的小孩有情緒方面的問題會去找爸爸。他們知道

我對於抱怨的忍耐力很低。如果需要有人去學校找老師談，或者是有要處理的對象，就由我出馬，這個我很在行。我知道自己的強項，我知道如何在工作上更「社會化」，因為其他人希望我對醫院贊助者、政客等更親切。我在疫情期間處理很多不滿和抱怨的問題，但我受不了……護理師或是助理說要離職，我就讓他們走……這麼多年來我都付你錢，你卻在我的醫院深陷危機時不願意共體時艱。走吧，不可惜。我總是這麼說。

——孫麗，五十歲，醫院管理者

這個亞型往往期望絕對的忠誠，認為自己的作風或動機被質疑是一種直接的威脅。另一方面，他們會要求對方完全坦誠。他們通常會表示如果自己不瞭解全部情況，在遇到問題時就無法解決。這是第八型的人經常會有的想法。然而黑手黨頭目對於這種坦誠的執著讓人感到壓力，他們偏執起來時可能會認定有人要攻擊自己或是想篡位。他們會合理化自己侵犯隱私和越界的行為，因為他們自認有資格掌控勢力範圍內的各個層面。他們會以先發制人的手段來應付威脅，或者在被襲擊後尋求報復。他們捍衛權勢時很冷酷、算計且殘忍。但是他們喜歡叫別人代做骯髒事，因此報應和後果不會落到自己身上。

如果同理心嚴重不足，這個亞型的人會因為怒氣和報復而採取暴力。他們非常記仇，一心想懲罰挑戰或質疑自己權威的人。黑手黨頭目有獵食者的本性，會利用魅力、人情、資源或把柄來鞏固自己的權力，讓人屈服於自己。

應對這一型的方式

一、如果這個亞型的人提出要幫助你或保護你，要留意他會期望你未來為他效勞。如果接受他們的協助或保護，就要預備好回報他們。否則你最好尋找別的援助者，或是把交易細節談清楚。

二、他們要求高度忠誠，會把你看似無害的行為、評論或決策當作是背叛。原因不見得是你真的做了什麼對不起他們的事，而是他們對於他人的行為和意圖抱持質疑態度（通常是他們自身行為的投射）。

三、這個亞型的人會堅守自己認為的正義，相信應該好好矯正錯誤的行為。盡可能提供真實的回饋，但如果你反對他們執行正義或報復的方式，不要太訝異他們會惱羞成怒或把氣出在你身上

四、如果你想要跟這個類型的人當朋友的話，要注意他們可能會懷疑你動機不單純，就算他們看起來很友善，因為他們對於人與人的關係往往抱持疑慮而難以信任。

性本能第八型

《我們的音樂時代》（*Behind the Music*）是一部紀錄片形式的節目，定期在VH1頻道上播出。我很愛看這個節目，因為它讓觀眾得以一探某些音樂界知名藝人的生活。其中一集專訪藝名為P!nk（原注8）的流行歌手艾蕾莎・摩兒（Alecia Moore）。我本來就是她的歌迷。她大膽的風格、真誠的歌詞加上大剌剌的態度，讓她與同代人很不一樣。節目帶著觀眾認識艾蕾莎的童年、青春期和出社會各階段。在我取得碩士學位後，我對九型人格分析模式很入迷，我記得當時覺得艾蕾莎偏向第四型人，不過我在第四型和第八型之間猶豫了一段時間。而艾蕾莎在該紀錄片中表現出第四型人少有的勇敢性格。她情緒化、陰晴不定、有創造力和表達力（如第四型人），但也冷淡、調皮、自信又從容。片中揭露她風暴式的青春期，那時候她面對父母離婚（讓她創作了熱門曲〈全家福〉〔Family Portrait〕）。

節目受訪中艾蕾莎談到她在父母想要控制她時起身反抗。她面對別人管控自己的行為時不會退縮。她有種「讓人難以忍受的態度」，她自己也知道。她會在學校故意找人吵架，讓自己（和朋友）惹上麻煩。然而在她叛逆的青春期底下，是對於父母離異感到被背叛和憤怒。她把氣憤和悲傷宣洩在音樂裡。她的職涯早期受曲風分類影響，公司希望她以優雅的藍調歌手來包裝，因為她具有穿透力的嗓音和大膽的歌詞。但是她奮力爭取採用流行龐克、搖滾和民謠的歌手形象，因為她覺得這樣才符合自己的精神。經過多次與前輩製作人瑞德（L. A. Reid）爭吵後，她終於講贏了。她第二張專輯《誤會大了》（*M!ssundaztood*）推出更加原創和展露本色的系列歌曲，這些是她與琳達・佩里（Linda Perry）共同寫的歌，佩里原本是「非金髮四女」（4 Non Blondes）樂團前主唱，後來轉當製作人。結果世人認識了真實的艾蕾莎・摩兒，她是個直接、反應快、精力旺盛又有成就的浪漫派，當然也是個不好相處的人。

《我們的音樂時代》也讓觀眾一窺她和另一半嘉莉・哈特（Carey Hart）的情史。這段分分合合的關係充滿了強烈的角力，以及兩個性本能第八型人都難以抗拒的契合感。節目進到尾聲，我非常確定她就是性本能第八型的代言人。他們結合大膽表現與原始脆弱於一身的獨特性讓很多人難以理解。

性本能第八型的人面對對失去連結和無法吸引心儀對象的恐懼時，會展現出強勁的力量，使出九牛二虎之力讓別人注意到自己。他們天生會把個人魅力和自信心釋放到任何空間而令人難忽視。他們認為自己是真的老大，因此不需要追求什麼。他們相信自己只要看上某個人，就能夠吸引對方。如同身為性本能第八型的偽裝者（Pretenders）樂團主唱克莉西・海特（Chrissie Hynde）在歌詞中唱道：「我絕對絕對讓你注意到我。」

性本能第八型的人把感情當作是一種角力。他們想要在能控制他們的伴侶面前繳械投降，卻又擔心露出自己的軟肋。

我是死硬的浪漫派，我做任何事都很強硬。我是一個訓練有素的運動員，受過不少傷但絕不退縮。我對感興趣的事情都很拚命，包含對待女朋友。我不是像痴漢那樣，而是想要知道對方有沒有辦法接招。我喜歡愚弄人，也會欺負人，看看對方怎樣回應。如果對方反擊，我就能放心；如果能輕鬆輾壓對方，我很快就沒興致。是這樣的，一旦我愛上一個人，就會持續到永久，就算我們分手或結束友情，只要你需要我，就算我因為你做過的事情對你恨之入骨，緊要關頭我還是會幫忙。我希望別人不會利用我這一點。所以我給人高冷的感覺。不熟的話我都會這樣，一旦我接受你的話，就什麼都放開了。

——萊安，二十七歲，教師／摔角教練

要性本能第八型的人放下關係中的權力很難。一方面他們想要卸下一些掌控讓自己輕鬆一點；另一方面他們又擔心讓對方掌握太多權力會讓自己受辱或受傷。因此，就像是第四型人和第六型人，他們與別人會進入一種拉扯的關係。九型人格教師康登貼切地將性本能第八型的人描述為「拳擊手兼詩人」（原注9），因為他們在相愛和相殺的矛盾中擺盪。他們同時擁有細膩又脆弱的內心和令人畏懼的剛烈外表。

這個亞型的人剛愎自用，相較於社交第八型的克制，他們會更加大膽表達。他們具有個人風采，常將自己視為獵食者，為了刺激和快感而狩獵。這個亞型容易感到無趣卻又不願意忍受不安，他們會在懶散不前與追求欲望滿足的兩極之間變換。如同性本能第四型，這個亞型的人認為自己是說真話的人，不過第四型人講的是情緒方面的事實或是被遺漏的地方，而第八型人則是指出動機和權力關係。

他們會全心全意投入，他們要求其他人忠誠，而他們自己也會像中世紀的騎士一樣對自己人忠誠。然而他們有時候很強硬又帶刺、喜怒無常又難以取悅。他們容易感到受傷，低估自己帶給他人的壓力。很多這個類型的人會很訝異自己的行為被視為惡意或憤怒。

他們對於屬於自己的東西都會有占有慾，這一點在人際關係上特別明顯。他們會宣示某些人是「我的人」，討厭勢力範圍遭人侵犯。這一點聽起來像是「恐怖情人」的特質，但健康的第八型人會把「我的」當作是一種親暱稱呼，願意讓對方在關係中做自己。如果他人考量並尊重他們的需求和想望，他們通常沒有什麼問題。此外，要注意他們不喜歡表現出嫉妒，很多這個亞型的人說自己不會吃醋或尋求關注，這是因為他們視嫉妒為一種弱點，所以他們會對內心珍視的東西表現得冷漠，一副漠不在乎的態度。

我必須學習如何告訴別人我對他們的感受。我以為透過我的揶揄、保護和想要跟他們在一起的態度，已經表現得夠明顯了。我應該是不擅長直說，因為講出口就像是裂開的傷口，對方可以選擇撒鹽或癒合。而我怕被撒鹽。誰都會怕。所以我變得像是個捕獸夾一樣，不過是有加溫過的那種，因為我知道他人可以感受到我的熱情如火，相當明顯。

——阿欽德，四十三歲，消防隊長

魅力型的惡霸

有種說法叫做「被洗腦」（drank the Kool-Aid），我本來覺得這種說法聽起來很可愛，但後來聽聞一九七八年的瓊斯鎮慘案（Jonestown Massacre），深具魅力但有心理病態的邪教創辦人吉姆・瓊斯（Jim Jones）帶領信徒集體自殺，於是「洗腦」這種說法聽起來很不祥。該慘案相當駭人，因為事件中死於自殺或他殺的人數（九百零九人）令人震驚。更可怕的是，其中很多人之所以會死，起因就是某個人憑藉感召力及情緒暴力發號施令。

世界上最惡名昭彰且危險的邪教教主瓊斯以「基督教社會主義者」牧師的身分開始宗教職務。從各方面來說，他是個引人注意、具號召力、充滿活力，但是有時陰晴不定的年輕人。他在貧困的環境長大，然後在教會找到使命感和歸屬感。他虔誠盼望能散播他對基督救贖的熱情，然而有某種惡兆在他心中萌生。

他母親發現他在教會假扮牧師，進行精彩又受人喜愛的講道。鄰居記得瓊斯著迷於死亡與宗教，而且認為自己有治癒別人的特殊能力。他認為自己能飛翔，某次還跳下屋頂向朋友證明能力，結果造成手臂骨折。他崇拜希特勒和史達林，據說他曾經角色扮演過希特勒並叫朋友走行軍步伐。瓊斯會毆打拒絕聽令的小朋友。他迷戀自己的靈性力量，喜歡對鄰里的人傳福音和勸人入教。但即使他熱中宗教，卻經常到附近的糖果店偷東西，也會講髒話。有時候他會做出古怪舉動讓其他小孩置身於危險，甚至嘲笑或懲罰不聽從他的孩子。瓊斯如此回憶童年：「我在三年級末就預備好殺人。我的意思是，我滿心仇恨和攻擊。我隨時預備好殺人。沒人給我愛和理解。那時候家長應該要參加小孩的學校活動，學校有個表演，別人的家長都到場，只有我沒有。我一個人站在那裡。我一直都孤單一人。」（原注10）

瓊斯懂得找出他人最深層的脆弱處來下手。他可能表現出同理心和友善，然後又突然翻臉無情。他對親密對象有很強的占有慾（就算已婚，他還是像蒐集戰利品一樣蒐集對象）。他總是會讓其他人找自己說話，這是賣弄權力的方式，這樣一來他就能知道對方是否對自己感興趣，而且會利用這一點。

瓊斯透過精心謀畫和宣稱自己是先知，被派來驅除人們在社會主義、種族歧視和不平等上所受到的磨難，並藉此控制教徒們。（原注11）魅力型的惡霸喜歡掌控力量、培養親自挑選的精英，這些人往往經過他們多年的心理操控和洗腦。瓊斯培養教眾深信自己，他以恫嚇和偏執的方式種管理信眾，直到一九七八年調查人員試圖清查時，他指示教眾服用氰化物避免被政府襲擊和預備末日來臨。他告訴他們如此死去就能夠抵達「應許之地」，他會到彼岸相見。

我花這麼多篇幅談論瓊斯是因

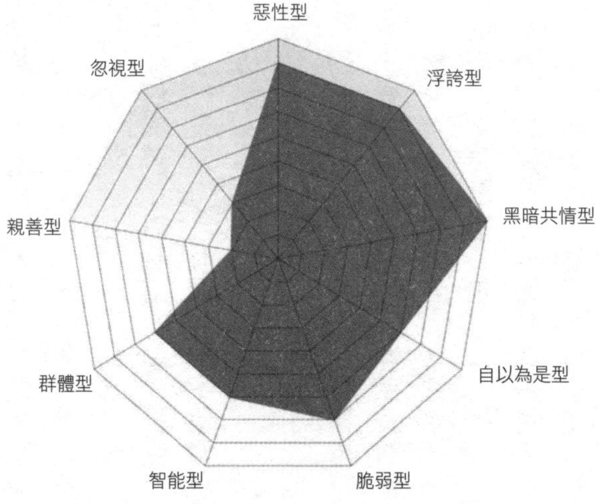

性本能第八型：魅力型的惡霸

為他憑著個人魅力、聰明和狡猾的腦袋，策畫了世界上最大型的謀殺案。瓊斯對於自己神性的信念，以及他對九百零九人的支配都誇張至極。這類型的人尤其能夠引人效忠。他們比憤世暴君和黑手黨頭目的情緒覺察力更強，利用類似的手法來鞏固權力。當然不是所有魅力型的惡霸都會變成邪教教主殺害上百人，不過他們都擁有令人著迷又害怕的魅力。他們通常是黑暗共情型的人，有相當高度的惡性型、浮誇型和脆弱型自戀。他們對親密對象或是所處的任何群體、組織或空間，具備令人難以置信的支配力量。他們通常令人感到神祕、具有說服力且有點危險。他們跟其他第八型人一樣渴望力量，但他們更會控制人的情緒、心靈或心理狀態。

這個亞型的人更注意自己給人的觀感，並且會視動機找出最好的說法。他們可能真心能為人帶來改變，然而當他們看到自己的影響力在他人身上發揮作用時，會得到莫大的快感並提升自尊。不同於需要以肯定感來維持身分的喜怒無常的戲精，或是把親密對象塑造成自己理想模樣的高不可攀者，這個類型的人喜歡完全占有，他們的滿足感來自於在他人生活各層面進行掌控、施展影響力和力量。

要尋找這個亞型的研究對象很困難，因為他們不願意顯露弱點或是透露任何會減少掌控力的資訊。不過我確實訪談到一名魅力型的惡霸庫爾特，他示範了這個亞型如何操控他人來獲取力量。我必須在訪談時配合他的要求，因為他不希望他的回應出現在任何書上，就算是匿名。他是個臨床心理學家，量測結果顯示屬於社會病態。他告訴我他憑藉這樣的「專長」得到更好的效果。庫爾特時而展現魅力，時而充滿威脅性，他的眼神有時候會變得很冷酷，尤其是我探問他手法的時候。有時候他會長篇大論說起自己的事蹟，包括大家多麼愛戴他、他工作多厲害，然後又突然沉默下來瞪著我，或者變成他是臨床研究者而我是個案來反問我問題。他很享受一來一往的過程。他覺得很刺激，但他想要占上風，最後他接到電話突然離場，我覺得他自認是他贏了。

相較於其他兩種第八型的自戀亞型，這個類型的人比較不在意掌握群體、金錢或名聲（儘管這幾項是加分）。他們想要完全主導對方的身心靈，他們想要看見自己的影響力在別人身上起作用，尤其是親密對象。這個亞型的人喜歡心理學，還有其他一對一的靈性或是個人提升領域，因為這些過程能帶來親密感。他們想要占有對方的念頭會激起腎上腺素，強化他們的權勢和力量感。

經常可見這個亞型的人聲稱杜絕肢體暴力，又或者表現得自命清高、具有靈性或很有道德操守，然而他們也會公開顯露偽善之處。就像瓊斯一方面傳福音，一方面卻盜竊、吸毒和濫交。第八型人的情緒加上性本能和自戀傾向，造成他們渴望與他人有親密情感以進行操控。他們難以與人親近，展露脆弱面的機率更是少之又少。不過他們可能會抱怨自己在職場、感情或家庭的付出不被重視，以巧妙引發他人的同情。他們自認為是群體中的守護者，但又會認為別人自私、不敬重或對自己不忠誠，因而感到委屈和擺出受害者的模樣。

他們會沉溺於各種成癮問題（極端性愛、飲食和毒品等等）。一旦他們注意到自己的渴望失控，很多人會採取克制的方式重新獲得控制。他們討厭失去控制，而且會挑選洩怒的對象，並且決定要如何展現才不會失去信譽或權力。如果是父母，他們可能會保護慾強而令人畏懼。他們要求子女、配偶和家人要對自己竭誠盡忠。他們無法忍受其他人控制或是影響自己的人。他們很會使用心理操控法，而且經常會說謊來表現自己是出於好心。他們要求別人要忠誠，而當他們覺得自己控制的人沒有好好執行自己的指令或要求時，會加以試探和施加壓力。

這個亞型對於他人的動機和意圖抱持質疑態度。當他們覺得有人想占自己便宜時會非常偏執且反覆無常。由於妄自尊大，很多這個亞型的人會在根本沒有問題的情況下覺得受到威脅、背叛、冒犯和嘲笑。這讓他們能合理化地報復原本「感情深厚」的對象。如果同理心低落，他們會不在乎他人、使用情緒或肢體暴力，並且容易自我毀滅和毀滅他人。

應對這一型的方式

一、與這個亞型的人相處時，有時候會讓人覺得很愉快又刺激。不過要留意他們是否經常灌輸你思想、感受、信念，或是用「你也覺得吧？」這類話語暗地裡強迫你要服從他們的想法。

二、注意他們多常在分享的故事、記述和軼聞中提到自己有做錯事，或者對人不友善或不顧慮他人感受。這個亞型的人可能會煽動或引發你的不安，而巧妙地隱藏自己的脆弱或弱點。

三、他們可能在工作或任何職場關係中工於心計或是追求完美主義。他們難以取悅，還會要求事情要照「他們的規矩」來，對於時間和投入心力的要求可能強人所難。雖然這個類型的人討厭談界線，但釐清和執行你的界線很重要。

四、如果他們表現出黑暗共情型的特質，要留意長時間的情感操控。如果他們要求對方要有同理心、同情心和體諒，但是在別人犯錯時又會不高興、反咬一口或是打擊對方，要注意這些警訊。最好使用冷處理法或是遠離他們（雖然會惹怒對方），長期而言這樣才能保持你的理智。

第十七章

第九型：和平使者

自戀亞型

自我保存第九型：粗心的懶惰鬼
社交第九型：矛盾的退縮者
性本能第九型：低調的操控者

自我保存第九型

自我保存第九型的人散發出安穩的能量。這個類型是二十七種本能亞型中最泰然自若的，儘管生活中遇到壓力時還是會緊張不安。他們透過緩解潛在的衝突和焦慮盡可能保持穩定、簡單和自在。

這個類型的人在第九型人格中最穩定踏實。他們像是反應比較不激烈的第八型，其他人可能會感受到他們潛藏在表面下的怒氣和攻擊性。由於第九型人的核心恐懼之一是與生活中親近的人產生衝突，所以他們會壓抑和否認怒氣，將侵略性轉化成維持身體的舒適。他們通常對實際的界線、需求和期望很明確。他們會挑剔食物、座位、床的舒適度，或是準備好最愛看的節目和電影。如果他們感到舒服、放鬆和平衡，對孤立和不和諧的焦慮就會消散。但是任何影響到他們舒適習慣的能量或干擾都會讓他們動搖而變得焦慮暴躁。

所有自我保存第九型的人生活方式都偏向傳統；對於何謂「傳統」會根據個人文化和成長背景不同而有所差異，但是他們都需要有熟悉感讓他們安心。因此如果他們家在平安夜時總是會看《風雲人物》（*It's a Wonderful Life*）這部電影，維持這個傳統可以讓他們感到踏實。知道自己可以期待什麼，以及能夠取得帶來安全和滿足的東西，可以讓他們避免可能造成不安的事物。

自我保存第九型的人通常會蒐集、記錄和養成五花八門的愛好，這是他們自我安慰的行動。他們喜歡保存物品，覺得這樣能回味過去。

我喜歡簡單的東西，越簡單越好。我盡可能讓生活中不要有不確定的事物，無論是發生的事、物質或是活動，我只想要一切平穩簡單。我最喜歡做的事情是蒐集照片和家譜。我是家的歷史學者，因為我很珍視過去。我認為任何家庭（或社會）都要保存歷史。這不僅僅是保存資訊，還能讓我連結到自己的根。我有一個房間的書架上擺滿相簿。有些是我的，有些是我祖父母的，也有些是新聞剪輯和其他我覺得某天會有人想要的紀念品。

——莉歐娜，四十四歲，書店管理員

自我保存第九型的人可能對於決定哪些事情重要、哪些不重要感到困擾。他們有時候會把焦慮感（通常無意識）抒發在他們覺得微不足道的小事上。他們認為想要感到滿足的話，最好的方式是累積資源或必需品以排解不安的恐懼。通常他們對於食物、物質、影視、蒐藏、運動或其他小事物的依賴感會隨著基本需求或責任增加而提高。如同其他第九型的人，他們在壓力大的時候會變得糊塗、健忘或搞不清狀況。他們會用壓抑或轉化的方式把不安、悲傷或憤怒轉向讓他們感到安心的事物。一旦他們意識到不安的想法、情緒或是經驗，他們會覺得像是從沉睡中被驚醒，迫切想要採取行動來改變或排除不安的感覺。

我置身糟糕的婚姻十五年，這無關虐待之類的事情，只是讓人感到不滿足。我很容易陷入上班、回家、吃晚餐、照顧小孩這類的麻木日常。我知道大家都說生活就是這麼一回事，確實就某種程度而言，這就是生活。然而我被困在這些例行事務和熟悉感的安靜深淵裡，我甚至沒察覺自己十年來憂鬱的情況。我常心不在焉，因為我變得像不斷重複的機器人。我說的話和做的事就是為了要過生活，避免任何衝突。所以我跟太太不會吵架。但要是我不能每晚看ESPN或是某些體育賽事的話，我會大發脾氣，像小孩子一樣氣到跳腳。那是我唯一想要和需要的東西。

——克雷，四十八歲，床墊銷售員

這個亞型的人經常在睡前要完成例行程序和舒適安排。一旦受到驚嚇，自我保存第九型的人可能會在行為上做出迅速而有實質差異的改變。他們有可能回歸沉浸於習慣性安排，但是因為他們察覺其他人想要他們參與和投入生活，因此可能會有所改變。這個亞型的人非常鎮定，對家人來說是一種穩定的平衡力量。他們通常內向而堅強，面對混亂時能夠表現得自信、沉著和可靠。

粗心的懶惰鬼

凱文・史貝西（Kevin Spacey）在由山姆・曼德斯（Sam Mendes）執導的一九九八年電影《美國心玫瑰情》（*American Beauty*）中飾演萊斯特・伯爾納姆，該角色是四十二歲的管理高層，他對於生活感到強烈不滿，他太太卡洛琳（由安妮特・班寧〔Annette Bening〕飾演）是個容易緊張的不動產仲介，同時是社交第三型的自戀者。萊斯特性生活不美滿，工作不如意，對於生活和旁人無法用心。他處於一種絕望的自動導航模式，過著所謂「完美」的生活。他參加女兒擔任啦啦隊的高中球賽，對她最好的朋友安琪拉神魂顛倒並產生幻想。萊斯特開始抗拒原本的生活，在威脅主管之後辭去工作，開始健身，並且對太太和女兒言語暴力，抽起大麻，到速食店工作，最終猥褻女兒的朋友。他認為自己比過去幾年來更「感到活著」，但是他只不過是啟動了潛藏的脆弱型和忽視型自戀傾向。

隨著萊斯特的自戀變得嚴重，他的脾氣和態度也改變了。他對幾乎所有人都變得口無遮攔，也不想再養育女兒。他一心想要獲取安琪拉的青睞並追逐自己的幻想，他無法自拔。

萊斯特深深陷入自戀傾向、戀童癖，也完全拋棄身為父親和丈夫的職責，如此確實讓他脫離了無聊的生活。然而最後他承受不了女兒朋友在跟他上床之前講出她不是處女的事。是安琪拉的天真美好讓萊斯特重新檢視生活，可是在遇到安琪拉之後慾望吞噬一切，讓他忽略生活周遭的人。他尋求自認為最可以帶來快樂的路線：滿足自己的一切慾望。這部電影製作精美，深思人生的許多層面，包含社會常軌、家庭生活、意義和快樂。雖然重點不是在講萊斯特的人格障礙，但他確實代表自我保存第九型表達自戀的方式。

在人格結構中，第九型的人通常不夠重視自己，輕忽自己的重要性，因此自戀通常被隱藏起來而難以偵測。如同我在第六章提到的，第九型的人通常覺得沒有自我。如果缺乏同理心或者是有其他自戀人格特質，第九型人的自戀便可能被「啟動」。如同萊斯特的情況，他們可能認為要獲得注意和存在的唯一方式，是讓自戀的自我主導局面。他們自我疏忽的情況也會延伸到忽略、貶低和抹除其他人的需求、渴求、情緒和存在。他們把多年來壓抑的怒氣往外發洩，開始合理化自己對他人的虧待，因為他們已經被忽視很久了。

粗心的懶惰鬼對於他人需求不在意、不敏感、不關心。他們認為自己的立即需求和資源更重要。他們不想要為情緒問題所擾，而且會

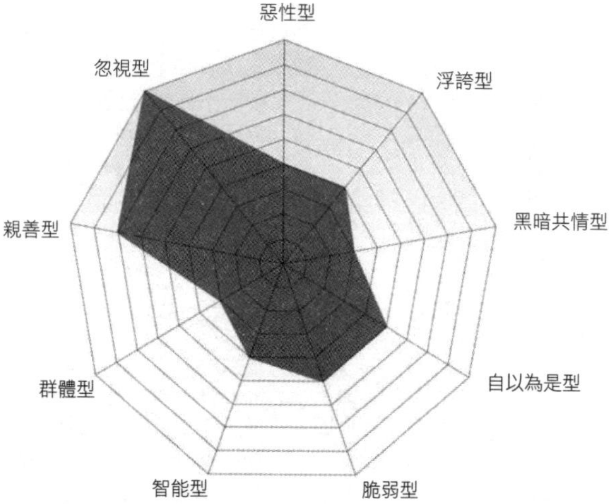

自我保存第九型：粗心的懶惰鬼

合理化逃避責任的行為（尤其如果這些責任干擾到他們的平靜或安適）。

> 我的前妻一直想要我付一大筆莫名其妙的扶養費給兩個小孩。她說他們個別需要一個月兩千美元的費用。我不知道我們在一起的時候她都把錢花去哪裡，但我知道我在他們身上花不到兩千美元，尤其在他們超過六歲之後。哼，我才不付。我賺不少，但我知道她只是要利用我拿錢給她花……她總是說我小氣，但我並不小氣。她告訴調解員我花了四千美元買電視和音響。我不知道她怎麼發現這件事情，但我愛怎樣用錢不關她的事。我在付錢給她之前會先辭掉工作。總之，你可能覺得我像是個大混蛋。但我是好人。所以我不曉得她為什麼這樣對待我。
>
> ——洛伊，三十四歲，電器師傅

洛伊合理化自己拖欠扶養費的行為，因為他真心認為既然太太要跟自己離婚（他說他外遇被發現），她就該為自己的決定承擔後果。他無法對自己的行為負責，從憤怒轉為否認前妻的感受或孩子的需求。他聲稱他們想要害他覺得內疚，而且他們只是被母親寵壞的小孩。粗心的懶惰鬼自認為和善，常常難以承認是自己造成衝突或失和。他們覺得自己理性又冷靜，然而這個亞型的人容易發怒，會讓被發洩的對象感到受傷和恐懼。

辨識這類型的人並不容易，因為他們通常不會像浮誇型自戀到處炫耀，也不像惡性型自戀會攻擊他人。他們把自私和自以為是的態度隱藏起來。但是如果有人侵犯了他們的需求、舒適、資源或安寧，他們會話中帶刺、威嚇，甚至訴諸暴力。更常見的是，他們對於別人的想法不屑一顧，把很多事情都不當一回事。他們把「別為小事抓狂」的說法發揮到淋漓盡致，拒絕受到任何人事物的打擾。

這個亞型的人越是壓抑情緒或是生活經驗，他們就會越感到不安、麻煩、衝突或不願意面對，因而更加憤怒。到了最後，他們會受不了日常困擾或對自己和他人的感受，他們要費更多工夫才能吞下怒氣、痛苦和怨念，並且會以忽視的方式懲罰那些害自己想起原本想要忽略的事情的人。

應對這一型的方式

一、避免太過干擾他們的例行習慣，因為這樣你會承受他們最大的反彈力量。針對他們的規則提出建議調整，讓他們決定要不要採用。另外，也不要因為不想要讓他們不愉快，而不去做自己想做的事。

二、在最嚴重的情況下，這個亞型的人會很無情。記住，這是因為他們的自我疏忽，而且你一定要優先重視你自己的需求，因為他們不會這麼做，或者是他們根本做不到。

三、有時候粗心的懶惰鬼會走捷徑、吝嗇小氣或是沉默寡言，不願多花精力或心神。跟他們起衝突只會讓他們更冥頑不靈，最好繼續以其他方法取得你需要的東西。

四、要是他們發怒或展現敵意，最好離他們遠一點，不要跟他們爭吵。他們的怒氣可能爆發而且具有破壞性。

社交第九型

社交第九型的人想要歸屬於某個團體，並且喜歡讓團體更有凝聚力與和諧。他們不需要成為關注焦點，喜歡從旁協助達成共同目標，或者是在交際過程中吸收團體的能量。很多這個類型的人樂觀、理想化、友善，他們能融入或是認同各式各樣的人，因此很容易結交朋友。

> 我很內向，在社交方面不喜歡主動出擊。但我很擅長融入團體。我不會發表太多意見，除非有人問我，或是我對那件事特別有熱忱。多數時候我不太有個人偏好，我覺得沒關係，依照其他人的做法就好。這不是因為我沒個性，而是我不挑

別。我喜歡多數的人，只要他們友善就行。

——TJ，三十歲，歷史教師

社交第九型人通常沉默寡言、很少表達意見，但是他們對一些主題有既定的信念，會突然做出強力主張或者大力反對他們認為錯誤的事情。那朗荷醫師指出這個類型的人有種「即興發表意見」的習性：他們會拉來一個蘋果箱，站到上頭針對特定議題表示意見，而且說得慷慨激昂。他們可能喜歡知性方面的論辯，而且有可能像上面這位歷史老師一樣擅長辯論而令人感到意外。然而多數時候社交第九型的人只想要跟他們覺得屬於同樣「頻率」的人相處，感覺融入團體或是具有契合的相同理念。

女王伊莉莎白二世或許是近代歷史上最沉默寡言又重視隱私的君王。她很不願意接受採訪，而且她所呈現出來的公眾形象很少表露個人意見、感受或想法。很多人在文章中寫道，她選擇放棄自主性而獲取女王的地位。不過她似乎天生適合這個角色。眾所皆知，她的妹妹瑪格麗特公主（社交第七型）是更願意接觸大眾的角色，這位公主迷人、大膽且常惹禍上身。伊莉莎白和瑪格麗特兩人都認同伊莉莎白比較適合從政，以及負責皇家需要的交際活動。所謂「欲戴王冠，並承其重」，伊莉莎白天生堅忍又中立的性情對於統治很有用。

伊莉莎白可以輕易壓抑自己的好惡和熱情來執行職責。如同多數第九型的人，他們喜歡抹去身分融入團體的期望。雖然她從小就預備要繼承王位，卻因為王族生活複雜而不是很情願地領導國家，不過她仍然接受命運。（原注1）她是英國史上在位最久的君王。她非常保守而嚴格，記載中清楚顯示她可以應付形形色色各有野心的首相。她堅持正統並尊重王位，推動成功的皇家表現。

如同其他第九型的人，她是一個沉穩大師，以堅定的決心加上對於王位代表團結的認知，歷經多次風向變換而邁向王位。為人所知的是，伊莉莎白理智而直接，盡可能避免展示排場和地位。她甚至抗拒如慣例那樣在加冕儀式彰顯財富和權勢。（原注2）多年來，據聞她學著接受華麗和儀式屬於她職責的一環。女王伊莉莎白二世以避免衝突聞名，看起來嚴厲和冷漠，因此與更懂得表現的子女查爾斯王子和安妮公主之間關係有點緊張。

這個亞型非常害怕自己的怒氣，很多人不會注意到他們的攻擊性，直到他們堅信的事受到質疑或是界線被踰越。有些社交第九型的人善於壓抑怒氣，因此他們會說自己多年來沒有生過氣。社交第九型的學生安妮曾經一臉正經告訴我，她根本不記得自己上一次生氣是什麼時候。於是我指派她做練習，我請她回去以後列出哪些事情會惹惱或是激怒她。她說她不知道能否想到什麼重要的內容，但也接受我的要求。隔天她寫了兩頁（正反兩面）的清單，上面列滿各種抱怨和煩惱。我請她分享幾項，她激烈地對很多事情表達不滿，主要是有關朋友如何「惹毛她」。

學期末時，安妮感謝我幫助她看見自己的怒氣，不過她告訴我她在課堂後把清單燒掉，因為她覺得寫出來很羞愧。我問她這樣的練習什麼地方最讓她感到困擾，她說重點不是她發脾氣，而是她對朋友太過「嚴苛」，就算他們不知道她做這個練習。社交第九型的人對於在團體中表達不滿會產生危機感，因為這表示他們如我學生說的「與生活節奏失去和諧」。

矛盾的退縮者

一九九九年的電影《鬥陣俱樂部》（*Fight Club*）翻拍恰克・帕拉尼克（Chuck Palahniuk）的同名小說，劇中探討被稱為「旁白者」（書中名叫傑克）的「一般人」的內心世界。旁白者（社交第九型，由艾德華・諾頓〔Edward Norton〕飾演）是個普通的白領階級工作者，他陷入千篇一律的窠臼。他覺得與生活脫節，為了要平息憂鬱感，他用不同化名參加多個支持團體，主要是為了喝免費咖啡和與人交流。在旁白者的憤怒和孤立感達到高峰時，他在出差期間遇到粗獷帥氣的泰勒・德頓，他是一個自戀的社交第七型銷售員，由布萊德・彼特（Brad Pitt）飾演。

泰勒跟旁白者恰恰相反，他性感、暴力、莽撞，而且非常沒有同理心。泰勒告訴旁白者他的一切財產在一場爆炸中被摧毀。而當旁白者感到絕望之際，在停車場叫泰勒揍他一頓。他覺得暴力讓他血脈賁張又洗滌心靈，因此他們講好了之後再來。旁白者搬進泰勒家裡住，他們經常去附近一家酒吧，然後在停車場出拳打架，最終他們在酒吧的地下室辦了「鬥陣俱樂部」。這個俱樂部規模擴大，成為反資本主義、反建制的庇護所，讓人可以猛烈宣洩憤怒和不滿。旁白者勒索前老闆資助鬥陣俱樂部，我們也看見他逐漸墮入惡性型自戀。

隨著泰勒越來越粗暴、對他人漠不關心、心懷怨恨、渴求更多激烈的打鬥，旁白者也被揍得更加慘

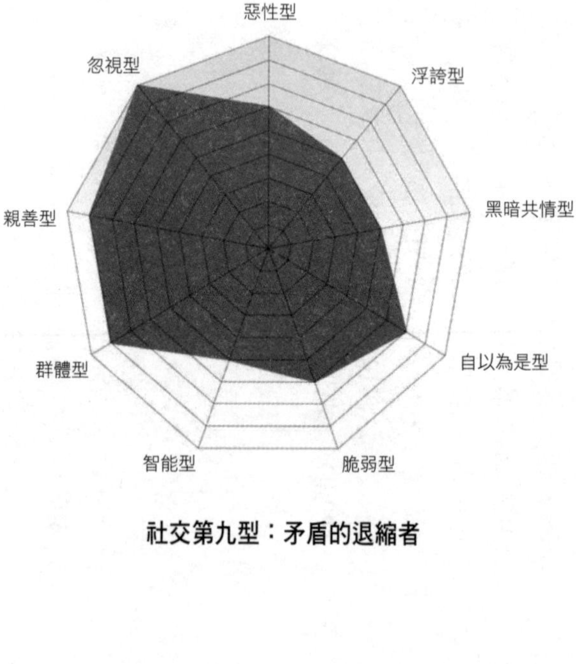

社交第九型：矛盾的退縮者

烈。在片中第三幕，我們知道泰勒這個角色其實投射出旁白者壓抑的怒氣、敵意和被忽略的感受。泰勒是探索旁白者在現實生活中自戀和暴力幻想的方式，他分裂出泰勒的人格，這一點代表矛盾的退縮者無法承認自己的怒氣。這個亞型的人往往把自己當作好人，就像諾頓飾演的角色不斷換到不同的支持團，不僅沒做出貢獻，甚至還經常對成癮或其他問題說謊。

他潛藏的自戀終於被觸發，而且相較於面對自身的冷漠，他反而是創造出一個人格來面對自己的憂慮。雖然不是所有矛盾的退縮者都有第二性格，但他們都會否認自己的攻擊性。這個類型的人經常在他人眼中顯得相對「正常」，他們可能非常善於採用好相處、低調又隨和的形象來掩飾怒氣。然而他們不願意面對自己與其他人的問題，以及友善外表下的情緒。他們可能會是開心果或團體中的「跟屁蟲」。他們的自戀可能不會被察覺，除非發生嚴重或重大事件，而他們無法以有同理心或考慮他人的方式處理。

我的朋友都很煩，因為他們全都說我沒有同理心。我覺得這是因為我懶得理他們的鬧劇。他們跟我開了同理心勸導大會，告訴我他們認為我一直用不屑的態度對他們。我只是坐著聽他們說，但說實話這很可笑又傷人……每次都是我逗大家笑，還有盡可能表現開朗，但我想他們覺得這算是不屑。我該換的是朋友，不是我的

> 態度。我會繼續跟他們在一起，因為我知道他們喜歡我。但我會三緘其口……我主要的問題是，有人情緒化或是事情變得嚴重時，我不是很關心。我只想出來一起玩樂，我自己的問題沒拿出來說，我應該也希望其他人照做吧。所以，沒錯，這確實讓我生活陷入麻煩。
>
> ——卡洛琳，二十五歲，學生

通常這個亞型的自戀傾向不會被察覺，除非他們的同理心缺陷遇到挑戰。然而如果他們隨和親切的態度還無法避免被批評，他們就會憤怒和搞破壞，尤其是在他們覺得被迫吞下真實感受、想法和意見來與人好好相處的情況。

這個類型的人知道如何避開關注，因此能夠迅速隱藏自己，讓立即需求獲得滿足。他們在二十七種自戀亞型當中是難以堅定表達自我的一型。如果他們進入無法輕易逃避的情境，他們就會感到絕望，壓抑的怒氣會造成危險的後果。

克里斯．沃茲（Chris Watts）在二〇一八年上了頭條，因為他殺害孕妻珊南．沃茲（Shanann Watts）和兩個女兒。這一家人是郊區完美生活的寫照，幾乎所有認識克里斯的人都說他是個「好好先生」，眾人都對沃茲的犯行感到很震驚。據稱沃茲在殺人前捲入婚外情。有些報導表示，他在殺人前的行為之所以被懷疑，是因為原本體重過重的他開始認真健身，態度也顯得比平常更疏離。

有些人把沃茲描述為隨和又安靜的人。他承認與珊南的婚姻遇到一些困難，而珊南是個要求過多且有時專橫的人。沃茲坦承他想要離婚，並對珊南感到厭惡，但因為有小孩子不知道要怎樣跟她切割。（原注3）然而他不想要成為出軌而離婚的「壞人」。有些人說沃茲的行為很反常，這是在精神崩潰前做出的激動犯行。可是沃茲對調查機關說謊數週後才認罪，而且多次改口供，甚至曾在電視上祈求已被殺害的妻子回家。（原注4）

檢調的心理學家注意到沃茲一開始無法清楚交代為什麼把女兒丟棄在貯油設備，這顯示他無法認知自己是加害者。（原注5）他在「認罪」的時候是說「她們死了」而不是「我殺了她們」。在調查期間，沃茲聲稱太太發怒並在他提出分居時掐死女兒，所以他掐死太太並把所有屍體丟棄。他後來又改口推翻前供。二〇二一年，沃茲向獄友表示他用疼始康定（OxyContin）對珊南下毒數個星期要讓她流產。他還表示他在動手之前已經預謀殺害家人數個星期，他甚至趁女兒睡覺時要將她們悶死，不成功才換成用勒殺的手段。值得注意的是，多數殺害家人的加害者會在殺人後自殺，沃茲聲稱他有考慮這麼做，但最後會決定殺人是為了要清除過去以便跟女友在一起，這樣就不用管前妻和養育責任了。

沒有人會想到鄰家好好先生克里斯·沃茲會犯下如此恐怖的罪行，這凸顯了這個類型的人會掩藏怒氣和欠缺同理心的情況。當他們不在意自己的時候，往往更能夠沒有阻礙地滿足各種需求。在絕望之際，他們可能會突然爆發，或許不像沃茲那麼戲劇化，而是發怒、表現出被動攻擊性或無情態度。

應對這一型的方式

一、注意這個亞型的人有時候會設下陷阱讓他們自己被忽略或疏忽，然後再為此懲罰他人。盡量請他們提供意見，以避免會導致他們生氣和怨恨的操控行為。

二、被逼到牆角時這個類型的人會說謊，或更常見的情況是他們會跳過實情不說來避免問題、情緒或是反應。這是源於他們的動機和行動所產生的不安全感。

三、這個亞型的人可能對於團體程序非常拒絕或不配合。他們或許沒強力反對某個人，但那種模稜兩可和沉默的方式可能不好應付。他們會這樣做是因為他們希望他人尋求自己的意見，不然的話他們就會以頑固或抗拒的態度阻擋事情的進行。

四、因為這個亞型通常是和善型或是群體型自戀，所以他們覺得自己是友善、好心和善良的人。他們可能有時候會顯現善意的一面，可是當你指出他們表裡不一時只會讓他們積怨，以及因為遭受批評而尋求報復。

性本能第九型

二〇二二年流行巨星暨傑克森家族的一員珍娜・傑克森（Janet Jackson）發表了一部紀錄片，記述她漫長生涯的起起伏伏。（原注6）珍娜是一個說話輕柔、溫儒和思索型的人，她獲得的評論絕大多數談及她在感情中尋求愛、情感和獨立。珍娜在紀錄片中與詹姆斯・德巴奇（James DeBarge）和勒內・埃利桑多（René Elizondo）詳細談了她的幾段婚姻。她說她習慣在無意識中重複了她與父親喬・傑克森（Joe Jackson）之間的關係。眾所皆知的是她父親不斷想要掌控她的事業、形象和愛情生活，直到她開除他的經紀人職務為止。與父親切斷工作關係之後，珍娜宣布自己獨立，並且發行熱門專輯《控制》（*Control*）。

自由、戒律和尋求理想愛情充滿著珍娜的個人生活，也推動她的事業。她是一個非常重視隱私的人，她依循著性本能第九型可預測的慣例行動，尋求與選定的伴侶或親人的深刻連結。然而這樣的傾向會讓他們失去認同，並且對於失去自主和獨立感到焦慮。珍娜一生當中都在處理控制的問題，這是這個亞型常有的抱怨，他們察覺自己容易在關係中失去自己。整部紀錄片裡，朋友和家人都表示珍娜容易陷入不良或是壓迫的關係中。

珍娜．傑克森那種說話輕柔、嬌媚又溫和的態度，在性本能第九型的人身上很常見。他們想要融入周遭的人，並且是無意識就會有這樣的行動。與他人建立連結是他們用以理解世界和處世的主要方法，因此很多性本能第九型人會不自覺做出調情或誘惑人的行為。

> 男人總是覺得自己愛上我。有一些女生也是！這是我一輩子的問題，就連我還是青春期的時候也是。不是我自以為是，我認為這是因為無論我跟誰在一起，我都想要在當下這一刻好好過。我很會傾聽人，我也會吸收他人的能量和話語。我想正是因如此，我是一個很棒的按摩治療師，這也讓我容易親近人。我不知道要怎麼說，但我可以感覺到我和其他人的能量流動並合而為一。
>
> ——塔拉，四十三歲，按摩治療師

塔拉與人交流時的體驗在性本能第九型的人身上非常普遍，讓他們可以成為優秀的治療師和療癒者。很多此型人喜歡能夠施展天生能力來建立深度交流的領域。同樣重要的是，塔拉提到她不見得會對交流對象感興趣。性本能第九型的人不自覺會與他人產生連結的特性，不等於他們喜歡對方。這是一種防衛機制，讓他們感覺到與他人連結，以消除本能上對於無法討人喜愛的恐懼。他們很早就學會讓別人把自己投射於他們身上，能夠創造出只屬於當下的親密和連結感，這對雙方來說都愉快。然而如同其他性本能類型，性本能第九型尋求與他們所選的對象完美契合。如果他們無法擁有理想的伴侶，很多這個亞型的人會為了產生連結而選擇某個人，但缺少融合的感受他們會覺得不安。

性本能第九型的人表示，他們的身分認同有時非常發散而像無底洞，有時有明確界線而非常堅實。他們有時想要與喜愛的對象完全連結在一起，但是又擔憂會失去自己的自主性。珍娜・傑克森在事業上尋求掌控、獨立和自主，這一點不同於對完美戀愛的追求，也印證了性本能第九型內心隨時經歷衝突。有時候這種內心掙扎會顯露於外，此時他們會自我分裂以處理這種雙面性。

在談論本能亞型的工作坊上，那朗荷醫師表示性本能第九型是「平淡無奇的人」。（原注7）這不是因為他認為性本能第九型沒有獨特特質或是沒有不凡之處，而是融入他人、接受他人偏好的策略讓他們平淡無奇，從而讓對方可以成為焦點。他們像是空的容器，希望能夠盛裝心上人的喜好、意見、想法和情緒。不過這是在無意識中所發生的。如同塔拉先前所說，有個過程稱為「抗融合」，發生於他們察覺失去自我之際。

一旦這個亞型進入抗融合的狀態，他們通常會在情感上與對方切割。不過他們也可能繼續停留在失敗或不合的感情中，因為如同其他所有第九型人，他們擔心分離造成的孤立感，結束關係的恐懼和痛苦更甚於置身於否定或貌合神離的不理想關係中。

這個亞型的人可能感覺像是第四型的人，因為他們有種其他第九型人沒有的如夢似幻的氣場。他們也會感受到明顯的憂愁，渴慕濃烈和深層的感受。差別在於性本能第九型的人沒有建立某種形象，他們會成為另一個人，而第四型人則會堅定維持獨立並維護他們的形象。第九型的人透過融入他人來消除對於孤單或沒人愛的本能恐懼。

性本能第九型人懷藏的哀傷他們自己可能也不完全瞭解，因為他們不認為自己情緒化。他們在單身的時候會因為搞不清楚自己是誰而感到疏離。

務必記住性本能第九型的人可能會以同樣的強度融入朋友、父母、意識型態、創作計畫或親密關係。他們渴望能與心儀對象在感情中有愛的連結。

低調的操控者

一九九二年的心理驚悚電影《雙面女郎》（*Single White Female*）由珍妮佛・傑森・李（Jennifer Jason Leigh）和布莉姬・芳達（Bridget Fonda）主演。劇情跌宕起伏，充分描述了低調的操控者。布莉姬．芳達飾演的艾莉．瓊斯是一個成功的時尚軟體開發者，在發現未婚夫山姆出軌後把他趕出去。於是她決定要找室友來分擔開銷且能有個伴。遇過數個不適合的人選後，最後一個申請者是綽號「海蒂」的海德拉．卡爾森，她神祕地出現了。兩人一拍即合，剛開始感覺相安無事。然而海蒂在個人界線方面有嚴重的問題，她會在艾莉面前大方裸胸露體，像是兩人認識很久一樣不說一聲就進入她房間。海蒂在艾莉失戀時給予情感支持，並開始對艾莉產生占有慾和保護心態。

海蒂開始阻擋艾莉前男友山姆的電話，甚至把他寄來為與前妻偷腥的事道歉的信藏起來。隨著兩人越來越親近且海蒂越來越迷戀艾莉，劇情張力逐漸高漲。海蒂開始模仿艾莉的穿著，甚至弄了同樣的髮型，也染相同的顏色，卻不明白艾莉為什麼要感到不快。

艾莉決定要跟山姆復合時，海蒂表現得憤怒又嘲諷。她提醒艾莉自己對她的一切支持，並篤定表示對方一定會再次出軌。海蒂覺得遭到背叛，因為艾莉和男友想要兩人一起住，使得她不得不搬走。海蒂越來越心急，很害怕會失去與艾莉的感情，也展露出她更加凶惡的社會病態傾向。艾莉發現海蒂的雙胞胎妹妹（海蒂說是出生時夭折）是九歲在海蒂在場的時候被溺斃。艾莉開始找出事件關聯性，並發現自己根本不曉得室友是什麼人。海蒂開啟一連串失控的暴力攻擊，有一次是聽到艾莉跟樓上鄰居葛拉漢討論海蒂很可怕，於是對葛拉漢發起攻擊。她還假扮艾莉並姦殺山姆，先是強迫為他口交，然後用細高跟鞋把他的眼珠挖出。海蒂完全陷入暴力的心理病態，身上也揹了兩條人命，並把艾莉綁起來虐待，而且在艾莉發現她的陰暗面時更加失控。

此片是好萊塢對於心理病態、惡性型自戀、妄想症的詮釋，因此在分析海蒂時，有很多從心理觀點來剖析的內容。然而她表現出低調操控者為了不與愛慕對象分開時會做到什麼極端的程度。性本能第九型的人想要融入並尋求與心儀對象產生連結，但是這一點在有自戀傾向時會變得十分灰暗，包含越界、

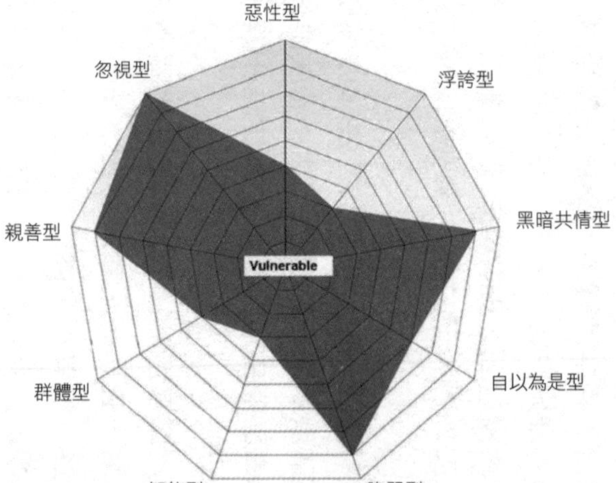

性本能第九型：低調的操控者

跟蹤、暴怒和情愛妄想。（原注8）

這個亞型的人自認有資格侵犯他人的隱私，甚至採用他人的身分與他們親近。他們有時候對於踰矩的行為毫無概念，而且會在他人表示他們的做法侵犯對方時暴怒。如果有情愛妄想，他們對於浪漫舉動的痴狂和妄想會讓他們越界，像是不斷跟蹤對方、干擾對方的人際關係或家庭事務，甚至使用暴力。

對於低調的操控者來說，幻想和現實之間的界線模糊。這不表示他們都患有思覺失調或是情愛妄想症，但容易妄想的傾向會因為戀愛的誇大特性而增加。他們無法想像有人不會愛上自己，尤其是他們選擇的依附對象，因此他們無法接受被拒絕。這個特性類似性本能第二型，但比起沒耐心且任性的第二型，這個亞型更加有耐心。平常會避免衝突和憤怒的性本能第九型也會變成忿忿不平、占有慾強的施虐者，他們對於他人的鄙視表現在他們覺得自己比情敵優秀，就算愛慕對象已婚或是心有所屬。

以下節錄我對性本能第九型的親善型自戀者賈克森的訪談。賈克森是個有魅力但相對平凡的人，他的情緒穩定，但他眼神中帶有一絲憤怒，每當我提到不符合他對現實的認知時，那股怒氣就會猛烈燃燒。

賈克森：從她的眼神我知道她愛我。我已經等十年要讓她知道她想跟我在一起。

我：她知道你愛她嗎？你有對她說過？

賈克森：〔憤怒地說〕沒有！時機不對。我觀察著，要確認她沒問題。她跟那個王八蛋在一起兩年了，我要確保他們不會生小孩。我比那個男的長得更好看，人也更好。我看過他對她說話的模樣，也看過她看他的眼神。她根本就不喜歡他！

我：所以你們是朋友，你們談論過彼此的關係？

賈克森：我不會說是朋友。我們一起工作，自從第一眼看到她我就喜歡上她。像是影集《我們的辦公室》（*The Office*）吉姆愛上潘姆那樣。嗯，我就是吉姆，我要等到她察覺洛伊不適合她。

我：喔，這樣啊，所以是單戀？

賈克森：你這樣推論很奇怪，好像我是個輸家一樣。我不是。她之前曾跟我調情，我覺得她也喜歡我。她不可能喜歡他的。我比較聰明、身材比較好，也賺比他多。她會發現的。

我：所以你沒有表白，因為不希望被拒絕。

賈克森：她才不會拒絕我！我這輩子從來沒被拒絕過。我只是比較紳士，我希望一切完美。我喜歡的電影、音樂和美食全都跟她一樣。她喜歡的東西我都喜歡。我只是在等她注意到。

賈克森無法接受他暗戀的對象對他沒有意思，而就我所知，實情恐怕如此。然而令人吃驚的是（除了他同理心分數極低）是他對自己很有自信，甚至自大地認定她愛自己。賈克森厭惡對方的丈夫，並且藉由模仿她的各種喜好來操控她，這些都是自戀的警訊。通常這個亞型會模仿對方的偏好，為的就只是要把對方塑造成符合自己的需求和渴求。某一刻，我覺得他有可能是具有控制慾的討好者，但他在真實生活中不夠激進。他很多激烈和示好的行為沒有交代清楚。他承認在職場上也沒有跟對方講多少話，而且為了避免「煩人」所以他避開互動。我沒有追問他怎麼知道他暗戀對象跟丈夫之間的私人細節，我懷疑他至少有過跟蹤的行為。

在職場上這個亞型相對低調，通常只在他們需要展現優越感的特殊情境中會看到他們的浮誇表現和特權感。例如他們可能會吹噓能力來迷倒對方或說服對方以獲得自己想要的東西。不過就算有這些行為，這個亞型還是比其他自戀亞型更穩定。

如果低調的操控者談戀愛，他們可能會控制慾強到令人窒息，想要在情緒、物質和性方面獲得滿足。他們可能會有依賴或是疏忽的特性，期望伴侶、親密對象或是家人要照料他們的基本需求，或要多分擔家務和金錢方面的責任。他們可能會透過冒險或激烈的行為尋求刺激，像是找很多戀愛對象或者是刺激腎上腺素的行為。如同其他第九型人，這個亞型通常會有種強烈的麻木感，他們難以感覺到自我，必須透過他人才能與自己產生連結。如果對方疏遠他們，他們可能會慌亂、纏人、占有慾強或是生氣。他們欠缺定義明確的自我這一點可能會讓親密的人不知如何是好，因為他們會周旋於不同感情尋求連結感，但他們無法提供連結感給對方。最終別人因為他們纏人又自大而離開時，他們又會覺得委屈、被忽視和被拋棄。

應對這一型的方式

一、這個亞型的人會很快與人建立交情，可是一旦有自戀傾向的話，他們往往難以與人深交，重量不重質。記得不要認為他們的行為是針對你，但如果他們傷害你的信任或自信，要清楚表達你的界線和期望。

二、這個亞型的人經常會說謊或是哄騙以擺脫不安的情緒，不會真心去兌現自己的承諾。要求他們對自己說的話負責，不要被他們溫柔的操控手段擺布，否則會讓他們覺得可以靠操控人來達成目的。

三、鼓勵低調的操控者發展除了你以外的個人興趣、喜好和品味。切記，他們可能只是暫時模仿你的喜好和興趣好讓自己被接受。

四、假如他們開始出現侵犯性、越界或是脅迫的行為，在這種情況下他們可能認為不久之後關係就會破裂，所以會採取更有攻擊性的手段來避免那樣的結局。萬一他們在情緒、肢體或是金錢方面施暴，你要向外求援。

結語

前面各章節我們探討了二十七種自戀亞型的各種動機和行為，每個人格類型各有不同卻也彼此關聯。我們也一一檢視過每個自戀型態的具體表現。自戀能談的內容很多，雖然本書提綱挈領說明自戀型態的細微差異，但針對如何治療這些行為可能引發的問題，充其量本書只觸及皮毛。我們尚未深入探討如何修復心理結構中自戀的扭曲問題。

面對影響人類行為的神經症狀，必須經過努力推動才能夠促進包容和去汙名化。對於自閉症類群、情緒障礙等情況，以人為本的身心診斷能將心理、生理和情緒處理過程去妖魔化和正常化。然而我想要探討的是，意圖將自戀傾向正常化，阻礙大眾辨識自戀行為和虐待的慣性模式，而且這樣的趨勢已經引起了反撲。我對於進一步將病態自戀除病化的做法有所疑慮，因為這種行為問題經常會對周遭的人造成傷害。自戀暴力在暗地裡非常猖獗，很多自戀狂希望自己的行為能隱藏起來，不必受到他人檢視。

有幾派論點主張自戀者不會傷害別人或自己，但是自戀其實會消磨人的心理，如同研究所示，自戀者的快樂和滿意度並沒有比無自戀者高。孤單和隔閡的強烈感受可能會使自戀相關的併發症惡化，像是憂鬱症和焦慮症。自戀者與互動對象的關係會受到干擾或影響，而且他們會將他人視為用來達成特定目標或滿足需求和渴求的物品。我們看待他人的方式深植於我們看待自己的方式，而很多自戀者把自己視為物品，抹除了自己人性的一面。

對我來說，把自戀正常化就好像把戰爭正常化一樣。縱使戰爭確實發生，或許有時候也有其必要（這點有待商榷），但我們應該要用更有效、破壞性更低的方式來解決爭端。自戀就好比戰爭，雖然那是人類生活中發生的事實，也是人類心理的一部分，但不表示自戀長期而言有益於人類。我主張不同程度的自戀（心理或文化方面）潛藏在人類最殘暴、缺乏人性或是暴力的舉動。自戀會加深自私、無情、冷漠、傲慢、貪婪、欺瞞和身心暴力。如果我們辨識出自己的自戀特質，盡可能將其消除，不啻緩解了這個充滿自戀的世界。

在某些生活情況下，自戀特質對於特定目標有益，例如在協商買車、不願意被拒絕或妥協重要事物時，誰何嘗沒有發揮自戀的力量？此外，不同程度的自戀對於強調同理和同情的必要性有正面效果。我們都聽過有人以獵食者和被獵食者的關係做比喻，顯示自戀在人類境遇中有其必要。沒錯，自然界中有獵食者，也有被獵食者，然而我們正努力（假定如此）追求更深層且更高的意識狀態。把人類經歷的複雜情況簡化成獸性本能，可能解釋了為什麼自戀存在，卻無法合理化任憑它在我們自己和整體人類間無限滋長。這就好比說既然人終究會死，所以醫療沒有意義。然而，因為吃抗生素對抗感染或使用吸入器對抗氣喘的人，能夠體認到就算這些醫療方式不算是「絕對必要」，但確實能夠改善他們的生活品質，也能拯救他們的性命。或許我的感性超越理性，而人類實際上只不過是掙扎求生的肉體，但是我寧可選擇能超越或至少減少我們低等又具破壞性的本能。另一方面，我也很實際，我明白有時候我們的本能會（或理當要）勝出，無論是出於必要、創傷、享樂，或以上皆有。

媒體已經夠大肆渲染和推崇自戀者及其隱微或明顯的暴力。在世界的舞台上，觀賞某些型態的自戀者充滿娛樂性，我自己也看了不少有關自戀狂、騙徒、社會病態者、心理病態者的紀錄片和電影而覺得樂趣無窮，我甚至也會幫某些犯下法律或道德罪行的角色加油。我記得某次看到有個詐取同學數千美元來做慈善的騙徒被抓到時，我的失望感油然而生，對此我感到非常驚訝。就算是自戀狂，也可能有好的意圖，而且會對身邊的人和這個世界做出很多好事。但為了結果就可以不擇手段嗎？大家很容易忘記「通往地獄的路上充滿了善意」，即使他們這些行為立意良善，卻對自己和他人造成情緒、金錢和身心的不良後果。

光是加強對自戀的意識，不太可能將這種傾向從自戀者的心理抹除。我甚至懷疑這不是辨識自戀的合理或必要目標。多數自戀者認為欠缺同理心有利於他們的生活，因為能避免他們受到各種身體或情感上的傷害和痛苦，而且這種想法非常可能正確無誤。然而，經過說明後，自戀者有機會能提高意識進而修正行為，減少人際方面的困擾。有些人覺察自己的自戀傾向，積極避免自己的行為侵犯他人的權益、情緒或界線，儘管這些行為往往是為了滿足自己的需求。這對自戀者來說是理想的成果。確實，他們可能時常會做錯事，誰的人格特質完美無瑕，不會有一丁點的壞處？不過，整體而言，察覺自己慣常的行為模式是件好事，我在輔導個案和教導學生時，時常看到這麼做帶來很多卓越的結果。我總是推薦大家把九型人格當作是一種工具，幫助我們瞭解人類各種行為的成因，加強意識覺察。

我鼓勵你反覆閱讀這本書，為的不是要跑去告訴你身邊的每個人他們有多自戀，或是用來把誰貼上病態的標籤和把誰妖魔化。如同我在前言所說，本書的用意不是要判斷誰對誰錯。本書旨在提升對於自戀的意識，促進持續的對話，減少自戀對生活危害的嚴重程度和擴張程度。或許那天離現在還很遙遠，我相信自戀症類群障礙會持續增加。我無意擺出一副死忠派人道主義者的樣子，但我認為同理心和同情心應該納入學校教學內，就跟數學和閱讀素養一樣。這表示人人都會有同理心和同情心嗎？不是那樣。

只要人有自我，自戀、自私和防備心會持續活躍。這是人類的獨特之處。但是教導孩子們同理心的價值，以及尊重他人感受和界線，可以讓大家更安全。放下自我的主導，能讓我們在天生的欲望、衝動和破壞傾向之間騰出更多空間。而有了更多空間之後，同理心會更容易增長。我希望隨著意識提升，自戀能成為一種短暫狀態，而不是運作習性。培養更深層的同理心，就算只是認知同理心，或者理解情緒的因果關係，都能夠提升我們的意識，從而更貼近人的本質。

二〇二二年三月十五日
史特林．莫斯利

原文注釋

前言

1. Freud, Sigmund. *On Narcissism: An Introduction*. Victoria, BC: Must Have Books, 2021.
2. Freud, Sigmund. *On Narcissism: An Introduction*. Victoria, BC: Must Have Books, 2021.
3. 人格功能的顯著障礙分為以下兩種自我功能障礙：
   一、自我認同：過度參照他人來定義自我和調節自尊；自我評價過度膨脹或自卑，或在兩個極端間擺盪；情緒跟著自尊波動。自我導向：設立的目標是為了獲取他人認同；個人標準高到不合理，自認與眾不同，或是因為特權感而標準過低；通常未能覺察自己的動機。同理心：無法辨識和認同他人的感受和需求親密感。關係表面，只是用來提升自尊，不在乎他人期望，執著於個人好處。
   二、展現以下的病態人格特質：敵意與對抗性，特徵包含浮誇表現，顯性或隱性的特權感；自我中心、強烈認為自己優於他人；鄙視他人；尋求關注，過度想要吸引他人和成為關注焦點；尋求賞識。
4. 九型理論不僅可用於人格分類，它也是心理學系統，用以辨識九大人格類型。

第一章

1. Warrier, Varun, Roberto Toro, Bhismadev Chakrabarti, Anders D Børglum, Jakob Grove, David A. Hinds, Thomas Bourgeron, and Simon Baron-Cohen. “Genome-Wide Analyses of Self-Reported Empathy: Correlations with Autism, Schizophrenia, and An- orexia Nervosa,” 2016. https://doi.org/10.1101/050682.
2. Perkins, Tom, Mark Stokes, Jane McGillivray, and Richard Bittar. “Mirror Neuron Dysfunction in Autism Spectrum Disorders.” *Journal of Clinical Neuroscience* 17, no. 10 (2010): 1239–43. https://doi.org/10.1016/j.jocn.2010.01.026.
3. Ginsburg, Herbert, and Sylvia Opper Brandt. *Piaget's Theory of Intellectual Devel- opment.* Englewood Cliffs, NJ: Prentice-Hall, 1988.
4. Kohlberg, Lawrence. *The Psychology of Moral Development Nature and Validity of Moral Stages*. San Francisco: Harper

& Row, 1984.
5. Gilligan, Carol. *In a Different Voice: Psychological Theory and Women's Develop- ment.* Cambridge, MA: Harvard University Press, 2016.
6. Hoffman, Martin L. *Empathy and Moral Development: Implications for Caring and Justice*. Cambridge, UK: Cambridge University Press, 2010.
7. Baron-Cohen, Simon. *Science of Evil: On Empathy and the Origins of Cruelty*. Philadelphia: Basic Books, 2011.

第二章

1. Baron-Cohen, Simon. "Empathy Quotient for Adults." *PsycTESTS Dataset*, 2004. https://doi.org/10.1037/t00384-000.
2. Baron-Cohen, Simon. Science of Evil: On Empathy and the Origins of Cru- elty. Philadelphia: Basic Books, 2011.

第三章

1. Twenge, Jean M., and W. Keith Campbell. *The Narcissism Epidemic: Living in the Age of Entitlement*. New York: Atria Paperback, 2013.
2. Dargis, Monika, Joseph Newman, and Michael Koenigs. "Clarifying the Link between Childhood Abuse History and Psychopathic Traits in Adult Criminal Offend- ers." *Personality Disorders: Theory, Research, and Treatment 7*, no. 3 (2016): 221–28. https://doi.org/10.1037/per0000147.
3. Lowen, Alexander. *Narcissism: Denial of the True Self*. London: Simon & Schuster, 2004.
4. 亞歷山大・洛文是生物能量學精神科醫師威廉・賴希（Wilhelm Reich）的學生，他認為理解人類如何儲存情緒能量能夠揭露心理防衛策略，並藉由身體和精神分析的治療干預將其解開。
5. Skeem, Jennifer L., Polaschek, Devon L. L., Patrick, Christopher J., Lilienfeld, Scott O. (December 15, 2011). "Psychopathic Personality: Bridging the Gap Between Scientific Evidence and Public Policy." *Psychological Science in the Public Interest* 12(3).

第四章

1. The International Advanced Training in Todtmoos 2010. Auditorium Netzwerk, 2010. https://shop.auditoriumnetzwerk.

de/advanced_search_result.php?keywords=Naranjo&x=0&y=0.
2. The International Advanced Training in Todtmoos 2010. Auditorium Netzwerk, 2010. https://shop.auditoriumnetzwerk.de/advanced_search_result.php?keywords=Naranjo&x=0&y=0.
3. Fauvre, Katherine Chernick. *Enneastyle: The 9 Languages of Enneagram Type*. Menlo Park, CA: SelfPub, 1996.
4. Fauvre, Katherine Chernick. *The 27 Tritypes Revealed: Discover Your Life Purpose and Blind Spot*. Menlo Park, CA: SelfPub, 2018.

第五章

1. Naranjo, Claudio. *Enneatypes and Psychotherapy*. Prescott, AZ: Hohm Press, 1995.
2. Fauvre, Katherine. *Enneagram Instinctual Types and Subtypes: The Three Drives That Fuel the Passions of the Nine Types*, eighth ed. Menlo Park, CA: Self Pub, 2018.
3. 深入瞭解佛洛伊德的本我概念，參見其論文 The Ego and the Id，最初於一九二三年出版。
4. 論及厭惡感，雖然人類努力吸引他們認為有魅力的對象，但性本能會加深反抗或阻擋對方接近的想法。
5. Naranjo, Claudio. *Enneatypes and Psychotherapy*. Prescott, AZ: Hohm Press, 1995.
6. 想要詳盡瞭解本能類型，參考九型理論學者凱瑟琳・切爾尼克・福弗爾著作 *Enneagram Instinctual Types and Subtypes: The Three Drives That Fuel the Passions of the Nine Types*。

第六章

1. 探究三固需要更多討論。簡言之，儘管受三固影響（創造出完全不同的類型），但我們更常、更容易、更有效地表現主類型。本書後續也會聚焦於核心類型。
2. Fauvre, Katherine Chernick. *Enneastyle: The 9 Languages of Enneagram Type*. Menlo Park, CA: SelfPub, 1996.
3. Mosley, Sterlin. Rep. *Enneagram Lexical Analysis Research Report*. Norman, OK: Empathy Architects, 2021.

第七章

1. 想要深入探討青春期的神經學、化學和發展異常，我推薦神經內分泌學學者兼靈長類學者 Robert Sapolsky

的著作 *Behave: The Biology of Humans at Their Best and Worst*。

2. 二〇〇一年，Torgeson 等人估計美國人口中有百分之〇．五是自戀型人格障礙。然而近期人格障礙的研究學者估計約為百分之七，表現出自戀特質的人約為百分之十至十五。只有百分之〇．二至〇．五的患者尋求治療，康復率也一樣低。
3. 我推薦杜瓦蘇拉醫師的書 *Should I Stay or Should I Go*，讓你更加理解自戀型人格障礙和自戀暴力。

第八章

1. 這個情況中的「隱性」一詞是指自戀行為背後的情緒。有些論者主張一定會有隱性情緒，因為自戀者通常不會傳達的內心過程，尤其是不好的情緒狀態，包含羞愧、悲傷或是自卑。（Jauk et al. 2017）因此雖然我們比較常見到自大的行為，但也可以合理假設欠缺價值感、空虛和羞愧的脆弱感受也會增強自大的行為。
2. Ramani, Durvasula. *Benign Narcissism: Everything You Need to Know*, 2020. https://www.youtube.com/results?search_query=ramani+benign+narcissism.
3. Heym, Nadja, Fraenze Kibowski, Claire A. J. Bloxsom, Alyson Blanchard, Al- exandra Harper, Louise Wallace, Jennifer Firth, and Alexander Sumich. "The Dark Empath: Characterising Dark Traits in the Presence of Empathy." *Personality and Individual Differences* 169 (February 1, 2021): 110172. https://doi.org/10.1016/j.paid.2020.110172.
4. 創傷連結是指受虐者與施虐者產生不健康的連結關係。斯德哥爾摩症候群就是一例，好比很多受虐的邪教教徒都會認為領導者（極為暴力或情緒虐待）深深關愛自己。通常受虐者會對施虐者產生同情。
5. 切勿將此型態與自閉症類群搞混。自閉症類群的人對於同理心的經歷不同於無神經異常的人，而且有些患者可能學會如何用類似常人的方式辨識人類情緒。

第九章

1. 愛意轟炸是一種操控手段，自戀者會大膽示愛（例如第一次約會就求婚、提及彼此是靈魂伴侶、包辦昂貴或高檔的旅程或餐點，或是製造親近感），以誘惑和得到對方。
2. Department of Justice, U.S., ed. "Report to the Deputy Attorney General on the Events at Waco, Texas: Child Abuse." The United States Department of Justice, February 14, 2018. https://www.justice.gov/archives/publications/waco/report-

deputy-attorney-general-events-waco-texas-child-abuse.
3. Rimer, Sara. "Growing up under Koresh: Cult Children Tell of Abuses." The New York Times, May 4, 1993. https://www.nytimes.com/1993/05/04/us/growing-up-under-koresh-cult-children-tell-of-abuses.html.

第十章

1. *The International Advanced Training in Todtmoos 2010. Auditorium Netzwerk*, 2010. https://shop.auditorium-netzwerk.de/advanced_search_result.php?keywords=Naranjo&x=0&y=0.
2. Homer, E. V. Rieu, and Rieu D. C. H. *The Odyssey*. London: Penguin Classics, 2009.

第十一章

1. Woods, Tiger. "Tiger Woods Archives." allsportsquotes.com, September 25, 2021. https://allsportsquotes.com/author/tag/tiger-woods/.
2. Michaud, Stephen G., and Hugh Aynesworth. *The Only Living Witness: The True Story of Serial Sex Killer Ted Bundy*. Irving, TX: Autholink Press, 2012.

第十二章

1. Plath, Sylvia, and Ted Hughes. *The Unabridged Journals of Sylvia Plath*. New York: Anchor Books, 2000.
2. 佯病症是一種精神障礙，患者會捏造或誇大疾病來獲取關注、金錢，或其他方面的扶助。
3. Wilde, Oscar. *De Profundis*. Portland, OR: Mint Editions, 2021.
4. 我推薦 Middlebrook 的著作 *Anne Sexton: A Biography*，以瞭解塞克斯的角色研究和她的藝術。
5. Naranjo, Claudio. *Enneatypes and Psychotherapy*. Prescott, AZ: Hohm Press, 1995.

第十三章

1. Dickens, Charles. *A Christmas Carol*, 2007. http://www.open-bks.com/library/classics/dickens_charles_carol/carol-cover.html.

第十四章

1. Guinn, Jeff. *Manson: The Life and Times of Charles Manson*. Farmington Hills, MI: Large Print Press, 2014.

第十五章

1. Kozodoy, Peter. "The Inventor of Fomo Is Warning Leaders about a New, More Dangerous Threat." Inc.com, October 9, 2017. https://www.inc.com/peter-kozodoy/inventor-of-fomo-is-warning-leaders-about-a-new-more-dangerous-threat.html.
2. The Harbus. "Social Theory at HBS: McGinnis' Two FOs." The Harbus, August 10, 2015. https://harbus.org/2004/social-theory-at-hbs-2749/.
3. Sandars, N. K. *The Epic of Gilgamesh*. London: Penguin, 2003.
4. Woods, David. "Caligula, Incitatus, and the Consulship." *The Classical Quar- terly* 64, no. 2 (2014): 772–77. https://doi.org/10.1017/s0009838814000470.
5. Mansky, Jackie. "P.T. Barnum Isn't the Hero the 'Greatest Showman' Wants You to Think." Smithsonian.com. Smithsonian Institution, December 22, 2017. https://www.smithsonianmag.com/history/true-story-pt-barnum-greatest-humbug-them-all-180967634/.
6. Goldman, David. "Who Is Martin Shkreli? A Timeline." CNNMoney. Cable News Network, December 18, 2015. https://money.cnn.com/2015/12/18/news/companies/martin-shkreli/.
7. Sarkis, Stephanie. "Martin Shkreli and How Narcissists and Sociopaths Lure You In." *Forbes* Magazine, December 21, 2020. https://www.forbes.com/sites/stephaniesarkis/2020/12/21/martin-shkreli-and-how-narcissists-and-sociopaths-lure-you-in/.
8. Dirda, Michael. "'Ted Hughes': A Controversial Biography Shows the Poet's Darker Side." The *Washington Post*. WP Company, October 6, 2015. https://www.washingtonpost.com/entertainment/books/ted-hughes-a-controversial-biography-shows-the-poets-darker-side/2015/10/06/e67f6a906930-11e5-8325-a42b5a459b1e_story.html.
9. Dirda, Michael. "'Ted Hughes': A Controversial Biography Shows the Poet's Darker Side." The *Washington Post*. WP Company, October 6, 2015. https://www.washingtonpost.com/entertainment/books/ted-hughes-a-controversial-biography-shows-the-poets-darker-side/2015/10/06/e67f6a90-6930-11e5-8325-a42b5a459b1e_story.html.

第十六章

1. Jardine, Lisa. "Lyndon B Johnson: The Uncivil Rights Reformer." The *Indepen- dent*. Independent Digital News and Media, January 21, 2009. https://www.independent. co.uk/news/presidents/lyndon-b-johnson-the-uncivil-rights-reformer-1451816.html.
2. Dallek, Robert. "Character above All: Lyndon B. Johnson Essay," PBS (Public Broadcasting Service), accessed March 3, 2022, https://www.pbs.org/newshour/spc/character/essays/johnson.html.
3. Hanson, Marilee. "King Henry VIII Timeline, Personality & Historical Impor- tance." English History, February 16, 2022. https://englishhistory.net/tudor/monarchs/king-henry-viii-timeline/.
4. PCL-R 分數自三十分起，將會被診斷為精神病態。
5. King, Martin L. "The Great March to Freedom–Detroit–June 23, 1963–Youtube." The Great March to Freedom–Detroit–June 23, 1963, February 11, 2015. https://www.youtube.com/watch?v=cZbvdMQGitE.
6. Staff, Time. "10 Experts on What We Get Wrong about Martin Luther King Jr." *Time*, April 29, 2021. https://time. com/5197679/10-historians-martin-luther-king-jr/.
7. Naranjo, Claudio. Lecture. *The International Advanced Training in Todtmoos 2010*. Presented at the The International Advanced Training in Todtmoos 2010, May 20, 2020.
8. Gottlieb, Sean, and Gay Rosenthall. "Pink." Episode. *Behind the Music* 11, no. 2. VH1, September 17, 2009.
9. Condon, Tom. *The Enneagram Movie & Video Guide: How to See Personality Styles in the Movies*. Bend, OR: The Changeworks, 1999.
10. Reiterman, Tim, and John Jacobs. *Raven: The Untold Story of the Reverend Jim Jones and His People*. New York: Tarcher/Penguin, 2008.
11. Reiterman, Tim, and John Jacobs. *Raven: The Untold Story of the Reverend Jim Jones and His People*. New York: Tarcher/Penguin, 2008.

第十七章

1. Smith, Sally Bedell. *Elizabeth the Queen: The Life of a Modern Monarch*. New York: Random House, 2012.

2. Smith, Sally Bedell. *Elizabeth the Queen: The Life of a Modern Monarch*. New York: Random House, 2012.
3. Dickson, E. J. "What Drives a Man to Kill His Own Family? Inside the Psychol- ogy of Family Annihilators." Rolling Stone, March 6, 2019. https://www.rollingstone.com/culture/culture-news/chris-watts-family-murder-colorado-why-803957/.
4. Chang, Rachel. "Chris Watts: A Complete Timeline of the Murder of His Wife and Daughters." Biography.com. A&E Networks Television, July 19, 2021. https://www.biography.com/news/chris-watts-wife-daughters-murder-mistress-confession-timeline.
5. Kovaleski, Tony. "Inside the Mind of a Killer: Psychology Experts Discuss Chris Watts' Behavior Following Family's Murder." KMGH, February 22, 2019. https://www.thedenverchannel.com/news/investigations/inside-the-mind-of-a-killer-psychology-experts-discuss-chris-watts-behavior-following-familys-murder.
6. "Janet Jackson." Broadcast. *Janet Jackson.* 1, no. 1–2. Lifetime/A&E, 2022.
7. Naranjo, Claudio. Lecture. *The International Advanced Training in Todtmoos 2010*. Presented at the The International Advanced Training in Todtmoos 2010, May 20, 2020.
8. 情愛妄想是一種妄想型的精神障礙，患者堅信陌生人或不熟的人愛上自己。

參考資料

Baron-Cohen, Simon. "Empathy Quotient for Adults." *PsycTESTS Dataset*, 2004. https://doi.org/10.1037/t00384-000.

Baron-Cohen, Simon. *Science of Evil: On Empathy and the Origins of Cruelty*. Philadel- phia, PA: Basic Books, 2011.

Chang, Rachel. "Chris Watts: A Complete Timeline of the Murder of His Wife and Daughters." Biography.com. A&E Networks Television, July 19, 2021. https://www.biography.com/news/chris-watts-wife-daughters-murder-mistress-confession-timeline.

Condon, Tom. *The Enneagram Movie & Video Guide: How to See Personality Styles in the Movies*. Bend, OR: The Changeworks, 1999.

Dallek, Robert. "Character above All: Lyndon B. Johnson Essay." PBS. Public Broad- casting Service. Accessed March 13, 2022. https://www.pbs.org/newshour/spc/character/essays/johnson.html.

Dargis, Monika, Joseph Newman, and Michael Koenigs. "Clarifying the Link between Childhood Abuse History and Psychopathic Traits in Adult Criminal Offenders." *Personality Disorders: Theory, Research, and Treatment* 7, no. 3 (2016): 221–28. https://doi.org/10.1037/per0000147.

Department of Justice, U.S., ed. "Report to the Deputy Attorney General on the Events at Waco, Texas: Child Abuse." The United States Department of Justice, Feb- ruary 14, 2018. https://www.justice.gov/archives/publications/waco/report-deputy-attorney-general-events-waco-texas-child-abuse.

Diagnostic and Statistical Manual of Mental Disorders: DSM-5. Arlington, VA: American Psychiatric Association, 2017.

Dickens, Charles. *A Christmas Carol*. 2007. http://www.open-bks.com/library/classics/dickens_charles_carol/carol-cover.html.

Dickson, E. J. "What Drives a Man to Kill His Own Family? Inside the Psychology of Family Annihilators." *Rolling Stone*, March 6, 2019. https://www.rollingstone.com/culture/culture-news/chris-watts-family-murder-colorado-why-803957/.

Dirda, Michael. "'Ted Hughes': A Controversial Biography Shows the Poet's Darker Side." The *Washington Post*. October

6, 2015. https://www.washingtonpost.com/entertainment/books/ted-hughes-a-controversial-biography-shows-the-poets-darker-side/2015/10/06/e67f6a90-6930-11e5-8325-a42b5a459b1e_story.html.

Durvasula, Ramani. *Benign Narcissism: Everything You Need to Know*. 2020.https://www.youtube.com/results?search_query=ramani+benign+narcissism.

Durvasula, Ramani. *Should I Stay or Should I Go?: Surviving a Relationship with a Narcis-sist*. New York: Post Hill Press, 2017.

Fauvre, Katherine Chernick. *Enneastyle: The 9 Languages of Enneagram Type*. Menlo Park, CA: SelfPub, 1996.

Fauvre, Katherine Chernick. *The 27 Tritypes Revealed: Discover Your Life Purpose and Blind Spot*. Menlo Park, CA: SelfPub, 2018.

Fauvre, Katherine. *Enneagram Instinctual Types and Subtypes: The Three Drives That Fuel the Passions of the Nine Types,* eighth ed. Menlo Park, CA: Self Pub, 2018.

Freud, Sigmund. *On Narcissism: An Introduction*. Victoria, BC: Must Have Books, 2021.

Freud, Sigmund. *The Ego and the Id*. New York: W.W. Norton, 1962.

Gardener, Howard. *Multiple Intelligences: The Theory in Practice*. New York: Basic Books, 1993.

Gilligan, Carol. *In a Different Voice: Psychological Theory and Women's Development*. Cambridge, MA: Harvard University Press, 2016.

Ginsburg, Herbert, and Sylvia Opper Brandt. *Piaget's Theory of Intellectual Develop- ment*. Englewood Cliffs, NJ: Prentice-Hall, 1988.

Goldman, David. "Who Is Martin Shkreli? A Timeline." CNNMoney, December 18, 2015. https://money.cnn.com/2015/12/18/news/companies/martin-shkreli/.

Gottlieb, Sean, and Gay Rosenthall. "Pink." Episode. *Behind the Music* 11, no. 2. VH1, September 17, 2009.

Guinn, Jeff. *Manson: The Life and Times of Charles Manson*. Farmington Hills, MI: Large Print Press, 2014.

Hanson, Marilee. "King Henry VIII Timeline, Personality & Historical Importance." English History, February 16, 2022. https://englishhistory.net/tudor/monarchs/king-henry-viii-timeline/.

The Harbus. "Social Theory at HBS: Mcginnis' Two FOs." The Harbus, August 10, 2015. https://harbus.org/2004/social-theory-at-hbs-2749/.

Heym, Nadja, Fraenze Kibowski, Claire A.J. Bloxsom, Alyson Blanchard, Alexan- dra Harper, Louise Wallace, Jennifer Firth, and Alexander Sumich. "The Dark Empath: Characterising Dark Traits in the Presence of Empathy." *Personality and Individual Differences* 169 (February 1, 2021): 110172. https://doi.org/10.1016/j.paid.2020.110172.

Hoffman, Martin L. *Empathy and Moral Development: Implications for Caring and Justice*. Cambridge, UK: Cambridge University Press, 2010.

Homer, E. V. Rieu, and Rieu D. C. H. *The Odyssey*. London, UK: Penguin Classics, 2009.

The International Advanced Training in Todtmoos 2010. Auditorium Netz- werk, 2010. https://shop.auditorium-netzwerk.de/advanced_search_result.php?keywords=Naranjo&x=0&y=0.

"Janet Jackson." Broadcast. *Janet Jackson* 1, no 1. Lifetime/A&E, 2022.

Jardine, Lisa. "Lyndon B Johnson: The Uncivil Rights Reformer." *The Indepen- dent*, January 21, 2009. https://www.independent.co.uk/news/presidents/lyndon-b-johnson-the-uncivil-rights-reformer-1451816.html.

Jauk, Emanuel, Elena Weigle, Konrad Lehmann, Mathias Benedek, and Aljoscha

C. Neubauer. "The Relationship between Grandiose and Vulnerable (Hyper- sensitive) Narcissism." *Frontiers in Psychology* 8 (2017). https://doi.org/10.3389/fpsyg.2017.01600.

King, Martin L. "The Great March to Freedom–Detroit–June 23, 1963–Youtube." The Great March to Freedom–Detroit–June 23, 1963, February 11, 2015. https://www.youtube.com/watch?v=cZbvdMQGitE.

Kohlberg, Lawrence. *The Psychology of Moral Development Nature and Validity of Moral Stages*. San Francisco: Harper & Row, 1984.

Kovaleski, Tony. "Inside the Mind of a Killer: Psychology Experts Discuss Chris Watts' Behavior Following Family's Murder." KMGH, February 22, 2019. https://www.thedenverchannel.com/news/investigations/inside-the-mind-of-a-killer-psychology-experts-discuss-chris-watts-behavior-following-familys-murder.

Kozodoy, Peter. "The Inventor of Fomo Is Warning Leaders about a New, More Dan- gerous Threat." Inc.com., October 9, 2017. https://www.inc.com/peter-kozodoy/inventor-of-fomo-is-warning-leaders-about-a-new-more-dangerous-threat.html.

Lowen, Alexander. *Narcissim: Denial of the True Self*. London: Simon and Schuster,2004.

Mansky, Jackie. "P.T. Barnum Isn't the Hero the 'Greatest Showman' Wants You to Think." Smithsonian.com, December 22, 2017. https://www.smithsonianmag.com/history/true-story-pt-barnum-greatest-humbug-them-all-180967634/.

Michaud, Stephen G., and Hugh Aynesworth. *The Only Living Witness: The True Story of Serial Sex Killer Ted Bundy*. Irving, TX: Autholink Press, 2012.

Mosley, Sterlin. Rep. *Enneagram Lexical Analysis Research Report*. Norman, OK: Em- pathy Architects, 2021.

Naranjo, Claudio. *Enneatypes and Psychotherapy:* Prescott, AZ: Hohm Press, 1995.

Naranjo, Claudio. Lecture. *The International Advanced Training in Todtmoos 2010*. Pre-sented at The International Advanced Training in Todtmoos 2010, May 20, 2020.

Nelson, Mark. "Biosphere 2: What Really Happened?" *Dartmouth Alumni Maga-zine*, 2018. https://dartmouthalumnimagazine.com/articles/biosphere-2-what-really-happened.

Perkins, Tom, Mark Stokes, Jane McGillivray, and Richard Bittar. "Mirror Neuron Dysfunction in Autism Spectrum Disorders." *Journal of Clinical Neuroscience* 17, no. 10 (2010): 1239–43. https://doi.org/10.1016/j.jocn.2010.01.026.

Plath, Sylvia, and Ted Hughes. *The Unabridged Journals of Sylvia Plath*. New York: Anchor Books, 2000.

Reiterman, Tim, and John Jacobs. *Raven: the Untold Story of the Reverend Jim Jones and His People*. New York: Tarcher/Penguin, 2008.

Rimer, Sara. "Growing up under Koresh: Cult Children Tell of Abuses." *The New York Times*, May 4, 1993. https://www.nytimes.com/1993/05/04/us/growing-up-under-koresh-cult-children-tell-of-abuses.html.

Sandars, N. K. *The Epic of Gilgamesh*. London: Penguin, 2003.

Sapolsky, Robert. *Behave: The Biology of Humans at Our Best and Worst*. London: Vintage, 2018.

Sarkis, Stephanie. "Martin Shkreli and How Narcissists and Sociopaths Lure You In."*Forbes*, December 21, 2020. https://www.forbes.com/sites/stephaniesarkis/2020/12/21/martin-shkreli-and-how-narcissists-and-sociopaths-lure-you-in/.

Smith, Sally Bedell. *Elizabeth the Queen: The Life of a Modern Monarch*. New York: Random House, 2012.

Staff, Time. "10 Experts on What We Get Wrong about Martin Luther King Jr." *Time*, April 29, 2021. https://time.com/5197679/10-historians-martin-luther-king-jr/.

Torgersen, Svenn, Einar Kringlen, and Victoria Cramer. "The Prevalence of Personality Disorders in a Community Sample." *Archives of General Psychiatry* 58, no. 6 (2001):590. https://doi.org/10.1001/archpsyc.58.6.590.

Twenge, Jean M., and W. Keith Campbell. *The Narcissism Epidemic: Living in the Age of Entitlement*. New York: Atria Paperback, 2013.

Warrier, Varun, Roberto Toro, Bhismadev Chakrabarti, Anders D Børglum, Jakob Grove, David A. Hinds, Thomas Bourgeron, and Simon Baron-Cohen. "Genome- Wide Analyses of Self-Reported Empathy: Correlations with Autism, Schizophrenia, and Anorexia Nervosa," 2016. https://doi.org/10.1101/050682.

Wilde, Oscar. *De Profundis*. Portland, OR: Mint Editions, 2021.

Woods, David. "Caligula, Incitatus, and the Consulship." *The Classical Quarterly* 64, no. 2 (2014): 772–77. https://doi.org/10.1017/s0009838814000470.

Woods, Tiger. "Tiger Woods Archives." allsportsquotes.com, September 25, 2021. https://allsportsquotes.com/author/tag/tiger-woods/.

Zimmerman, Amy. "Inside Fyre Festival Fraudster Billy McFarland's First Big Scam." *The Daily Beast*. The Daily Beast Company, February 2, 2019. https://www.thedailybeast.com/inside-fyre-festival-founder-billy-mcfarlands-first-big-millennial-scam.

國家圖書館出版品預行編目資料

27型自戀人格：從性格、驅力、動機、行為辨識我們的自戀傾向
史特林．莫斯利 Sterlin L. Mosley 著　羅雅涵、陳依萍 譯
初版. -- 台北市：商周出版：城邦文化事業股份有限公司出版：英屬蓋曼群島商家庭傳媒股份有限公司城邦分公司發行
2024.03　面；　公分
譯自：The Narcissist in You and Everyone Else: Recognizing the 27 Types of Narcissism
ISBN 978-626-390-069-1（平裝）

1. CST：自戀 2. CST：人格心理學

173.741　　113002488

27 型自戀人格：從性格、驅力、動機、行為辨識我們的自戀傾向

原文書名／The Narcissist in You and Everyone Else: Recognizing the 27 Types of Narcissism
作者／史特林．莫斯利 Sterlin L. Mosley
譯者／羅雅涵、陳依萍
責任編輯／陳玳妮
版權／林易萱

行銷業務／周丹蘋、賴正祐
總編輯／楊如玉
總經理／彭之琬
事業群總經理／黃淑貞
發行人／何飛鵬
法律顧問／元禾法律事務所 王子文律師
出版／商周出版　城邦文化事業股份有限公司
台北市南港區昆陽街 16 號 4 樓
電話：(02) 25007008　傳真：(02)25007759
E-mail：bwp.service@cite.com.tw
Blog：http://bwp25007008.pixnet.net/blog
發行／英屬蓋曼群島商家庭傳媒股份有限公司城邦分公司
台北市南港區昆陽街 16 號 5 樓
書虫客服服務專線：(02)25007718；(02)25007719
服務時間：週一至週五上午 09:30-12:00；下午 13:30-17:00
24 小時傳真專線：(02)25001990；(02)25001991
劃撥帳號：19863813；戶名：書虫股份有限公司
讀者服務信箱：service@readingclub.com.tw
歡迎光臨城邦讀書花園　網址：www.cite.com.tw
香港發行所／城邦（香港）出版集團有限公司
香港九龍九龍城土瓜灣道 86 號順聯工業大廈 6 樓 A 室
E-mail：hkcite@biznetvigator.com
電話：(852) 25086231　傳真：(852) 25789337
馬新發行所／城邦（馬新）出版集團【Cite (M) Sdn. Bhd.】
41, Jalan Radin Anum, Bandar Baru Sri Petaling,
57000 Kuala Lumpur, Malaysia.
Tel: (603) 90578822 Fax: (603) 90576622
Email: cite@cite.com.my

封面設計／李東記
排版／芯澤有限公司
印刷／卡樂彩色製版印刷有限公司
經銷商／聯合發行股份有限公司
電話：(02)2917-8022　傳真：(02)2911-0053
地址：新北市 231 新店區寶橋路 235 巷 6 弄 6 號 2 樓

■ 2024 年 03 月 29 日初版　　Printed in Taiwan

定價 580 元

城邦讀書花園
www.cite.com.tw

ISBN 978-626-390-069-1